中国机械工业教育协会"十四五"普通高等教育规划教材
新工科·普通高等教育汽车类系列教材

汽车文化

第3版

主　编　姚丽萍　肖生发
副主编　郭一鸣　王　中
参　编　赵晓晓　田靖涵　庹　玲
主　审　张国方

扫码看本书相关视频

机械工业出版社

本书的编写力求突出汽车文化主线，偏重汽车文化内涵，诠释汽车文化属性，归纳出汽车文化的六大特性及八大表现形式。以此为基点，本书内容包括汽车发展史文化、汽车名人文化、名车文化、汽车美学与艺术、汽车公众文化、车企文化、汽车前沿技术、汽车社会和谐与汽车文明。

本书的编写深入浅出，文字流畅，图文并茂，可读性强，对读者领略汽车发展沿革、崇尚汽车名人的创新与创业精神、感受名企名车丰厚的文化底蕴、审视汽车造型的美学与艺术、提升汽车文化欣赏品位，以及构想和谐汽车社会愿景、践行汽车文明有积极的帮助作用。

本书可以作为高校本科所有专业扩大知识面、学习汽车文化知识的教材，高职高专亦可采用，也可以作为社会大众了解汽车文化的趣味读物。

本书采用彩色印刷，同时为增加本书的欣赏性，添加了二维码，读者可扫章首页二维码观看视频等有关资料。此外，本书还配有精美的电子课件，采用本书作为教材的教师可登录www.cmpedu.com注册下载。

图书在版编目（CIP）数据

汽车文化/姚丽萍，肖生发主编. —3版. —北京：机械工业出版社，2024.5（2025.6重印）

新工科·普通高等教育汽车类系列教材

ISBN 978-7-111-75519-7

Ⅰ.①汽…　Ⅱ.①姚…　②肖…　Ⅲ.①汽车-文化-高等学校-教材　Ⅳ.①U46-05

中国国家版本馆 CIP 数据核字（2024）第 066724 号

机械工业出版社（北京市百万庄大街22号　邮政编码100037）
策划编辑：宋学敏　　　　　责任编辑：宋学敏　单元花
责任校对：韩佳欣　牟丽英　封面设计：张　静
责任印制：张　博
北京瑞禾彩色印刷有限公司印刷
2025年6月第3版第3次印刷
184mm×260mm·13.75印张·318千字
标准书号：ISBN 978-7-111-75519-7
定价：63.80元

电话服务　　　　　　　　　网络服务
客服电话：010-88361066　　机 工 官 网：www.cmpbook.com
　　　　　010-88379833　　机 工 官 博：weibo.com/cmp1952
　　　　　010-68326294　　金　书　网：www.golden-book.com
封底无防伪标均为盗版　　　机工教育服务网：www.cmpedu.com

序 Preface

汽车被称为"改变世界的机器"。由于汽车工业具有很大的产业关联度,因而被视为一个国家经济发展水平的重要标志。我国汽车工业自 2009 年以来产销量连续保持全球第一,正在成为拉动国民经济增长的动力源。汽车工业的繁荣使汽车及其相关产业的人才需求量大幅度增长。相应地,作为汽车工业人才培养主要基地的高等院校也得到了长足发展。据不完全统计,迄今全国开办汽车类专业的高等院校已达百余所。

从发展趋势看,打造我国自主品牌、开发核心技术是我国汽车工业的必然选择,但当前我国汽车工业还处在以技术引进、加工制造为主的阶段。这就要求在人才培养方面既要具有前瞻性,又要与我国的实际情况相结合。在注重培养具有自主开发能力的研究型人才的同时,应大力培养知识、能力、素质结构具有鲜明的"理论基础扎实,专业知识面广,实践能力强,综合素质高,有较高的科技运用、推广、转换能力"特点的应用型人才。这也意味着对我国高等教育的办学体制、机制、模式和人才培养理念等提出了全新的要求。

为了满足新形势下对汽车类工程技术人才培养的需求,在中国机械工业教育协会车辆工程专业委员会的领导下,成立了教材编审委员会,确定了多个系列的普通高等教育规划教材。其中,为了解决高等教育应用型人才培养中教材短缺、滞后等问题,组织编写了普通高等教育汽车类专业系列教材。

本系列教材在学科体系上适应普通高等院校培养应用型人才的需求;在内容上注重介绍新技术和新工艺,强调实用性和工程概念,减少理论推导;在教学上强调加强实践环节。此外,本系列教材将力求突出以下特点。

1)全面性:目前本系列教材包括汽车设计与制造、汽车运用与维修、汽车服务工程、物流工程等专业方向,今后还将扩展专业领域,更全面地涵盖汽车类专业方向。

2)完整性:对于每一个专业方向,今后还将继续根据行业变化对教学提出的要求填平补齐,使之更加完善。

3)优质性:在教材编审委员会的领导下,继续优化每一本教材的规划、编审、出版和修订过程,使教材的生产过程逐步实现优质和高效。

4)服务性:根据需要,为教材配备 PPT 课件和教学辅助教材,举办新教材讲习班,在相应网站开设研讨专栏等。

相信本系列教材的出版将对我国汽车类专业的高等教育产生积极的影响,为我国汽车行业应用型人才培养模式的创新做出有益的探索。由于我国汽车工业正处于快速发展阶段,对人才会不断提出新的要求,这也就决定了高等教育的人才培养模式和教材建设将处于不断变革之中。我们衷心希望更多的高等院校加入本系列教材建设的队伍中来,使教材体系更加完善,以更好地为培养汽车类专业高等教育人才服务。

中国汽车工程学会　常务理事

中国机械工业教育协会

车辆工程专业委员会　副主任

林　逸

第3版前言
Preface

习近平总书记指出:"国家之魂,文以化之,文以铸之。"文化是一个民族的精神和灵魂,是国家发展和民族振兴的强大力量。汽车文化是百年汽车发展的积累与精华,蕴含了丰富的精神财富,值得我们萃取、传承和发扬光大。党的二十大报告强调,"中国式现代化是物质文明和精神文明相协调的现代化",由此把精神文明建设的地位和作用提到新的高度。《汽车文化》的编写就是要在推动社会文明方面做出新努力,在"汽车社会"里不断促进社会文明进步达到新高度。

《汽车文化》一书自 2009 年问世以来,受到广大读者的欢迎和好评,已多次重印。本书力求充分展示汽车发展的历史,突出诠释汽车文明的内涵,描绘汽车社会的未来,具有以下特点。

1)历史与现代融合。书中回顾了百年汽车的发展历史,溯源古代汽车梦想、世界汽车的发明历程,也展望了现代汽车的发展趋势、绿色发展理念,以及未来的汽车生态。

2)文化与社会交汇。本书的编写力求突出汽车文化主线,偏重汽车文化内涵,诠释汽车文化属性,归纳汽车文化的特性及表现形式。以此为基点,内容包括汽车发展史文化、汽车名人文化、名车文化、汽车美学与艺术,同时也包括与社会文明相关的汽车公众文化、车企文化、汽车前沿技术、汽车社会和谐与汽车文明。

3)中国与世界同屏。世界汽车的历史长河源远流长,展现了百年汽车文明的发展脉络;中国汽车的艰苦创业跃然纸上,道出了 70 年发展历程中创业者的精神力量。书中对中国车企、车企文化、创业精神浓墨重彩,弘扬中国精神和文化自信。

4)教材与资源并举。本书的编写深入浅出,文字流畅,图文并茂,可读性强。本书添加了二维码,可扫描观看彩图或视频等有关资料。

本书在保持第 2 版基本编写格局及内容的基础上,主要在以下方面做了修改。

1)为丰富新时代的教育内容,重新编写了第五章"车路协同谱新篇"和第七章"驰骋车轮观中国"的内容。

2)调整并修订了第三章、第四章和第六章的部分内容。

3)更新了相关章节的数据,并修订了相关文字。

本书由湖北汽车工业学院姚丽萍、信阳学院肖生发任主编,湖北汽车工业学院郭一鸣、王中任副主编。参加编写的有:湖北汽车工业学院赵晓晓、田靖涵、庹玲。编写分工为:绪论由肖生发、郭一鸣编写,第一章由肖生发、郭一鸣编写,第二章由肖生发编写,第三章由田靖涵、王中编写，第四章由王中编写，第五章由郭一鸣、姚丽萍编写，第六章由肖生发、赵晓晓、庹玲编写，第七章由姚丽萍编写，第八章由肖生发、郭一鸣编写。全书由肖生发教授统稿，由武汉理工大学汽车学院张国方教授主审。

  在本书的编写过程中，编者参阅了大量书籍和资料，为此特对原作者表示衷心的感谢。

  由于编者水平所限，书中疏漏和不妥之处，请予以批评指正。

编　者

第2版前言
Preface

本书是 2009 年出版的《汽车文化》一书的修订本。

《汽车文化》一书自 2009 年问世以来，受到广大读者的欢迎和关注，已多次重印来满足读者的需求。

由于中国汽车产业的飞速发展，中国的汽车产销量自 2009 年起跃居世界第一，并一直保持至今。截至 2015 年年底，中国的汽车保有量达 1.72 亿辆，也就是说，中国约 8 人拥有 1 辆汽车。汽车与社会各元素的联系越来越紧密，中国已全面进入"汽车社会"。汽车改变世界，无疑也改变着中国。社会发展的现实是汽车物质文明超前，精神文明相对滞后。因此，在汽车如此普及、如此影响社会和人们生活的今天，了解汽车文化、弘扬优秀汽车文化、在全社会范围内大力倡导"汽车文明"显得日益重要和紧迫。本书的再版就是要站在高起点，着力弘扬汽车文化，引导学生和读者建立强烈的社会责任感与使命感。

本书的编写力求突显文化主线，偏重文化内涵，诠释汽车文化属性，归纳汽车文化的六大特性及八大表现形式。以此为基点，内容涵盖汽车发展史文化、汽车名人文化、名车文化、名流文化、汽车美学与艺术、公众文化、传媒与教育文化、汽车社会和谐与汽车文明等。本书在叙述上深入浅出，文字流畅，图文并茂，可读性强。本书添加了二维码，可扫码看彩图或视频等有关资料。

本书在保持第 1 版基本编写格局和内容的基础上，主要在以下方面做了修改。

1) 增加并丰富了部分章节的内容，如"国人的骄傲——长城""汽车车身广告艺术""汽车与摄影艺术""汽车与展示艺术""中国大学生方程式汽车大赛""汽车名城""汽车博物馆"等内容，并改写了部分章节的内容。

2) 更新了相关章节的数据，并修订了相关文字。

3) 各章节末增加思考题，便于读者巩固学习。

本书由湖北汽车工业学院肖生发、沈国助任主编，王中、郭一鸣任副主编。参加编写的有：刘少康、李正桥、王文山。编写分工为：绪论由肖生发编写，第一章由肖生发、刘少康编写，第二章由肖生发编写，第三章由沈国助编写，第四章由王中编写，第五章由沈国助编写，第六章由郭一鸣、肖生发、李正桥编写，第七章由王文山编写，第八章由肖生发、刘少康编写。全书由肖生发教授统稿，由武汉理工大学汽车学院张国方教授主审。

在编写本书的过程中，编者参阅了大量书籍和资料，为此特对原作者表示衷心的感谢。

由于编者水平所限，书中疏漏和不妥之处，请予以批评指正。

编　者

第1版前言
Preface

本书是根据普通高等教育汽车类专业（方向）教材编审委员会确定的教材规划编写的。

自汽车问世以来，除作为代步工具以外，汽车已经全方位地影响着社会的各个方面，尤其是改变着人民大众的日常生活。汽车的作用超出了普通商品，已构成公众社会经济生活的一部分。汽车在创造巨大物质财富的同时，还不断创造出丰富多彩的精神财富，形成并演绎着灿烂夺目的汽车文化。

中国正在步入"汽车社会"，汽车文化正处于发展阶段。这就需要提高"汽车社会"参与者的社会责任意识，需要寻求人与人、人与车、车与车之间的和谐，创建健康的汽车文化，构建和谐的汽车社会，以促进社会文明进步。

编撰《汽车文化》的目的，就是要面向未来社会经济文化建设的生力军——在校大学生普及汽车文化知识，弘扬优秀文化，扩大社会视野，唤起对汽车文化的思考，丰富校园文化生活。

本书以不同的视角，从汽车技术、汽车品牌到汽车礼仪、汽车广告标语等表现形式，较全面地诠释了汽车文化；以探寻的方式，从汽车造型艺术、公众购车行为到绿色交通、和谐汽车社会，去挖掘现实中的汽车文化；以流畅、活泼的语言，描述汽车文化的各种表现，给人以轻松愉悦的享受，以体现汽车文化的魅力。全书结构自成体系，各章内容既具有独立性，又相互关联，图文并茂，易学易懂。

本书由湖北汽车工业学院肖生发、沈国助任主编，王中任副主编，由武汉理工大学汽车学院明平顺教授负责主审。参加编写的有：刘少康、郭一鸣、李正桥、王文山。编写分工为：绪论由肖生发编写，第一章由肖生发、刘少康编写，第二章由肖生发编写，第三章由沈国助编写，第四章由王中编写，第五章由沈国助编写，第六章由郭一鸣、李正桥编写，第七章由王文山编写，第八章由肖生发、刘少康编写。

本书的编写得到了湖北汽车工业学院教务处、科研处、汽车工程系等部门的大力支持；中国机械工业教育协会机械工程及自动化学科教学委员会车辆工程学科组副组长、清华大学夏群生教授审阅了本书部分章节，提出了一些建议；主审武汉理工大学明平顺教授提出了许多宝贵意见和建议，在此一并表示感谢。

在本书编写过程中，编者参阅了大量书籍和资料，特对原作者表示衷心的感谢。

由于编者水平所限，书中定有疏漏和不妥之处，诚请使用本书的师生和其他读者批评指正，以便再版时修订。

编　者

目录 Contents

序
第3版前言
第2版前言
第1版前言

绪论 ·· 1
    思考题 ·· 6

第一章 存世百年的汽车 ·· 7
    第一节 走近汽车 ·· 8
    第二节 车史溯源 ·· 19
    第三节 世界汽车业的历程 ··· 24
    第四节 中国汽车业的足迹 ··· 30
    思考题 ·· 33

第二章 铸就名人的熔炉 ·· 35
    第一节 欧洲的汽车奇才 ·· 36
    第二节 美国的汽车精英 ·· 40
    第三节 日本的汽车人杰 ·· 44
    第四节 中国的汽车名人 ·· 46
    思考题 ·· 49

第三章 展示品牌的舞台 ·· 50
    第一节 他山之石 ·· 51
    第二节 本土之玉 ·· 59
    第三节 商标文化 ·· 65
    思考题 ·· 77

第四章 彰显魅力的艺术 ·· 78
    第一节 汽车外形的演变 ·· 79
    第二节 造型元素的审美 ·· 82
    第三节 概念车的魅力 ··· 90

第四节	车与艺术的联姻	101
思考题		109

第五章　车路协同谱新篇 · 110

第一节	新能源汽车新天地	111
第二节	智能汽车人车合一	116
第三节	悠悠大道通连九州	122
思考题		128

第六章　公众文化大观园 · 129

第一节	汽车消费面面观	130
第二节	汽车礼仪人人尊	141
第三节	汽车运动燃激情	144
第四节	汽车展览呈异彩	151
第五节	汽车馆藏含情怀	157
第六节	汽车名城显生机	162
思考题		166

第七章　驰骋车轮观中国 · 167

第一节	中国车企之风采	168
第二节	车企文化谱新篇	175
第三节	汽车改变中国	183
思考题		185

第八章　汽车社会铸文明 · 186

第一节	阔步迈向"汽车社会"	187
第二节	汽车社会面临的问题	190
第三节	和谐汽车社会与文明	197
思考题		206

参考文献 · 207

绪 论 / Introduction

在人类文明发展过程中，汽车作为工业文明的产物，从诞生到融入社会机体，不断地改变着人类生活的各个方面，同时又将社会发展中已形成的相关元素吸纳到汽车本体之中，凝聚并丰富着人类文化，推进着人类文明的进程。一百多年来，汽车承载着人类文明进入新时代，在给人类社会带来巨大经济财富的同时，影响并改变着人们的生活方式，使之形成一种以汽车为载体的汽车文化。汽车作为文明社会的重要标志之一，已超出代步工具的概念，而是以各种形态和方式渗透社会的各个层面。

我国从"没有车"演变到"完全离不开车"的时代，即逐步进入汽车社会化时代，更需要建立健康和谐的汽车文化，弘扬我国优秀的传统文化，形成"人与人和谐相处，车与车平等和睦，人与车协调合一"的汽车文明。

一、汽车文化的含义

1. 文化的概念

"文化"一词的含义丰富，具有宽广的范畴。不同的人对其含义的理解不同。一部分人把它看作是精神生活的价值；另一部分人只把艺术、文学归于此类；还有一些人则把它视为意识形态。1965年，在莫尔的著作《文化的社会进程》里出现了250种有关文化的定义。之后，学者克尔特曼在从事文化定义的研究时，发现文化的定义已逾400种。

对学术界产生影响并延续至今的是泰勒在《原始文化》一书中对"文化"的定义："文化或文明，就其广泛的民族学意义来说，是包括全部的知识、信仰、艺术、道德、法律、风俗，以及作为社会成员的人所掌握和接受的任何其他的才能和习惯的复合体。"

2020年第7版的《辞海》对"文化"的解释为："广义指人类社会的生存方式以及建立在此基础上的价值关系，是人类在社会历史发展过程中所创造的物质财富和精神财富的总和。狭义指人类的精神生产能力和精神创造成果，包括一切社会意识形式——自然科学、技术科学、社会意识形态。"

概而言之，文化通常有广义和狭义之分。广义的文化几乎囊括人类的整个社会生活；狭义的文化是指意识形态，以及与之相适应的制度、组织、结构。

文化现象丰富多彩，千姿百态，无所不包，且因学科视角的不同而有所差异。每一门具体学科都把文化作为自己研究的对象，从而形成一定的文化观念。

与文化紧密相关的是文明。文明是作为与野蛮时期相对立的社会阶段提出的，在许多场合下与文化同义，但有时指的是文化发展的高级状态和积极成果。

2. 汽车——改变世界的机器

汽车的诞生，演绎了"给世界装上轮子"的神话，给人类增添了巨大的物质财富和丰富的精神财富。

汽车——这个零件数以万计、产销量以千万计、保有量数以亿计的移动机器，其所形成的产业在世界范围内成为大多数工业国家的支柱产业。汽车是现代工业的龙头，汽车工业的发展，带动了相关产业的发展，形成了一个完整的产业链。除汽车主机厂外，其上游产业包括钢铁、有色金属、橡胶、玻璃、机械、化工、电子、石油等，其下游产业包括销售、维修、公路建设、交通、物流、保险理赔、汽车美容、旅游等。据相关研究，汽车制造业对其他产业带动效应的直接相关度为 1∶2.4~1∶2.7，这意味着其每增值 1 万元，分别带动其他产业增值 2.4 万~2.7 万元。以美国为例，汽车工业消费了美国 25% 的钢材、60% 的橡胶、33% 的锌、17% 的铝和 40% 的石油；在商业领域，汽车经销商的收入占美国批发商业的 17% 和零售商业的 24%。汽车制造业对劳动就业的带动效应显著，美国汽车主机厂的一个就业机会关联到上下游 11 个就业机会；而在我国，汽车主机厂的一个就业机会关联到上下游 24 个就业机会。当今世界，汽车及其相关产业体现了一个国家的综合实力，汽车俨然已是世界上数量最大、最有价值的商品之一。

汽车是现代生活的标志。汽车作为一种交通工具，因其灵活性、快捷性和普遍性特征，几乎没有其他交通工具可以与之媲美。汽车的广泛应用，不仅扩大了人们的活动范围，改变了人们传统的时空观念，而且在汽车社会化的过程中，冲击和改变着人们的行为方式、居住方式、生活方式、休闲方式，对社会的经济、交通、科技、就业，对人类的资源、能源、环境、城市等诸多方面产生了强烈而深远的影响，进而影响到社会就业、社会交往、社会节奏，以及人们的知识结构、文化习俗等精神文化世界。

汽车被称为改变世界的机器、推动社会进步的车轮。汽车进入普通家庭，正在改变城乡空间结构和经济社会结构，形成一整套新的经济、文化、生活体系，改善人们的生活质量，推进社会进步。在改变社会形态方面，正如一位历史学家所说，"福特使人们从地域的束缚中获得自由，创造了规模空前的社会流动"。作为社会习俗变革的动因，很少有被人们广泛接受和使用的机器能像汽车那样对社会产生如此深刻的影响。

3. 汽车文化的含义

汽车是人类文明的结晶，是物化的文化；汽车及其相关产业是物质财富和精神财富的集合，推动着人类文明的进程，丰富着文化的内涵。

汽车文化是以汽车及其产业为载体，人类在社会历史发展过程中所创造的与汽车相关的物质财富和精神财富的总和，包含形成影响人类社会一系列行为、习俗、法规、观念的文化形态。

二、汽车文化的主要特性与表现形式

1. 汽车文化的主要特性

汽车文化的特性主要表现在文化的继承性、时代性、民族性、创新性、统一性与多样性、互动性等方面。

(1) 继承性 文化是人类世代相传的经验，继承性是文化的基础。在文化的发展进程中，每一个新的阶段在否定前一个阶段的同时，必须继承它的所有进步内容，以及人类在这之前发展的所有阶段所取得的成果。汽车文化是一个不断积累和丰富的过程，经过历史的检验，优秀的汽车文化必然有更长久的生命力，这种生命力使文化的继承性能得以充分体现。否则，每一个新生的一代都必须从头做起，那么汽车文化将始终在最低层次徘徊，就不可能进步。

(2) 时代性 在人类发展过程中，每一个时代都有自己的文化类型作为完整的历史阶段。汽车文化在不断发展变化的过程中，自然也会打上那个时代的烙印。但不同时代有其不同的特点。时代性是文化生成的时代特征,反映文化所体现的时代主题。

(3) **民族性** 具有共同的语言、共同的地域、共同的经济生活和共同的文化特点而形成的共同的心理素质,是各民族在长期的历史发展过程中自己创造和发展起来的,从而形成了本民族的特色文化。民族性反映文化生成的地域特征和民族特色,是一种文化区别于其他文化的个性特征。汽车文化的民族性尤其鲜明。例如,美国车的豪迈与大气、德国车的精密与效能、法国车的浪漫与典雅、日本车的精致与务实、意大利车的精悍与唯美、中国车的中庸与和谐等,无不打上了其民族文化的烙印,无不展现出各民族的气质与符号。

(4) **创新性** 随着人类社会的前进,文化是不断发展变化的,其外延也在不断拓展和延伸。传统与创新是永恒的课题。创新是社会发展的重要特征。对汽车文化来说,创新是不竭的源泉,是实现汽车文化可持续发展的动力。由此看来,汽车的发展史本身就是一部创新史。

(5) **统一性与多样性** 文化是全人类集体财富的总和,是人和人类的属性特征的体现,各个地域或民族的文化形式既具有共同的、同一的样式,又具有特色的成分,相互之间不可替代。汽车工业的集团化和国际化趋势越来越明显,必然影响到汽车文化的属性。跨国公司具有跨国界、跨领域、跨文化的多品牌经营发展战略,使汽车文化融入了鲜明的地域和民族特色。汽车文化在表现形式上也将日益多样化、多元化。

(6) **互动性** 各个地域或民族都有自身长期积累的优秀文化,成为本土文化的典型代表。当下,日趋频繁的文化交流促进了各民族文化的互动与合作,吸收和借鉴其他优秀文化,相互影响和促进,也是文化生命力的重要体现。汽车文化的发展也是一个相互借鉴与融合的过程,外来优秀文化的导入,丰富了本土文化的内容,同时本土优秀文化也在交流和交往中对外输出,同样可以产生影响他人的价值。文化的互动性,可以抑制文化贫困,使文化充满活力,促进社会的共同进步。

2. 汽车文化的表现形式

汽车文化的表现形式极其丰富,涵盖广泛,归纳起来主要有史学表现、名人与名牌表现、美学与艺术表现、拓展衍生表现、公共关系表现、公众心理与行为表现、信息与网络表现、教育与传承表现等。

(1) **史学表现** 汽车产生和发展的历史,本身就是一部文化史,蕴含着丰富的精神和物质财富。从汽车起源到汽车工业技术史、汽车交通史等,都有其值得研究的价值,有利于汽车和汽车文化的普及。随着汽车工业产业链被不断拉长,随之发展起来的汽车金融、保险、租赁、二手车交易及示范推广运营等服务行业在不断繁荣,大有超过制造业之势。汽车文化也将更多地渗透汽车服务业的各个领域,并呈快速发展的趋势。

(2) **名人与名牌表现** 文化的根本功能是塑造人。在汽车诞生的同时,也涌现出一些为汽车发展呕心沥血、执着进取的名人。这些人创造着一个又一个奇迹,他们是所有汽车人的杰出代表。讴歌和弘扬汽车名人的进取精神,就是汇聚精神财富。汽车品牌的创立,展现了一个文化塑造的过程。汽车文化是汽车品牌的灵魂,只有先进的文化理念、温暖的人性关怀、友好的公益形象等一系列凝结在汽车产品里的精神内涵,才能铸就汽车品牌,满足人们更高的消费要求。

绪 论

（3）**美学与艺术表现** 汽车不仅仅是一种工业产品，更是一种集高科技和文化于一体的艺术品。从汽车的外形、颜色，到汽车内饰及各种附属设施，都具有美学元素，充分地表现着企业文化、特征及其汽车的品质。汽车作为一种"移动的机器"，与道路的融合、与城乡的融合、与公众的融合，体现着这一"钢铁之躯"的亲和力，使之成为广受大众欢迎的人类"伙伴"。

（4）**拓展衍生表现** 汽车除作为交通工具以外，还衍生出许多其他的文化表现形式。就汽车本体来说，有汽车彩绘、汽车车身广告、汽车车贴、车内电视等；从车展形式看，有布展艺术、汽车模特、汽车摄影、汽车与其他艺术形式的结合等；对收藏而言，有汽车模型、汽车玩具、老爷车、各类汽车纪念品等；进一步拓展，还衍生出汽车影院、汽车旅馆、汽车餐馆、汽车超市、汽车乐团、汽车赛事等。

（5）**公共关系表现** 为营造社会友爱的氛围，助力社会可持续发展，需要在"汽车文化"的大框架下，以制度约束、规范不协调的行为，倡导和鼓励社会的精神文明和物质文明建设，提升造车者、用车者、管车者的文化自觉性。在合理范围内，逐步解决人车路的矛盾，解决资源与环境、安全、社会治理、城乡规划等问题，建立"资源节约型、环境友好型"的和谐汽车社会。

（6）**公众心理与行为表现** 文化的重要内涵是人和人群的生活形态和行为方式。汽车文化的公众心理与行为表现主要是指公众在购车、用车等方面的汽车消费心理与行为，以及对汽车的接受认可程度。因不同民族文化、心理和习俗的不同，人们赋予"汽车"太多的象征意义，包括个性、财富、身份、行业标志等，表现出林林总总的购车行为。公众的用车心理与行为则体现了用车人的人文素质与社会的文明程度。用车人的社会责任感是建立良好秩序的重要方面，包括遵章守法、汽车礼仪、文明行车、文明用语、人车关系、节约意识、环保意识等。汽车极大地改变了人们的生活方式，增添了时尚与乐趣，凸显"移动文化"的吸引力，如自驾游、房车家居、车友俱乐部等。

（7）**信息与网络表现** 在现代社会，信息与网络是社会的"最大交通系统"，汽车、信息与网络互为载体，形成新的文化沟通形式与平台：汽车本体的信息与网络化，如车内通信、影音系统、卫星定位、人车互寻、智能化等；信息与网络载体中的汽车元素，包括汽车报纸、汽车杂志、汽车网站、汽车自媒体、汽车网络游戏、汽车电子书籍等。

（8）**教育与传承表现** 汽车教育包括各个层次的汽车专业院校、汽车相关公司与企业的培训、社会团体机构有关汽车的技能培训、汽车文化传播公司等，它们在传授汽车知识的同时，学员也受到汽车文化的熏陶，这是汽车文化的一个重要组成部分。如同"播种机"的汽车教育在向社会源源不断地输送汽车专门人才的同时，也使汽车文化得以提炼、传播和传承。

三、创建健康和谐的汽车文化

按照国际标准，每百户家庭拥有 20 辆汽车的地域，就可以认为进入了"汽车社会"。在汽车社会，汽车已从奢侈品成为日用品，从地位、财富符号变为普通工具。从汽车产业到汽车社会，从汽车社会到汽车文化，直到汽车社会需要的汽车文明，必须寻求人与人、人与车、车与车之间的多种关系融合或转化为和谐共生的关系。创造健康和谐的汽车文化，将是所有汽车社会参与者共同的责任。为此，创建健康和谐的汽车文化尤为必要。

1. 培养社会责任感

汽车数量的增多，直接导致安全、环保、节能方面的问题，增加了社会公共体系中资源和环境的压力。汽车社会参与者，包括管理者、制造者、销售者、使用者，都对交通秩序与环境保护等负有责任。明晰汽车是公众社会生活的一部分，着重强调"文化心理"层次上的建设。管理者通过立法，约束、规范、引导参与者的行为，使之形成良好的习惯；制造者坚持"以人为本"的理念，生产满足人们日益增长的符合时代要求的具备文化品位的"绿色产品"；销售者不只是推销产品，更多地要传播汽车文化；使用者则应努力践行汽车文明。

2. 构建人、车、路和谐的社会氛围

人、车、路是构成道路交通的3个要素，既密切相连又相互制约。做"安全人"，走"安全路"，开"安全车"，减少主观或人为的不安全因素，减少汽车对社会造成的危害。用车人的行为反映在人、车、路之间现实的矛盾上，也反映在文化的冲突上，需要建立文明高尚的汽车礼仪、和谐宽容的汽车文化。用车人只有增强遵纪守法意识，弘扬中国优秀的传统文化，才能形成"人与人和谐相处，车与车平等和睦，人与车协调合一"的汽车文明。

3. 推陈出新，提高公众的汽车文化传承意识

中华民族是具有创新精神的民族，因而必然能形成自己特色的汽车文化。文化是人类发展的积累，不是一朝一夕的事情，所以汽车文化特色的形成更需要中国人不断凝练和丰富。在大学生中普及汽车文化知识，是增强汽车文化生命力的需要。不仅如此，开展对社会大众的汽车文化熏陶也十分必要，尤其是对少年儿童的汽车文化教育，培养一代代践行汽车文明的后来人，使我们的社会充满幸福感。

悠悠5000年的中华文化，在历史的长河中浩气长存。因汽车这个"舶来品"而渐渐形成的中国汽车文化，像一条支流汇入中华文化这条不竭的长河，交相辉映，熠熠生辉。

思考题

1. "汽车文化"的含义是如何表述的？
2. 简要论述"汽车是改变世界的机器"。
3. 汽车文化有哪些主要特征？
4. 汽车文化的表现形式有哪些？
5. 在汽车社会里，为什么要培养社会责任感？
6. 结合实际，谈谈对构建"人、车、路"和谐社会氛围的认识。
7. 你是如何认知汽车文化的？

第一章 / Chapter 1
存世百年的汽车

扫码观看本章相关视频

汽车作为人类一百多年来最伟大的发明之一，是人类在交通方面不懈追求的产物。人类对"自由运动"的追求从幻想开始，通过探索、创造去实现幻想并使之不断发展，创立并丰富着灿烂的物质文化。

第一节　走近汽车

一、从幻想开始，话汽车概念

幻想和神话传说，无论是在中华文明中，还是在印度河文明、古埃及和两河流域文明、古希腊文明，以及在非洲、南美多种已湮没的古代文明中，都自古有之，历史源远流长，其中都有一个共同的愿望与目标——人类的快速交通。

在所有幻想的交通方式中，自由飞行可以达到美妙而无约束的境界。《封神演义》是中国神怪小说之集大成者，书中普通而又理想的交通方式是腾云驾雾。阿拉伯世界神话中的飞毯更是一个精彩绝伦的幻想，铺一块地毯，坐上去，一念咒语就能飞出门窗到任何想去的地方。这些古老神话的现代版就是当代的航空航天。

《封神演义》中土行孙具有触地逃遁的法力，只要脚挨地面便会遁入地下，再从别处钻出地面。实现这个幻想的是现代的地铁交通。潜水艇则实现了人类自由入海遨游的愿望。

太阳神的车、风神的车、哪吒的"风火轮"等，是神话中关于自动行驶交通工具的幻想，表现了人们对陆地快捷行走的渴求。这种渴求变为现实，就是现代意义上的汽车。毫无疑问，现代陆上交通车辆是古代车辆的自然发展和延伸。

漫漫4000多年古代车辆的历史，一直无法突破一道障碍，即离不开人力或畜力的推或拉才能运动，如图1-1所示。聪明的古人在生产和生活中的一大创新便是认识了转动现象，逐步把自然的旋转和滚动变成由自己制造的和可以控制的有轴的转动，如图1-2所示。由轮和轴形成的轮轴结构，恐怕也是人类最古老、极具价值的发明之一。

图1-1　古代的运输方式　　　　　　图1-2　轮轴结构的运输方式

车的基本结构特征：一是有轮和轴，二是有车体和车厢，如图1-3所示。车体上带厢以装运人或货物，下部可以固定车轴，轴上装轮。中间装轮为独轮车，两边装轮为双轮车，双轮双轴则构成四轮车，如图1-4所示。车在人力和畜力推或拉的作用下在陆地上滚动，早期的陆地运输工具就这样形成了。因此，车是一种具有轮轴结构、带有车厢并用于运输人或物品的机械。

图1-3 具有车体、车厢和轮轴的基本结构

图1-4 四轮车

当人类寻找到用自然能源驱动的动力机构作为车的驱动机构取代人力和畜力之时,"机动车"就诞生了。

汉语中习惯用的"汽车"一词究竟源于何人、缘何所起,无法考证。据说,唐朝的一行和尚是说出"汽车"一词的第一人。带"氵"的"汽"车又似乎与蒸汽机汽车相关。各国对"汽车"的称呼也差不多,多指自动行驶的车辆。所以,汽车的原始概念就是自动行驶的车辆。

现代意义上的汽车是以内燃机为动力作为标志的。中国国家标准GB/T 3730.1—2022《汽车、挂车及汽车列车的术语和定义 第1部分:类型》对汽车的定义为:由动力驱动、具有四个或四个以上车轮、不用轨道来承载的车辆,主要用于载运人员和货物;或牵引载运人员和货物的车辆;或有特殊用途。

二、揭开面纱,看汽车本色

就一辆传统汽车的整体构造而言,它由四大部分组成,包括为汽车提供动力的发动机(内燃机),能保证汽车正常行驶的底盘,乘载驾驶人、旅客或装载货物的车身,如图1-5所示,以及汽车供电、用电的电气设备。

1. 汽车的心脏——发动机

发动机如同汽车的"心脏",它是汽车的动力源。发动机的种类较多,按目前汽车活塞式发动机所用燃料不同,发动机主要分为汽油机和柴油机两大类。

发动机是一部复杂的机器,但发动机产生动力的工作原理却比较简单。发动机首先将汽油和空气混合并引入气缸,压缩点燃使之燃烧产生热量并膨胀,推动活塞和连杆使曲轴旋转,对外做功,最后把废气排出气缸,完成一个循环。按此循环,周而复始。活塞往复4个行程、曲轴转两圈完成一个循环的发动机称为四冲程发动机。

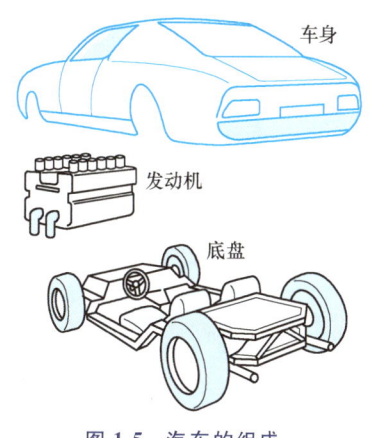

图1-5 汽车的组成

四冲程汽油机工作原理如图1-6所示。第一个行程是进气行程,进气门开启、排气门关闭,活塞在从上止点向下止点移动的过程中,将汽油与空气所形成的可燃混合气吸入气缸;接着转入压缩行程,进气、排气门均关闭,活塞由下止点向上止点移动,气缸内的混合气被压缩,导致缸内温度和压力同时升高,在压缩行程终了之前,火花塞发出电火花,点燃被压

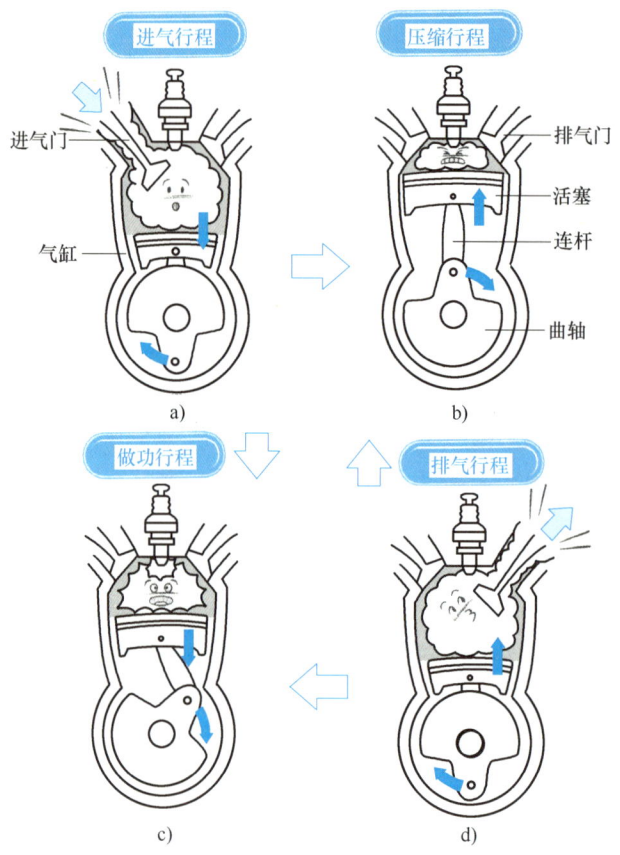

图 1-6 四冲程汽油机工作原理

缩的混合气;随后进入做功行程,缸内燃料燃烧产生的热能使气体膨胀,推动活塞从上止点向下止点运动,这就是产生动力的过程;最后一个行程是排气行程,燃烧过的气体变为废气,排气门开启、进气门关闭,废气被排出气缸。

四冲程柴油机和汽油机一样,每个循环活塞也经过 4 个行程。柴油机所用燃料是柴油,其特点是黏度比汽油的大且不易蒸发,但柴油的自燃温度比汽油的低。柴油机与汽油机工作原理不同,主要表现为两点:柴油机进气行程吸入的是纯空气;柴油要经喷油泵由低压变为高压,然后在压缩行程活塞接近上止点时,经喷油器以油雾形式直接喷入气缸,与高温空气混合形成可燃混合气并自燃。

发动机工作原理中只说明了将热能转化为机械能的过程。要完成这种能量转化的任务并对发动机的工作进行有效的控制,必须使发动机的结构更加完善。各种发动机总体构造尽管有可能不同,但它们的主要结构是大体相同的。一台完整的汽油机包括 2 个机构(曲柄连杆机构、配气机构)和 5 个系统(燃料供给系统、润滑系统、冷却系统、点火系统、起动系统)。汽油机的总体构造如图 1-7 所示。

汽车发动机主要采用的是往复活塞式内燃机。

可以从不同角度对往复活塞式内燃机进行分类。例如,按完成一个循环所需要的行程数的不同,可分为四冲程发动机和二冲程发动机。按点火方式的不同,可分为点燃式发动机和

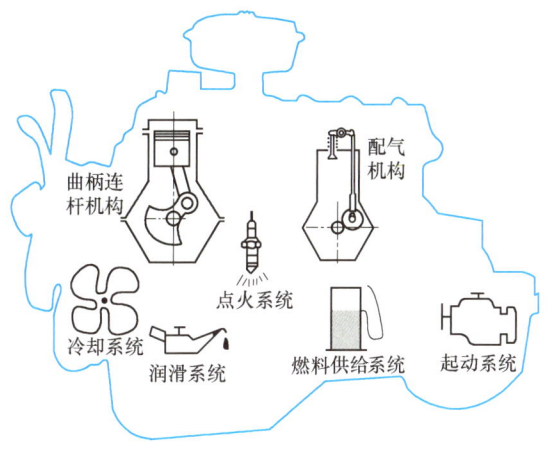

图1-7 汽油机的总体构造

压燃式发动机,如汽油机为点燃式,柴油机和多种燃料发动机为压燃式。按所用燃料的不同,可以分为柴油、汽油、液化石油气、天然气、乙醇、煤气及多种燃料等发动机。按气缸排列的不同,可分为单列式、双列式,单列式多为直立式和卧式两种,而双列式也有V型和对置之分,部分示例如图1-8所示。按冷却方式不同,可分为水冷和风冷两种,大部分车用发动机采用水冷却系统。按吸气状态不同,可分为自然吸气式和增压式两种,自然吸气式吸入气缸的空气直接来自大气,而增压式是把大气经过增加压力、提高密度后,再吸入气缸。车用柴油机常用废气涡轮增压方式。

2. 汽车的躯体——底盘

汽车底盘如同汽车的"躯体",其作用是支承、安装发动机和其他零部件、总成,从而构成汽车整体;将发动机传来的动力,经减速增矩后传给驱动车轮,驱动汽车前进。底盘上设置有转向控制、制动控制及减振缓冲等装置,以确保汽车正常行驶。

(1) **汽车底盘的组成** 传动系统、行驶系统、转向系统和制动系统4个部分构成了汽车底盘,其组成如图1-9所示。

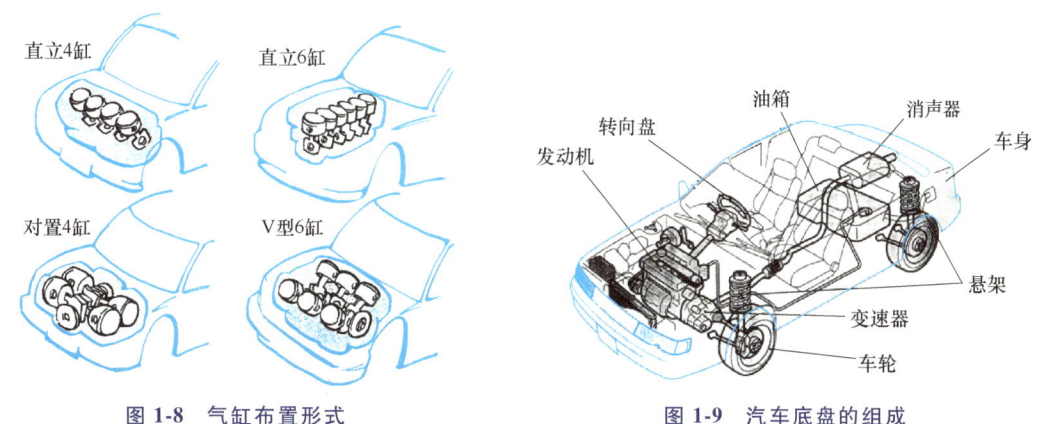

图1-8 气缸布置形式　　　　图1-9 汽车底盘的组成

汽车发动机与驱动轮之间的动力传递是靠汽车传动系统的各个装置来保证的。汽车传动系统能根据需要实现动力的平稳接合与传递,有时需要迅速彻底地分离动力;必要时能满足左、右驱动车轮差速转动的要求；还能保证在各种行驶条件下提供必需的牵引力、车速，使汽车有良好的动力性和燃油经济性。传动系统包括离合器、变速器、万向传动装置、主减速器、差速器等部分。

汽车行驶系统如图1-10所示，其作用是尽可能缓和路面不平对车身造成的冲击和振动，保证汽车行驶的平顺性，并与汽车转向系统配合，保证汽车的操纵稳定性。汽车行驶系统包括车架、车桥、车轮和悬架等部分。

汽车转向系统如图1-11所示，其是用来保持或者改变汽车行驶方向的机构。汽车在转向时，要保证各转向轮之间有协调的转角关系。驾驶人通过操纵转向系统，使汽车保持直线或转向的运动状态，或者使这两种运动状态互相转换。转向系统包括转向盘、转向轴、转向器、转向直拉杆、转向梯形机构、转向节等部分。

图1-10 汽车行驶系统

图1-11 汽车转向系统

汽车制动系统如图1-12所示，其功能是使行驶中的汽车减速或停车，以及实现可靠驻车。制动系统包括前后制动器、控制装置、供能装置和传动装置。

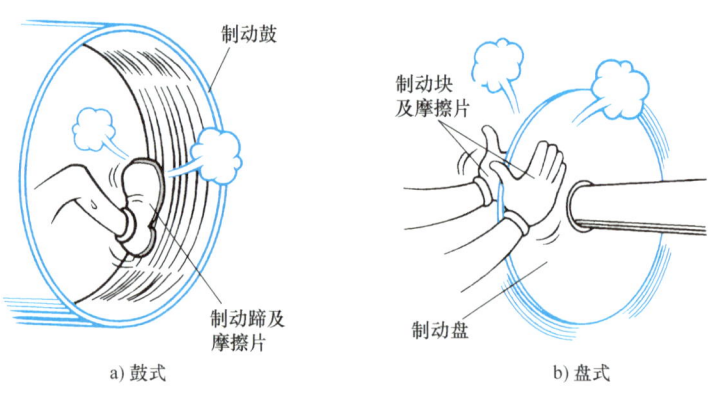

a) 鼓式　　　　　b) 盘式

图1-12 汽车制动系统

（2）**汽车的布置形式**　汽车发动机的动力是经过传动系统传给驱动车轮的。汽车布置形式反映了发动机、驱动桥和车身的相互关系，对汽车的使用性能有较大的影响。

常见的汽车布置形式有发动机前置后轮驱动（FR方式）、发动机后置后轮驱动（RR方式）、发动机前置前轮驱动（FF方式）和全轮驱动（nWD方式）等形式，如图1-13所示。

1）发动机前置后轮驱动。这是一种传统的布置形式，是将发动机、离合器、变速器等构成的整体置于汽车前部，驱动桥置于汽车后部。这种布置形式是前轮转向后轮驱动，前后轮各司其职，转向与驱动分开，负荷分布比较均匀。

第一章 存世百年的汽车

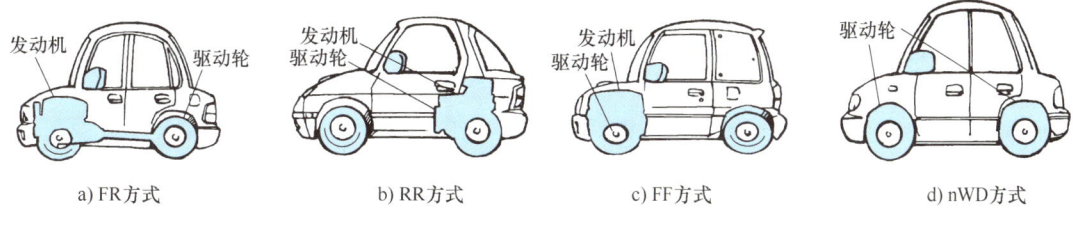

a) FR方式　　　b) RR方式　　　c) FF方式　　　d) nWD方式

图 1-13　常见的汽车布置形式

2) 发动机后置后轮驱动。发动机后置使前轴不易过载。对于跑车来说，这种布置形式可以降低汽车前部的高度；对于大型客车而言，这种布置形式能更充分地利用车厢面积，还可有效地降低车身地板的高度或充分利用汽车中部地板下的空间安置行李。

3) 发动机前置前轮驱动。这种布置形式是将发动机、离合器、变速器等构成的整体置于汽车前部，驱动桥也置于汽车前部。这种布置使发动机和动力传动系统布置紧凑，使地板低而平；由于前轴的负荷大，整车的操纵稳定性好。

4) 全轮驱动。越野汽车属于全轮驱动汽车，一般为发动机前置，在变速器后面装有分动器将动力传递到全部车轮上，如图1-14所示。目前，

图 1-14　全轮驱动汽车

轻型越野汽车普遍采用4×4驱动形式，中型越野汽车采用4×4或6×6驱动形式，重型越野汽车一般采用6×6或8×8驱动形式。

3. 汽车的外套——车身

汽车的车身好比汽车的"外套"，其形状各异的造型与色彩斑斓的颜色给人以美的享受。可以说，汽车车身是现代汽车工业最引以为傲的创新之一，也是现代社会最吸引人们目光的事物之一。川流不息、五光十色的各种汽车构成了现代都市的一道风景。乘用车车身有单厢车、两厢车和三厢车之分，如图1-15所示。三厢车的"三厢"是指发动机舱、乘员舱和行李舱，3个"厢"明显分开。两厢车是把后行李舱和乘员舱合为一体，使总体车身减少

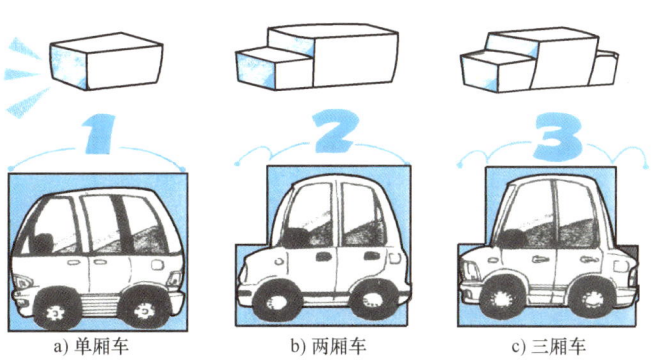

a) 单厢车　　　b) 两厢车　　　c) 三厢车

图 1-15　乘用车车身分类

为发动机舱和乘员舱两"厢"。发动机舱、乘员舱和行李舱融为一体，3个厢没有明显区分的，就是单厢车。

载货汽车的车身由专门为驾驶人提供驾驶操作空间的驾驶室和用于装载货物的车厢组成，驾驶室主要有长头汽车驾驶室和平头汽车驾驶室两种，如图1-16所示。长头汽车的车头和驾驶室

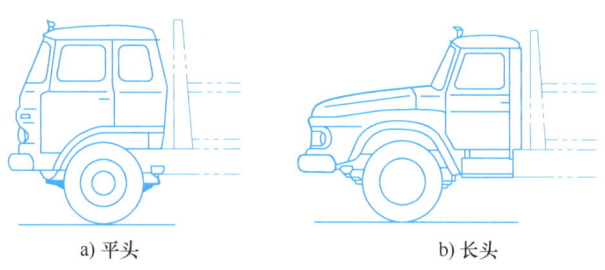

图1-16 两种驾驶室形式

互相分开，平头汽车的车头和驾驶室融合为一体。长头汽车驾驶室在发动机后方，视野较差，但发动机维修较方便，安全性好，行驶振动小。平头汽车驾驶室位于发动机上方，视野良好，在同样的车长情况下平头汽车比长头汽车车厢载货体积要大。

4. 汽车的神经——电气设备

汽车电气设备好比汽车的"神经"，主要由电源设备（蓄电池和发电机）和用电设备（起动机、点火装置、照明及信号灯、仪表及报警装置、电控装置、辅助电器等）组成。它分布于全车各个部位，综合起来有如下两个共同特点。

1）直流供电——蓄电池和发电机协调供电，直流电压为12V或24V。

2）并联单线——汽车电气设备采用并联连接，以车架及与其相通的金属机件为各种电器的公共端（负极搭铁），另一端用导线连接成单线制。

汽车灯系一般分为装在车身外部及装在车身内部的照明和信号灯两组。装在车身外部的主要有：前照灯、后灯、日间行车灯、转向信号灯、制动信号灯、雾灯和防空灯等。装在车身内部的主要有：驾驶室顶灯、车厢照明灯、发动机罩下灯、仪表板照明灯、氛围灯等。

为了使驾驶人及时了解汽车各系统的工作情况，避免事故的发生，保证汽车安全、可靠地运行，汽车上均装有各种检测仪表和报警信号装置，经线路连接后，集中安置在驾驶室的仪表板上，如图1-17所示。

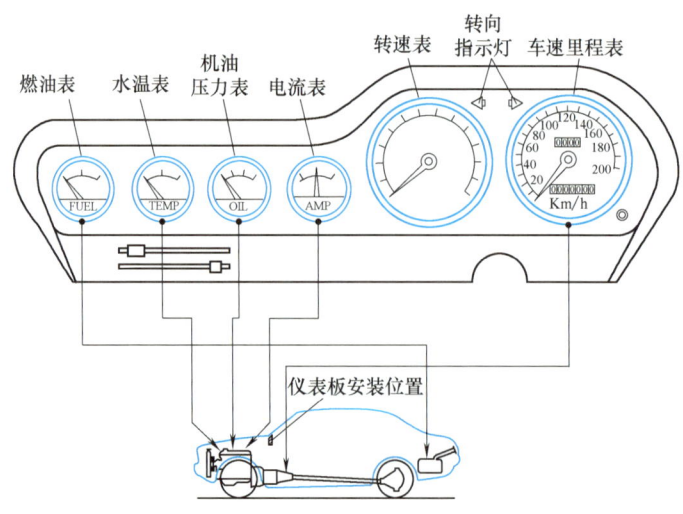

图1-17 仪表、报警信号装置连接示意图

汽车电控装置的作用是提高汽车的安全性、舒适性、经济性和娱乐性，其基本组成有传感器、控制器、执行器、控制程序及电子元器件等部分。电控装置在汽车上随处可见，小到刮水器控制系统，大到新能源汽车控制系统。汽车各方面的性能越来越依赖于控制技术的发展。

三、汽车家族，枝繁叶茂

汽车家族十分庞大，汽车类型种类繁多。汽车的分类因世界各国的管理规则不同而不同。

参照国际惯例，将汽车分为两大类：乘用车和商用车。常说的轿车归属乘用车，载货汽车、客车归属商用车。乘用车（不超过9座）分为轿车、运动型乘用车、普通乘用车、活顶乘用车、高级乘用车、双门小轿车、敞篷车、仓背乘用车、旅行车、多用途乘用车、短头乘用车和越野乘用车12类；商用车分为客车、载货汽车和专用汽车3类。客车细分为城市客车、长途客车、旅游客车、铰接客车、无轨客车、越野客车和专用客车等；载货汽车细分为普通货车、多用途货车、牵引货车、越野货车和专用货车等，专用汽车细分为专项作业车、专门用途汽车等。

按汽车所用动力类型，汽车可分为热力机汽车和电动机汽车两类。热力机汽车可再分为外燃机汽车和内燃机汽车。电动机汽车可再按电源类型分为蓄电池汽车、燃料电池汽车和太阳能电池汽车。

目前，常用的汽车按燃料种类分为汽油机汽车、柴油机汽车和其他燃料汽车。

1. 公路运输汽车

我国汽车分类新标准，GB/T 3730.1—2022《汽车、挂车及汽车列车的术语和定义 第1部分：类型》中有关公路运输汽车的内容如下。

乘用车（Passenger Car）的定义为：设计、制造和技术特性上主要用于载运乘客及其随身行李和/或临时物品，包括驾驶员座位在内最多不超过9个座位的汽车。

客车（Bus）的定义为：设计、制造和技术特性上用于载运乘客及其随身行李，包括驾驶员座位在内的座位数超过9个的汽车。

载货汽车（Goods Vehicle）的定义为：设计、制造和技术特性上主要用于载运货物和/或牵引挂车的汽车，也包括装备一定的专用设备或器具但以载运货物为主要目的，且不属于专项作业车、专门用途汽车的汽车。

专用汽车（Special Vehicle）的定义为：设计、制造和技术特性上用于载运特定人员、运输特殊货物（包括载货部位为特殊结构），或装备有专用装置用于工程专项（包括卫生医疗）作业或专门用途的汽车。

按照乘用车相关参数的差异，乘用车可划分为微型、小型、紧凑型、中型、中大型、大型等不同级别。按车身结构不同，乘用车中的轿车（Saloon Car）可分为三厢轿车和两厢轿车。三厢轿车等级划分以车长为主要判定依据，参考排量和发动机最大净功率，具体见表1-1。两厢轿车及运动型乘用车等级划分以轴距或车长为主要判定依据，参考排量和发动机最大净功率，以轴距为判定依据时具体见表1-2。以车长为主要判定依据时，车长界限在表1-1中数值基础上减小200mm，排量、发动机最大净功率参考表1-1。

表 1-1 三厢轿车等级

代号	级别	车长(L)/mm	排量(V)/mL	发动机最大净功率(P)/kW
A00	微型	$L \leq 4000$	$V \leq 1300$	$P \leq 65$
A0	小型	$3700 \leq L \leq 4400$	$1100 \leq V \leq 1700$	$60 \leq P \leq 80$
A	紧凑型	$4200 \leq L \leq 4800$	$1300 \leq V \leq 1800$	$70 \leq P \leq 120$
B	中型	$4500 \leq L \leq 5000$	$1500 \leq V \leq 2800$	$90 \leq P \leq 150$
C	中大型	$4750 \leq L \leq 5200$	$2000 \leq V \leq 3500$	$100 \leq P \leq 175$
D	大型	$L \geq 5000$	$V \geq 3000$	$P \geq 150$

注：1. 排量和功率仅适用于仅以发动机为直接动力源的轿车。
    2. 装备增压发动机的轿车以实际排量乘以 1.5 计算。
    3. 同时符合多个级别的车型，由制造厂自主决定。

表 1-2 两厢轿车及运动型乘用车等级

代号	级别	轴距(D)/mm	排量(V)/mL	发动机最大净功率(P)/kW
A00	微型	$D \leq 2500$	$V \leq 1300$	$P \leq 65$
A0	小型	$2000 \leq D \leq 2675$	$1100 \leq V \leq 1700$	$60 \leq P \leq 80$
A	紧凑型	$2500 \leq D \leq 2800$	$1300 \leq V \leq 1800$	$70 \leq P \leq 120$
B	中型	$2700 \leq D \leq 3000$	$1500 \leq V \leq 2800$	$90 \leq P \leq 150$
C	中大型	$2850 \leq D \leq 3100$	$2000 \leq V \leq 3500$	$100 \leq P \leq 175$
D	大型	$D \geq 3000$	$V \geq 3000$	$P \geq 150$

注：1. 排量和功率仅适用于仅以发动机为直接动力源的轿车及运动型乘用车。
    2. 装备增压发动机的轿车及运动型乘用车以实际排量乘以 1.5 计算。
    3. 同时符合多个级别的车型，由制造厂自主决定。

2. 汽车家族的横向繁衍

在汽车技术和结构不断成熟并被广泛应用于人类社会生活的各个方面之后，人们对出行舒适度和速度的要求越来越高。于是，人们发挥想象，发明创造了水、陆、空交通方式相结合的新产物。

（1）水陆两栖车 主要是因为汽车被水面阻隔而不能越过水面行驶的情形频繁发生，所以人们希望汽车也能在水上行驶，于是水陆两栖车应运而生，如图 1-18 所示。水陆两栖车分为浮渡汽车和潜渡汽车两类。

（2）陆空两栖车 遇到前方障碍或道路堵塞，汽车索性腾空而起，一飞而过岂不快哉？这就是人们梦寐以求的飞行汽车。图 1-19 所示为美国退休工程师肯尼思·韦尼克的创作。尽管有人称其起飞降落操作方便，但客观地说，这种可以临时"变性"的汽车，现在变成了普通的有翼飞机，它必须拥有一定的起飞条件——在一段距离内和翼展范围内无任何障碍，而这偏偏在高速公路上最难实现。因此，这样的飞行汽车意义不大。

PAL-V1 飞行汽车具有很强的性能，不仅可以飞到 1500m 高空，而且在陆地上也拥有不错的行驶性能，起步加速 0~100km/h 仅需 5s，安全极速也可以达到 200km/h，如图 1-20 所示。

第一章　存世百年的汽车

图 1-18　水陆两栖车

图 1-19　飞行汽车

美国退休工程师保罗·莫勒研制的有垂直起降能力的 M200X 型"空中轿车"，用 8 台独立风扇产生的强大气流实现垂直起降，其操作与普通汽车差不多，如图 1-21 所示。这种灵活的机器引起了军方的极大兴趣。

图 1-20　PAL-V1 飞行汽车

图 1-21　保罗·莫勒研制的 M200X 型"空中轿车"

（3）气垫船——近乎三栖的交通工具　与垂直起降飞机的原理一样，用强大的气流向下、向内吹压，当其总压力大到可以把车或者船整体抬起来悬浮在空中时，再用一小股气流向后吹，车和船就向前行驶（飘行），这就是气垫船。气垫船在 20 世纪 50 年代曾被称为"飘车"，因为它起先是从"汽车飘起来"开始的，但后来发现它更适合于水陆交界地带，具有更多"船"的特点，人们更习惯称之为气垫船。图 1-22 所示为俄罗斯和美国联合开发的地效飞行器。

图 1-22　俄罗斯和美国联合开发的地效飞行器

（4）汽车扩展新天地——从智能汽车到智能机器人　如果用轮轴结构和自备动力这两个基本条件作为车辆技术的根本特征，那么现在车辆技术的应用范围正在急剧扩大。一个重要的方向可以用月球车和火星车作为代表，它们是受地球人指挥的智能化车辆。这类科学探测设备将随人类太空探测事业的发展进一步完善。图1-23所示为美国"勇气"号火星探测车。

另一个方向是轮式机器人。相当一部分或大部分机器人需要做平面运动而不做空间运动时，大多采用类似汽车的结构，因为各种运动方式相比之下轮轴的滚动还是最有利、最方便的。现代科学技术和各行各业都走向电子化，机器人的使用范围不断扩大。一些外形像汽车的机器人，从技术上看应该是分米级的电动汽车，如图1-24所示。日本丰田公司在微型汽车模型的基础上成功制造了长度为4.8mm、质量约为30mg的电动汽车。可以设想，微米级和纳米级的电动汽车也会出现，只是迟早而已。已有人设想可在人体血管里行驶的"医疗车"了。

图1-23　美国"勇气"号火星探测车

图1-24　具有汽车特性的机器人

（5）不作为运输工具的汽车族　汽车比赛从1895年至今从未停止过，而且已经形成"汽车奥林匹克"。汽车比赛在汽车技术进步上有成果博览会的价值，起到当代汽车顶级技术的展示和评比的作用；在商业上是影响力大的广告；在运动方面是冒险与控制力的展示。因此，不论F1场地赛车（如图1-25所示）还是拉力赛，都很吸引人，有其特殊的地位。

汽车收藏一方面是历史，另一方面是爱好。收藏对象一种是精巧的汽车模型，另一种是经典

图1-25　F1场地赛车

的老爷车，如图1-26所示。因为车模的数量大、制作精巧，故其商业价值不可小觑。老爷车收藏不仅具有放松心情和加强社交的功能，还有获得投资回报的可能。

玩具汽车每年产值以数十亿美元计，其对儿童甚至成人的吸引力都很大。玩具汽车从最简单的模型到十分繁杂的遥控车，都已成为重要的商品。有些不敢贸然在汽车上使用的技术，如无人驾驶，恰好可以在玩具车上试用，如图1-27所示。

图1-26 经典的老爷车

图1-27 玩具汽车

第二节 车史溯源

一、追寻古代车的印迹

汽车的发明是人类文明进步的象征,是科技发展的标志。追根溯源,车的发明和使用已有4000年以上的历史。

1. 中国车史溯源

西安秦始皇陵陪葬坑出土的两乘大型彩绘铜马车如图1-28所示,是追溯中国车辆起源的一个最牢固的坐标,上溯可以追寻中华先祖的光辉创造,下行可以考察车辆技术在中国的发展。

图1-28 西安秦始皇陵陪葬坑出土的两乘大型彩绘铜马车

出土的这两乘异常完整的马车,虽然是比实物缩小约一半的模型,但其尺寸仍旧较大,一切结构与制作工艺几乎与秦始皇时代真实的仪仗车一样。二号车刻有"安息第一"字样,显然是供主人在旅行中乘坐舒适并便于休息的车辆。除了车辆结构完整之外,单独的封闭车厢、车厢内的豪华内饰以及考虑舒适性的弹性软垫等,均让人赞叹,说它是2000多年前的高级轿车实不为过。

各界专家对这两乘出土的模型车进行了全面研究,对它们的机械结构设计、金属构件的冶炼熔铸和制作工艺都做出了极高评价,还对当时的生产管理,特别是标准化和大量生产的质量管理做出了合理推断,这两乘马车确实堪称里程碑式的创造。

由秦向前推至殷商,已经在多处发掘的墓葬中发现了殷商时代的车马坑,发掘了许多车辆。从殷商再往前推,就只有传说,至今尚无出土实物为证。关于中国远古时代什么时候什么人发明了车,有两种说法。一些古籍的说法主张夏代的奚仲发明了车,古籍《当代春秋》《荀子》《山海经》等持此说。另一些古籍持第二种意见,如《古史考》《释名》和《绍物开智》等认为车是黄帝发明的。《楚辞·远游》有云:"轩辕,黄帝号也,始作车服,天下号为轩辕氏也。""车子前高后低叫轩""车前驾牲畜的部分称为辕",黄帝的名字用了两个都是表述车的特征的字,按照中国古代习惯,这是对发明者的崇拜。黄帝发明了车,人们视他如车,见车也想起他。还有一个辅助的理由,汉字的创造者仓颉就是轩辕黄帝手下的史官,以象形为特征的古老汉字出自他手,"轩辕"两字不但明喻车的"轩"和"辕",而且利用汉字偏旁结构暗隐两处"车"。比黄帝时代更早一点的考古现场,如河姆渡文化和齐家文化中都尚未看到车的痕迹。按照这个推理,在距今4400~4500年的黄帝时代,中国人就会制造和使用车辆了,这个说法比较合理。

2. 世界各地车史溯源

(1) 两河流域文明中的战车 有明确文字记载最古老车的书籍,要算公元前3500年美索不达米亚的文书,据说文书中甚至有车的草图。

图1-29所示为考古发现的两河流域乌尔王朝的军旗图案,图案上有5辆车,车前有好几匹马。车上乘坐的是士兵,车前马下还有倒地的人,大概是被击毙的对手。这幅图描绘的显然是一幅战争景象,上面还有庆功仪式的场面。整个画面充分显示了车在战争中的重要作用和地位。乌尔第三王朝灭亡于公元前2006年,王朝延续200年,所以"公元前22世纪两河流域的车辆技术已经相当完善"这个结论是毋庸置疑的了。

图1-29 考古发现的两河流域乌尔王朝的军旗图案

(2) 印度河文明中的古代车辆 可供参考资料不多。图1-30所示为引自《世界通史》的出土青铜牛车的照片,被确定为印度河文明(公元前2300—公元前1750年)成熟期的作品。看这幅图的样子显然不像战车,驾车人右手拿的像是赶车的鞭子而不是武器。车子总体结构简洁、稳定、灵巧,好像一辆比赛的车子。

(3) 欧洲的"车杯" 图1-31所示为现在看到的欧洲最古老的类似车样子的文物,它是匈牙利出土的做成四轮车模型的杯子。把车作为杯子的造型说明可能处于车辆发明的早

图1-30 青铜牛车

图1-31 匈牙利出土的做成四轮车模型的杯子

期，酒杯无疑在生活中的地位崇高，是宴饮席上的重要"角色"。车的发明和使用大概给人们带来了新奇的感觉和巨大的惊喜，人们十分喜爱它，所以让它出现在酒杯造型上。

对以上世界各地的车辆文化加以比较可以看到，人类似乎在大体相同的时代——距今4500～5500年前就发明和使用车了，而且看来是各自独立地创造出来的。

二、汽车发明史

毫无疑义，现代陆上交通车辆是古代交通工具的自然发展和延伸。不过，从人力、畜力推拉到车辆自行驱动，是一个巨大的技术进步，人们为此花费了数千年的不懈努力。

1. 科学幻想与探索

人类的追求从幻想开始。一切史料都证明，古代人类是十分聪慧、富于幻想、勇于探索和善于创造的。幻想必然带来思索、激发探求，而且幻想非常清晰地指明了探求的方向。进行现实思索和探求就是科学的幻想和探索。例如，在关于自动行驶车辆的幻想中，车已经是广泛使用的成熟的东西，缺少的是动力，所以幻想中很清楚地显示了寻找动力源的方向。在古代科学技术相对领先的中国，关于自动行驶车辆的科学幻想也是领先的，而且其描述相当精彩。唐朝科学名宿之一，僧人一行（俗名张遂，677—727）在天文学方面贡献显著，对其他学科也有涉猎。在其一本著述中曾有过关于自动行驶车辆的描述："激铜轮自转之法加以火蒸气运，名曰：'汽车'"。短短的17个字全面涵盖了后世蒸汽机汽车的三大基本要素：作为能源的火；作为传运能量的工作介质是水蒸气；以带能量的汽推动轮的转动。"汽车"的名称在我国沿用，说不定与此有些渊源呢。可惜后来科学中心西移欧洲，我国在科学技术方面的步伐停滞了。

15世纪文艺复兴运动扫除了欧洲中世纪宗教统治的黑暗，民主式社会革命与科学技术发展成为两翼，欧洲文化发展日新月异。艺术巨匠列奥纳多·达·芬奇（1452—1519）实际上是一位集科学家、工程师与艺术家于一身的天才，是意大利文艺复兴运动的风云人物。他的贡献和创造发明非常丰富，除了作为天才画家外，他还是解剖学的开路人。他有诸多的军事技术设想：填满散弹的炸弹、手榴弹、化学武器、喷火器和坦克。他的理论研究触及质量与惯性等理论物理学核心问题。在机械学上，他绘制了飞机和汽车的草图。现在人们根据他笔记本中1478年绘制的储能弹簧驱动车草图制成了模型，如图1-32所示。这种车的原理与后世的儿童惯性玩具车的原理相同。现在看来，这个设计原理也是成立的，尽管是人力作

图1-32 储能弹簧驱动车模型

为最初的能源，但它已被弹簧储存起来以驱动车，车也有操纵方向的机构。

2. 勇敢而成功的第一步

16世纪，欧洲沿海各国的航海技术已经十分成熟。荷兰人西蒙·斯蒂芬不知何时突发奇想，并大胆地迈出了机械史上伟大的一步，成功地实现了人类发明"自动行驶的车辆"的理想。他将一艘双桅帆船进行改装，前后装上车轴和车轮，船上乘坐多达28位乘客，风帆拉起，风力驱动的船行驶自如，据说曾达到34km/h的惊人速度。西蒙的"风帆车"在汽车发展史上无疑是第一座成功的丰碑，如图1-33所示。

图1-33 西蒙·斯蒂芬的"风帆车"

风帆车不能发展为实用汽车，主要是因为能源——风的不可预知性和难以驾驭性。风的方向、风力的大小及来去时间都不是人类所能预知的，人们更无能力控制或改变风的大小、方向，因此无法正常利用风能。不过风能利用一直是一个极其吸引人的课题，人们一直不停地探索利用风能的途径和方法，包括在现代汽车技术领域的研究。

3. 水蒸气利用和蒸汽机汽车

早在古埃及、古希腊和古罗马时代，人们就认识了水蒸气，并知道它可以作为工作介质供人利用。如前面所说，中国唐朝科学家也看到了这个事实，并且提出了利用水蒸气的方法。但是，人类科学技术和经济的综合实力直到18世纪才为工业革命准备了足够的条件。1765年，英国发明家詹姆士·瓦特对英国人托马斯·纽科等人创造出的原型蒸汽机做出了重大的关键性改进，提高了蒸汽机的性能和效率。人们看到，蒸汽机让人类摆脱了自身力量和牲畜体力的限制，从此可以做更多、更大、更重的工作，因此其使用价值受到普遍的肯定，蒸汽机由此实现了大规模工业应用。历史上把1765年作为活塞式蒸汽机诞生的日子，并承认瓦特是开创者，原因就在于此。效率更高的活塞式蒸汽机是其后通过不断改进而得到的。

蒸汽机作为唯一的自然能源驱动的通用动力被各行各业的人士争相利用，成为各行各业的新动力。1769年法国炮兵工程师尼古拉斯·库诺首先把活塞式蒸汽机装置装在车上，制成世界上第一辆有真正意义和实用价值的自行驱动汽车，如图1-34所示。

图1-34 尼古拉斯·库诺的自行驱动汽车

这是一辆长7.32m、高2.2m的三轮汽车，前轮由蒸汽机驱动，同时又起转向作用，车子原本用于牵引大炮。它的特别显眼之处是车前悬挂着直径为1.34m的锅炉。这辆车的蒸汽机工作性能不佳，车速仅4km/h，每走15min就要停15min，用以加水、烧沸，然后再走。这辆开创历史的汽车在初次试车时不幸撞墙而毁，当时报载"全巴黎大笑！"。

各国众多发明家立即紧随其后，陆续为改进活塞式蒸汽机驱动车付出巨大努力，把蒸汽机在交通运输车辆方面的应用大大扩展开来。一个异想天开、别出心裁的创造，是把蒸汽机车辆发展为在轨道上行驶的牵引机车，从而发展成为铁路交通系统，从此人类陆地交通有了两个极其辉煌的系统：一个是公路交通，另一个是铁路交通。许多发明家继续沿着无轨道限制的方向改进蒸汽机汽车并批量生产，逐渐开拓蒸汽机汽车交通运输市场，并为之不断探索和尝试。

4. 电动汽车发展简史

英国科学家法拉第在1831年发现电磁感应现象，为人类打开电磁世界之门。不久以后发电机和电动机就被创造了出来，人类有了蒸汽机之外的一种新的强大动力。

1859年，法国物理学家加斯顿·普兰特发明了铅酸蓄电池，电能储存的难题被攻克，电动汽车诞生的条件成熟了。英国人罗伯特·戴维森在1873年制成了世界第一台可供实用的电动汽车，它是一辆4.8m长、1.8m宽的四轮载货车，使用铁、锌、汞合金与硫酸进行反应的一次性电池。1880年，有人解决了蓄电池的充电难题，制成可以反复充电放电的蓄电池，使电动汽车技术登上更高层次。此后，欧洲各国发明家争相研制电动汽车，电动汽车迎来了第一轮辉煌。1890年前后，英国伦敦、法国巴黎等大城市街头来回行驶着电动大客车。同一时期，美国人也制造了使用蓄电池的电动汽车。1899年，考门·捷纳制造出外形像炮弹的电动小汽车，如图1-35所示。该车拥有铝合金车身，蓄电池功率44kW，双电动机后轮驱动，曾经创造106km/h的速度纪录。

图1-35 捷纳制造出外形像炮弹的电动小汽车

5. 内燃机的发明和内燃机汽车的诞生

与电磁现象的研究差不多同一时代，热学研究也正取得进展。许多热学、工程热力学和传热学研究为日后诞生现代内燃机做出了基础性贡献。

1646年，德国马德堡市市长、物理学家鄂图·冯·盖律克制作了著名的马德堡半球。它的贡献在于揭示了大气压的巨大魔力，告诉人们大气压的存在，演示了"真空"的存在及真空的泵吸作用，活塞在气压（或真空）作用下的运动。这些正是200年后制造活塞式内燃机的必要基础。

1670年，荷兰物理学家惠更斯发现火药燃烧后在容器内造成真空（空气受热膨胀），以及活塞在气压力作用下移动的做功现象，由此很快使得枪炮在1678年得以发明，即利用火药爆炸产生高压气体将子弹（作为活塞）推出枪膛并继续飞行的火器。

工业发明家一直构想具体的能实现的内燃机循环机构，取得不同程度成果的发明者不少。德国青年工程师尼古拉斯·鄂图受法国科学家包·德·罗杰斯理论循环的启发，于1866

年成功制造出按等容燃烧循环的立式四冲程内燃机。但世界公认的第一台具有工业实用价值的内燃机,是他于1876年制造的具有曲柄连杆机构的往复活塞式、卧式单缸、功率为2.9kW的内燃机,如图1-36所示。该内燃机以煤气为燃料,用外源点火,具有2.5的压缩比,转速为250r/min,其最成功之处是达到12%~14%的热效率(这在当时是最高的效率)。

当时欧洲是科学中心,机械制造能力很强,很多人都在尝试把内燃机装上汽车。在法国,爱德华·德马拉·德而特威尔在1884年制造出了他的第一辆内燃机汽车,后人复制的样品,如图1-37所示。1984年,法国人庆祝了他们的"汽车诞生100周年"。

图1-36 世界公认的第一台具有工业实用价值的内燃机

图1-37 内燃机汽车复制品

德国人卡尔·本茨和另一位实业家戈特利布·戴姆勒几乎同时但独立地制造出他们各自的汽车。卡尔·本茨的车为三轮车,特利布·戴姆勒的车为四轮汽车。不过卡尔·本茨在1886年1月29日获得的德国皇家专利局第37435号专利,被世界公认为是第一辆内燃机汽车。这是一辆搭载汽油发动机的三轮车,排量为984mL,最大功率只有0.89马力(1马力=735W),最高时速15km/h,采用单排座椅设计,如图1-38所示。

图1-38 1886年卡尔·本茨的三轮车

即便如此,内燃机装在汽车上并未立即获得市场声誉,相对蒸汽机汽车和电动汽车还没有明显的优点,相反内燃机汽车显得幼稚、粗糙、噪声大、排烟浓,不受欢迎。因此,从1886年开始的10年左右仍是内燃机汽车前途未卜的危险期,直到1895年它以绝对优势赢得比赛,内燃机汽车时代才开始走向辉煌。

第三节　世界汽车业的历程

人们常常把从1886年卡尔·本茨获得专利的申请之日开始到今天的历史称为汽车史。

确切地说，这段历史是内燃机汽车工业史，或者是狭义的现代汽车史。按照内燃机汽车的某些重要特征，内燃机汽车工业史可以划分为几个历史时期：1886—1895 年的内燃机汽车幼稚期，1895—1914 年的小批量手工生产期，1914—1980 年的汽车大生产时代，1980 年至今的精益生产时代与汽车生产全球化。

一、内燃机汽车幼稚期（1886—1895 年）

内燃机汽车诞生之初没有脱离原来马车的形状和结构，内燃机结构简单，各种性能都不理想，如汽车的速度不快、行驶里程短。虽然德国率先打开了汽车工业的大门，然而受当时经济条件和科学技术的限制，汽车工业还相当不成熟，汽车还没有向全世界普及，只能说这是汽车工业的幼稚时期。因此，从它诞生后的大约 10 年间，是它从幼稚走向成熟的重要时期，也是一定要走过的时期。这期间内燃机本身机构及其附件被不断改善和创新，转速和功率不断提高；发明了许多与内燃机特性配合的底盘各部分结构，内燃机汽车迅速成熟起来。特别是可以拆卸的充气橡胶轮胎的应用，使它如虎添翼。

1895 年 6 月 11 日是汽车历史上有分界意义的一天。这一天在法国巴黎举行了世界首届汽车公路大赛，竞赛路段是从巴黎到波尔多的往返里程。根据文献记载，参赛汽车共 22 辆，其中 1 辆是电动汽车，6 辆是蒸汽机汽车，其余全是内燃机汽车。比赛结束时有 9 辆汽车跑完全程，其中 8 辆是内燃机汽车，另一辆无明确记载，这个令人叹服的结果宣告了内燃机汽车的全面胜利。一个全新的以内燃机占据"霸主"地位的汽车时代由此全面展开。

二、小批量手工生产期（1895—1914 年）

初期内燃机汽车并不成熟，但是它的良好性能和潜在优势十分吸引人们的注意。因此少量制造和销售内燃机汽车从它诞生之后就开始了。例如，卡尔·本茨最初设计的汽车在制造初期就有订单，所以也可以说小批量手工生产期是从 1886 年开始的。在 1895 年内燃机汽车宣告全面超越蒸汽机汽车和电动汽车之后，订单纷至沓来，生产批量增加迅速。

受当时技术条件限制，1900 年前的生产量是很少的几百辆，采用单件、小批量生产方式，如图 1-39 所示。也就是一个一个地生产零件，然后组装，其效率不高，成本很高。而且当时的汽车生产是按照顾客需求定制的，也就是按照订单生产。汽车在当时属于奢侈品，只有贵族才买得起。这个情况说明，当时汽车设计和生产在沿着贵族化的道路发展。因为轿车的买主是富裕人群，是当时欧洲的王公贵族，最时髦、最刺眼的汽车无疑满足了他们猎奇和享受的需要。迎合这个顾客群的需要，轿车豪华化、贵族化是必然的。不断飙升的汽车价格说明了这一点。例如，卡尔·本茨制造的几个型号的汽车价格，1886 年开发的原型车标价 2750 金马克（德意志帝国在 1873 年到 1914 年发行的货币）；1893

图 1-39　单件、小批量生产方式

年4轮的"维克多利亚"车标价3875金马克；1902年的"斯皮德"车带充气轮胎，车速达60km/h，标价8000金马克；1903年的本茨"帕尔西法"型车标价15000金马克。

同一时期，欧洲各国名车辈出，趋势都是一样的。例如，著名的劳斯·莱斯汽车公司就是1904年组建的，专门制造最昂贵和最豪华的轿车。法国的标致、雪铁龙和意大利的菲亚特也不甘落后，纷纷开发制造自己的名牌汽车。

这一时期汽车技术的进步当然没有放慢，但随着大量生产方式的兴起，汽车逐渐趋于普及，汽车工业技术飞快发展，小批量手工生产的方式已经不能满足社会的需要。

三、汽车大生产时代（1914—1980年）

1. 美国汽车工业的迅速发展

美国汽车工业虽然比欧洲的汽车工业起步晚，但是20世纪中后期的美国工业技术十分发达，加上其地大物博、资源丰富，汽车工业发展相当迅速。

1914年是世界汽车工业发展史上又一个高耸的纪念碑。这一年，美国福特汽车公司的汽车装配流水线正式投产，揭开了汽车大生产时代的序幕。通用汽车公司的艾尔佛雷德·斯隆在汽车大生产的组织和管理方面发挥了天才的作用，形成了一个科学而且严密的汽车大生产管理体系，对汽车大生产时代的展开起到了决定性作用。这个划时代事件不是发生在汽车诞生地欧洲而是在美国，既有偶然性，又有必然性。

构成这个里程碑事件的第一要素或关键创新是提出汽车平民化思想，并付诸实施。这一思想是亨利·福特受到偶然启发而萌生的。据说这位当时已经十分成功的汽车公司老板，在修理故障时听到旁观者一句平常的感慨："要是我们工人也买得起汽车就好了。"这句随时都可能有人说、也可能被许多人听到过的话，碰巧传到了福特的耳中。他灵感一闪，立即萌发了制造廉价、平民化汽车的想法，并付诸实施。这个事件纯属偶然，但由他来实现又有其必然性。因为这时福特个人具备了承担这个历史变革的主观和客观条件。主观条件是他个人的秉性和制造汽车的经历，以及他在汽车业奋斗多年已经确立的地位和实力；客观条件是美国与欧洲不同的民主化社会氛围和已经高度发展的工业基础。日后的事实证明他实现了自己的想法。1908年，投放市场的福特T型车销售价格为850美元；1914年，汽车生产流水线投产后，销售价格降低为490美元。生产量最大的1924年，销售价格降低到290美元。而且为了吸引中等消费者这个市场目标，福特在设计他的汽车时，对汽车的使用和维护提供了前所未有的便利。他假定买主是个农民，只有常用工具，但具备调整农业机械的技巧，所以T型车的使用手册只有64页，以问答的方式告诉车主如何用简单的工具解决T型车可能出现的140个问题。

继此事件之后，其对社会发展影响更大的还有另外两个因素：第一个因素是已经成熟的现代标准思想和方法；第二个因素是流水化生产方式。这两个具有无限魔力的科学创新被福特完全把握住，并且全面地融入福特T型车的开发和生产过程中。1914年，一条不同凡响的汽车生产流水线正式投产，如图1-40所示。汽车界因此迎来了又一次重大变革。

福特T型车和汽车生产流水线给20世纪世界的政治、经济、军事和民众生活都带来巨大变化，直接的社会效果是福特T型车的大普及和大生产。从第一辆T型车面世到T型车停产，共计有 1500 多万辆被销售。

市场的巨大需求导致生产量不断上升，汽车生产流水线的生产效率也不断提高。汽车流水线投产当年，福特汽车公司生产了 30 万辆汽车，相当于当时美国其他公司的汽车生产量总和。生产效率高并且生产规模大，这是生产成本大幅度降低、汽车销售价格连续下降的重要原因。随后几年汽车生产流水线的生产力连续翻番，1923 年福特汽车公司达到年产 210 万辆规模。紧随其后的克莱斯勒汽车公司和通用汽车公司也成为流水线生产汽车的厂家。特别是通用汽车公司，在追赶福特汽车公司的过程中，公司新领导人斯隆在研究了福特汽车公司生产和经营方面的优缺点后，提出了新的经营管理理念，迅速赶上福特汽车公司甚至后来居上，时至今日通用汽车公司仍稳居美国第一。因此，比较完善的大量生产方式是由福特首创，而由斯隆补充完善的。

图 1-40 福特 T 型车和第一条汽车生产流水线

汽车大生产使汽车从此走入普通人的生活中。1924 年和 1925 年全美国汽车总保有量分别为 1509 万辆和 1774 万辆。按照当时美国的人口计算，达到平均每 7 人一辆和每 6 人一辆的水平，所以人们称美国是装在轮子上的国度。此后，世界各地也开始大量使用汽车。

2. 欧洲汽车工业的复兴

欧洲虽然以其先进的科学和深厚的技术基础开创了 18—19 世纪的工业文明，先是发明了蒸汽机和蒸汽机汽车，接着又发明了内燃机和内燃机汽车，但是 20 世纪初美国汽车生产的迅速发展，让欧洲徒叹"无可奈何花落去"。汽车流水线大生产在美国全面展开时，尽管欧洲各汽车国领军人物都到美国参观，福特也并不保守地介绍了他的技术，但欧洲各国仍然不具备汽车大生产的相关条件。不久，第一次世界大战爆发了，以及随后于 20 世纪 20 年代和 30 年代发生的经济混乱，使欧洲的汽车生产处于发展缓慢的状态。

20 世纪 30 年代，德国尽管以"大众"的名义建设一个新的汽车大厂，准备大量生产平民化的"甲壳虫"汽车。但不久德国就发动了第二次世界大战，并且战败。第二次世界大战之后又经过若干年的经济恢复，欧洲汽车工业在 1955 年后才重获新生，逐步恢复、扩大了汽车生产。德国恢复得更加晚几年，但是恢复生产后的德国大众汽车公司的"甲壳虫"轿车几乎重复了福特 T 型车的奇迹，同一个车型总产量创造了新的纪录。1981 年，在巴西的"甲壳虫"生产线上，驶出第 2000 万辆汽车。法国的雷诺、意大利的菲亚特也先后建立了大规模的汽车厂。

欧洲汽车大生产并非完全步美国后尘。虽然欧洲汽车在生产方式上也属于流水线大生产，但在汽车风格上却独辟蹊径，创造了新的路径。欧洲社会背景毕竟与美国不同，与当年福特开发 T 型车的时代背景也不同。20 世纪 40 年代后的美国车已经是"花花公子"派头，而不再是当年廉价的福特T型车。美国新车型体型硕大、外形豪华、发动机排量很大、速度快，但是十分耗油。这种车型完全不适合欧洲各国的国情。

欧洲各国本来有深厚的技术基础，也有充满创造活力的开发力量，更有各公司的历史传统，因此欧洲汽车迅速呈现一派欧洲独有的丰富多彩的风格。有极尽豪华并坚持单件手工制作的劳斯·莱斯，有坚守传统风格、端庄大方的梅赛德斯-奔驰，有不断推陈出新饱含法国风情的雪铁龙、雷诺，有高级运动型的法拉利和保时捷，而且所有车型都注意到了燃油经济性。这些特征实质上是诸多汽车开发技术的结晶，包括各种减轻自重技术、减小空气阻力的设计、以及各种新结构。它们是欧洲公司的传统特长，也构成了欧洲汽车工业再生后的独特道路。

1950年，欧洲汽车工业开始复兴，英国、法国、德国、意大利4国合计生产157万辆汽车，占当时世界产量的14.9%，1955年上升到23%，1965年上升到32.8%，1973年达到1164万辆（占当年世界总产量的29.1%），欧洲终于成为日后"三足鼎立"的一足。

四、精益生产时代与汽车生产全球化（1980年至今）

1. 日本汽车企业家的创新和精益生产时代

日本汽车生产后来居上与"三足鼎立"局面的确立，得益于日本汽车企业家的创新。这种进步正如牛顿所说的那样：站在巨人肩膀上的进步。这个创新是在美国汽车大生产方式基础上，对其做吹毛求疵的彻底批判，然后提出全面而细致入微的改进。这个工程的最后成果是日本汽车产量的增长。这一成果令全世界瞠目结舌，难以置信。美国经济学家在仔细研究这种现象后给它起名：精益生产方式，并且认为由它揭开了精益生产时代的序幕。精益生产是一种将损失降到最低的生产模式，建立了一个能从根本上发现和排除缺陷的系统，追求的是高效、精益求精。

日本的汽车工业始于1933年，当时一家是丰田公司，另一家是日产公司。丰田公司在19世纪末主要从事纺织机械生产，20世纪30年代在政府引导下涉足近代汽车工业；日产公司早期生产小型货车，第二次世界大战之前处于初步发展阶段，无论是生产规模还是产品品种，发展都非常缓慢。日本很快进入战争准备，先是发动侵华战争，随后又投入第二次世界大战，战争期间汽车生产都是为军队服务的。

第二次世界大战后恢复期，日本的汽车工业困难重重，一是资金匮乏，二是资源紧张，三是世界上汽车大鳄林立。要在这样的国内和国际环境中独树一帜，并且成为强手中的一员，难度可想而知。但汽车企业在日本政府的政策支持下，通过创造独具特色的日本式管理做到了这一点。精益生产代替了传统的大量生产，将汽车设计、研发、生产、销售，以及售后服务都做到精致。凭借着精益生产方式，日本汽车企业赢得了美国30%的市场份额，一个汽车强国在亚洲诞生了。

日本在1955年生产的汽车只有68932辆，1956年可以算作日本经济奇迹的开端，这一年汽车产量为11万辆。随后，1960年、1965年、1970年和1975年，分别为81万辆、187万辆、528万辆和694万辆，1980年日本以1104万辆的销售量一举超过美国当年的销售量（801万辆），确立了世界汽车业美、日、欧"三足鼎立"之势。

除了日本公司的精益生产方式起到关键作用之外，日本车型良好的燃油经济性也是其成功的一大秘诀。日本是资源极端贫乏国，因此对资源十分敏感。1970年，世界第一次石油危机虽然在美国引起较大震动，但石油危机迅速缓解，美国公司几乎没有重视石油资源过度消耗的警告，我行我素的大车身、大功率、高速度、高耗油的特点几乎没有改变。日本对石油危机极其敏感、十分警觉，在全国范围启动节约能源机制，1979年其国会批准出台《能源合理耗用法》。早在石油危机之始，日本汽车车型开发就全面启动节能战略，为日后在美国市场上大行其道做好了充分准备。

2. 汽车生产全球化

从1980年开始，世界汽车生产出现全球化趋势。出现汽车生产全球化趋势是一种必然，主要有两个方面的原因。

第一，世界著名汽车公司寻找和开拓新的市场。到20世纪80年代，汽车传统市场开始出现饱和，特别是在美国，1980年美国已经达到700辆汽车/1000人和550辆轿车/1000人的程度。除了16岁以下和其他不宜开车的人群，差不多需要汽车代步的人都有一辆汽车。这就是走向饱和的标志。

北美、欧洲和日本环境条件不同，饱和度尺度不一。不过，因为轿车已经不是奢侈品，而是普通商品，故饱和是必然的。但这些汽车大鳄的市场胃口绝对不会倒，相反，世界汽车生产能力不断上升，形成大量生产能力过剩。它们不断向外扩张，既包括向发达国家市场（所谓传统市场）的渗透，夺取其他公司的市场份额，也包括向新兴国家，特别是发展中国家（新的汽车消费市场，如印度、印度尼西亚等）的进入，开拓新市场。1999年，德国戴姆勒-奔驰汽车公司兼并美国克莱斯勒公司，是市场争夺最典型的事例。戴姆勒-奔驰汽车公司借助克莱斯勒公司原有网络开拓欧洲车型的美国市场，以及美式车型的欧洲市场。

第二，欠发达国家和地区逐渐兴起，要求进入汽车消费和汽车生产国行列。这也正好合乎世界汽车大鳄的胃口。起初，大多数汽车公司还不想出让技术，只想出售汽车产品。后来，鉴于西方工业国劳动力昂贵，于是向新兴国家和发展中国家进入的方式变得灵活多样，既有技术转让、合资建厂，又有建立独资公司。人们把这个时期称为汽车生产全球化。从资本的本性上说，垄断是其利益所在，大多数汽车公司不会放弃，它们只是在异国他乡生产和销售而已。发展中国家要想自立，发展自己的汽车工业，必须清醒地认识这一点，走自己的道路。

目前，世界汽车工业的发展出现以下新的特点：汽车产业的全球性联合重组步伐加快，技术创新能力成为竞争取胜的关键，采用平台战略、零部件全球采购、模块化供货等方式，汽车产业的变革围绕着"新四化"进行。

（1）汽车产业的全球性联合重组步伐加快 20世纪90年代以来，由于全球汽车生产能力过剩，安全、环保、节能法规日趋严格，产品开发成本、销售成本大幅度提高，促使汽车工业全球性产业结构调整步伐明显加快，汽车跨国联盟已成为世界汽车工业发展的潮流。戴姆勒与克莱斯勒合并，雷诺和日产联手，福特收购沃尔沃，通用控股日本五十铃、铃木和富士重工等，基本形成了年产400万辆以上的六大汽车集团，其产量已占世界汽车产量80%以上。强强联合使汽车技术、产品和企业国际化的特征更加明显。

（2）技术创新能力成为竞争取胜的关键 世界各大汽车公司已把主攻方向从实施精益生产、提高规模效益转向以微电子技术和信息技术等高新技术对汽车工业的开发、生产、销售、服务和回收的全过程进行提升。围绕安全、环保、节能等重点领域，采用新能源、新材料、新工艺开发研制新车型，占领技术制高点。以美国政府发起的"新一代汽车伙伴计划"为代表，用高新技术提升汽车产业已全面展开，并取得重大突破。电动汽车、混合动力汽车生产与销量呈迅猛增长之势。随着新能源汽车渗透率逐步提高，汽车电子占整车成本的比例在不断提升。数据显示，2020年汽车电子占整车成本的比例为34.32%，预计2030年有望达到50%左右。互联网技术的应用更加广泛，跨国汽车集团正将自己雄厚的技术实力、丰富的人力及财力资源与互联网相结合，同客户、经销商、供应商等建立一种新的业务模式。

（3）采用平台战略、零部件全球采购、模块化供货等方式 国际汽车工业广泛采用平台战略、零部件全球采购、模块化供货等方式，使新产品开发费用和工作量的一部分转嫁到零部件供应商，风险共担，实现在全球范围内合理配置资源，提高产品通用化程度，有效地控制产品质量，大幅度降低成本。不少跨国汽车公司正在积极研究减少平台数量，增加零部件供货商产品开发的工作量。

（4）汽车产业的变革围绕着"新四化"进行 数字化时代，汽车产业的变革围绕着"新四化"（电动化、网联化、智能化、共享化）进行。汽车"新四化"的逻辑恰好是自动驾驶发展的模式，通过电动化的方式给自动驾驶的发展提供车辆载体，为自动驾驶的到来做好基础准备。汽车"新四化"的快速推进，给汽车产业带来了新的技术变革浪潮。同时也使企业及行业面临新的机遇和挑战。电动化、网联化、智能化、共享化的汽车将使共享出行的人均公里成本下降45%~82%。出行服务商有可能在未来出行体系中取代整个企业成为价值链上的主导。

第四节　中国汽车业的足迹

中国的汽车工业相对于欧美国家起步晚，根据各个时间段比较明显的特点，发展历史可以分为以下几个阶段。

一、1949年之前

从现有档案查证，中国第一辆汽车是1901年在香港输入的美国产奥斯莫比尔牌内燃机动力小汽车，领得第一号汽车行驶牌证，其所有者为上海某富商。自此，中国人见识到了汽车的模样。同年，犹太富商哈同为他的雷诺牌汽车领得的牌照是第71号。由此推测，当时汽车总量在百辆之内。

现存于北京的最早的进口汽车是1901年袁世凯献给慈禧太后的美国图利亚汽车。

1929年，张学良将奉天迫击炮厂改名为辽宁迫击炮厂，附设民生厂用来制造民用品，后开始制造汽车。任命李宜春为项目总负责人，美国人麦尔斯为总工程师。300多名汽车修理工成功地仿造了美国万国牌载货汽车，一年内组装出10辆民生牌载货汽车。该车虽然是仿造，全车国产化率却高达70%，只有发动机、电气系统和轮胎等部件依赖进口。

1936年，中国政府曾有计划与德国戴姆勒-奔驰汽车公司合作，成立官办"中国汽车制造公司"，拟先组装汽车，后制造汽车。翌年，抗日战争全面爆发，此议遂搁置。抗日战争期间，一些爱国企业家和知识分子也曾做过类似努力，甚至动手组装出几辆汽车，然而受战争影响难以持续。直到1949年，中国只有汽车使用和修理业，没有汽车制造业。

二、1949—1958年

中华人民共和国成立前，我国的公路上，就像开办"万国汽车博览会"一样，行驶着130多种不同品牌的汽车，却没有一种是中国自己制造的。1949年中华人民共和国成立。经短暂的经济恢复期，1953年7月15日第一汽车制造厂在长春市奠基，如图1-41所示。1956年7月13日，从第一汽车制造厂流水装配线上开出了第一台解放牌汽车。解放牌汽车的问世，结束了中国不能生产汽车的历史。这一时期，中国汽车技术和工业生产是在苏联的指导和帮助下发展起来的。

图1-41 第一汽车制造厂

第一汽车制造厂选址长春，大概是基于接近东北的能源-钢铁中心。第一汽车制造厂的产品是单一的中型解放牌载货汽车，其技术指标处于20世纪50年代早期的水平，这对于当时十分薄弱的经济基础是合适的，也适合全国各地的需要。

1958年，第一汽车制造厂自主开发了第一辆小轿车，取名"东风"，从而开启我国民族轿车工业的新篇章。后来又开发了"红旗"牌小轿车，并且成立了第一汽车制造厂轿车分厂。由于开发小轿车的目标用户是国家领导人，因此"红旗"牌小轿车产量极少，主要追求高性能指标。

这一时期，我国初步积累了汽车生产的经验，更重要的是培养了大批技术人员和管理人员，为此后我国汽车工业的发展奠定了一定的基础。

三、1958—1978 年

1958 年，我国各地纷纷仿造和试制多款汽车，成立了数目众多的汽车制造厂，到 1959 年年底，只有几个较有规模的汽车制造厂坚持下来。除第一汽车制造厂外，较大规模的有南京汽车制造厂、济南汽车制造厂、武汉汽车制造厂和北京汽车制造厂等。

1960—1963 年，我国提出并且实施"建设三线"的方针。在汽车工业方面，国家兴办了两大项目：一个是 1964 年选择在四川大足（离重庆不远的浅山区）建立重型汽车制造厂，产品是从法国引进的贝利埃 5t 级越野汽车，主要用途是装备军队；另一个是 1964 年开始筹建的第二汽车制造厂，其目标是装备军队的 2.5~3.5t 级越野汽车。1967 年，在湖北省西北部山区（今十堰市）建设第二汽车制造厂，1969 年展开大规模建设，1978 年开始批量投产。此后，这两个工厂的重点产品从"以军带民"变为以生产普通公路载货车为主。四川汽车制造厂生产重型"红岩"牌系列载货汽车。第二汽车制造厂生产单一品种的中型"东风"牌载货汽车，20 世纪 80 年代中后期达到年产中型载货汽车 10 万辆以上的规模。第二汽车制造厂重复了第一汽车制造厂长达 30 多年单一的中型载货汽车生产的历史。直到 1992 年 9 月 1 日，第二汽车制造厂更名为"东风汽车公司"，才逐步开发生产轻型和重型系列载货汽车。

四、1978 年至今

1978 年党的十一届三中全会开启了改革开放历史新时期。中国社会发生了重大改变，逐渐实施改革开放的政策，与国际上汽车技术、汽车生产向全球扩散的进程恰好同步，中国的汽车生产开始走上与世界经济接轨的道路。开始阶段以引进西方汽车技术和生产装备为主，后来逐渐转变为中外合资，再后来是外方独资开办汽车工厂。

最早引进的汽车生产技术应该是天津的夏利牌小轿车，该车引自日本大发 S70T 微型货车，是国内最早进入家庭的主力车型之一。1986 年 9 月 30 日以 CKD（Completely Knock Down，全散件组装）方式引进生产的第一辆夏利下线，1988 年夏利与日本改款车同步上市。

第一家大型中外合资企业是 20 世纪 80 年代中期在上海兴建的上海大众汽车公司，标志着中国现代化轿车工业的开端。最初，上海大众汽车公司的规划是年产 30000 辆小轿车，应该算小规模，主要产品是技术水平不高的大众公司旧车型。这是因为目标用户定位在国家机关和中层领导。后来随着市场形势变化，上海大众汽车公司规模扩大，品种也增加了。

20 世纪 90 年代，中国社会经济制度发生了从计划经济向社会主义市场经济的重大转变，并且开始融入国际经济大循环，后来又加入了世界贸易组织（World Trade Organization，WTO），中国的汽车工业走上了逐渐融入国际化大循环的道路。基于开拓汽车市场的迫切需要，中国国内汽车市场受到来自国际汽车巨型企业的挑战和压力。

20 世纪 90 年代，中国社会经济制度另一个重大变化是对小轿车用户的观念的大转变——原先作为国家干部公务车的思维，逐步转变为"轿车进入工薪族家庭"。这就为世界汽车大鳄大举进入我国消费市场扫除了障碍，中外合资汽车企业规模不断扩大。第一汽车制造厂和第二汽车制造厂先后进行公司化改造，即从计划经济的生产车间改变为独立经营的企业，随后分别与不同国外厂家成立多种合资汽车公司。两个新建的合资企业神龙富康和一汽大众起点都比较高，神龙富康引进的是20世纪90年代的车型，一汽大众引进了先进的20气阀发动机制造技术，并向德国出口这种发动机部件。北京、天津、广州、四川等地也纷纷与国外公司合资开办汽车厂，我国主要引进车型的国产化率达到80%以上，质量也显著提高，而车价大幅度下降，轿车开始迅速进入老百姓家庭，形成20世纪末我国再一次"万国汽车博览会"的局面，市场上大量出售在我国生产的德国、美国、日本、法国和意大利许多品牌的汽车。1998年，我国轿车产量达到43万辆，大约占汽车总产量的40%，汽车产业结构已经发生根本性的改变。

1998年之后，乘用车销量开始超过商用车销量。汽车工业从生产载重汽车拓展到生产轿车，发生重大变化。以中外合作和技术引进为基础的我国轿车工业迈上了一个新台阶。广州本田、上海通用和大众分别引进最新的高档车型雅阁、别克和奥迪A6，这几个车型的投产标志着中国轿车产品和生产技术赶上世界的发展步伐。1998年前后，本土汽车企业生产的奇瑞汽车、吉利汽车等相继问世，成为乘用车领域的自主品牌，我国车企开始探索自主造车之路，在合资品牌一统天下的格局中艰难创业，在夹缝中求生存、谋发展，并迅速发展壮大。

中国汽车工业在2001年年底中国加入WTO后，全面融入一个生产和市场规模迅速扩大的世界汽车工业体系。此时，自主品牌迅速崛起，涌现出东风柳汽、长城汽车、比亚迪汽车、一汽奔腾、长安汽车、上海荣威、东风风神等诸多自主品牌。自主品牌汽车产销量迅猛增长，日益成为中国汽车工业不容忽视的重要力量，推动着中国向汽车产销大国迈进。2009年，我国汽车全年产销量首次超过美国，跃居世界第一，并一直延续至今。

2013年，中华人民共和国财政部与中华人民共和国科学技术部联合发布新能源汽车推广方案。随后，各地政府出台新能源汽车生产补贴政策。短期内，国内陆续出现300多家"新能源车企"，其中最有代表性的是蔚来汽车（2014年成立）、合众 汽车（2014年成立）、小鹏汽车（2015年成立）、理想汽车（2015年成立）、威马汽车（2015年成立）、零跑汽车（2015年成立）等"造车新势力"。蔚来、小鹏、理想被称为中国造车新势力"三剑客"。2018年9月12日，蔚来登陆纽交所，成为国内首家在美国上市的造车新势力。2021年，小鹏汽车还推出了令人耳目一新的"飞行汽车"。2022年，造车新势力迎来集体爆发，传统三强"蔚小理"和新晋的合众新能源（哪吒）、零跑等5家企业组成的新势力第一梯队（累计销售破10万辆）。逐步拉开与第二梯队的差距，它们稳居新势力销售榜前5名，形成较为稳定的市场格局。中国造车新势力虽然走过10年历程，但是面对美国特斯拉汽车等技术巨头的领跑优势、互联网与传统车企的积极转型，新一轮的汽车竞赛才刚刚开始。

思考题

1. 在古代，有哪些关于"人类快速交通"的幻想和神话传说？这些对交通的发展有哪些启示？

2. 现代汽车由哪几部分组成?
3. 简述发动机的工作原理。
4. 汽车底盘由哪几部分组成?
5. 汽车有哪几种布置形式?
6. 轿车车身分为几类?
7. 汽车家族如此庞大,你能说出哪些来?
8. 秦始皇陵的彩绘铜马车有怎样的历史价值和技术价值?
9. 汽车发明经历了怎样的历史阶段?
10. 世界上第一辆内燃机汽车是由谁发明的?
11. 简述世界汽车业的发展历程。
12. 简述中国汽车业的发展历程。

第二章 / Chapter 2
铸就名人的熔炉

扫码观看本章相关视频

文化的根本功能是塑造人。从1886年到现在，汽车走过近140年的历程。这一历程犹如熔炉，铸就了无数各领风骚的汽车名人。他们励精图治、不折不挠、勇于创新，甚至为汽车事业奉献一生，正是这些英雄们创造了一个神奇的汽车世界。

第一节　欧洲的汽车奇才

一、现代汽车之父——卡尔·本茨

卡尔·本茨（Karl Benz，1844—1929），德国人，被誉为"现代汽车之父"，如图2-1所示，是现代汽车工业的先驱者之一。他勇于向马车、蒸汽机汽车挑战，采用内燃机实现了车辆的自动化，使人类社会步入现代汽车时代。

在中学时代就对自然科学产生浓厚兴趣的本茨，在进入卡尔斯鲁厄综合科技学校后，系统地学习了机械构造、机械原理、发动机制造、经济核算等知识，打下了良好的科学基础。因其父发生事故早逝，本茨的家庭生活贫寒。他经历过学徒工、服兵役、娶妻生子等人生历程，但与普通人不同的是他有强烈的创业精神。1872年，他组建了"奔驰铁器铸造公司和机械工厂"，专门生产建筑材料。由于建筑业不景气，工厂的经营十分困难。尽管如此，在工厂面临倒闭的危急时刻，本茨仍潜心钻研发动机制造技术，经过一年多的设计与试制，于

图2-1　卡尔·本茨

1879年12月31日制造出第一台单缸煤气发动机（转速为200r/min，功率约为0.7kW）。本茨本以为可以通过制造发动机获取高额利润来摆脱困境，但工厂依然面临着破产的困境，本茨的生活仍然十分艰苦。清贫的生活并没有动摇本茨投身发动机研究的决心，更没有消磨其创业的意志，他依旧埋头于自己的发明工作。经过多年努力，他终于研制成单缸汽油发动机。在蒸汽机已是当时十分成熟的动力装置而被广泛使用的情况下，本茨却另开先河，将并不被人看好的内燃机作为动力安装在自己设计的三轮车架上，并取得了世界上第一个"汽车制造专利权"（1886年1月29日）。这就是日后被人们称为世界上第一辆具有现代意义的汽车。

因事业发展的需要，本茨成立了奔驰汽车公司。即便如此，本茨的脚步并没有停止，几年后又研制成功性能更先进的"维克托得亚"牌汽车。由于该车的价格高，很少有人购买，而成为奔驰公司的滞销品。这种在技术上为奔驰公司带来极高荣誉的汽车，在经济上并没有给奔驰公司带来多大的好处。本茨听从友人的建议，及时调整产品结构，开发生产便宜的"自行车"。这是世界上第一种批量生产的机动车——"自行车"，其很好的销路给奔驰公司带来了较高的利润。后来，本茨改进前期生产的"维克托得亚"牌汽车，将车厢座位设计成面对面的18个座，因此该车成为世界上第一辆公共汽车。

第二章 铸就名人的熔炉

1901年，戴姆勒汽车公司梅赛德斯轿车的出现，对奔驰轿车来说是很大的挑战。1926年，两家公司正式合并，组成戴姆勒-奔驰汽车公司，生产梅赛德斯-奔驰轿车。本茨开创了奔驰汽车公司和戴姆勒汽车公司联合的先河。

1925年7月21日，在德国慕尼黑举行的第一次老爷车拉力赛上，81岁高龄的卡尔·本茨驾驶着他发明的三轮奔驰汽车参加比赛，这一赛事被载入《世界最初事典·体育篇》。1929年的春天，卡尔·本茨因病离开人间，享年85岁。

二、赛车之父——恩佐·法拉利

恩佐·法拉利（Enzo Ferrari，1898—1988），世界著名的赛车手，意大利法拉利汽车公司的创始人，人称"赛车之父""赛车狂"，其因别致的法拉利赛车名闻世界，如图2-2所示。

法拉利从小就受"赛车迷"父亲的影响，经常随父亲泡在赛车场，观看惊心动魄的跑车大奖赛。耳濡目染，潜移默化，他对跑车运动的浓烈兴趣使其放弃了父亲培养他做歌唱家、记者的打算，下决心当一名超级赛车手。13岁那年，他千方百计地说服父亲，允许他单独驾驶汽车，从此他便与汽车结下了不解之缘。几年后，其父因病去世，随后其兄战死沙场，他又经历服役、退役、做工。面对悲惨的人生遭遇，法拉利并未心灰意冷，凭借着对赛车的狂热，一边在阿尔法·罗米欧汽车厂工作，一边自费参加赛车运动，并在22岁那年夺得大奖赛亚军，得到工厂老板的赏识，成为一名"拿生命开玩笑"的试车员。

图2-2　恩佐·法拉利

法拉利32岁就担当起阿尔法·罗米欧汽车公司赛车队队长的重任，直到他39岁统率以自己名字命名的"法拉利赛车队"，先后在各种大赛中出尽风头，为阿尔法·罗米欧汽车制造公司荣登世界跑车行业头把交椅立下汗马功劳。

法拉利为全力实现自己造车的心愿，48岁时创办了法拉利汽车公司，生产出第一辆以跃马图为商标的红色法拉利赛车。从此，他积极参加各种汽车大赛，借以检验、宣传自己的赛车。法拉利赛车没有辜负他的期望，先后夺得过多项桂冠。一连串的胜利，奠定了法拉利赛车在世界车坛至高无上的地位。法拉利为世界赛车史写下无数辉煌的篇章。

多年以来，汽车界的人们已经形成这样的共识：只要提到法拉利，大家就会想到那超级炫酷的法拉利赛车和跑车；只要提到汽车科技的先进水平，大家就会想到红色的法拉利。法拉利车集技术性、艺术性于一体，采用类似于劳斯莱斯、保时捷等世界名车那样的半机械、半手工化的加工工艺精心制作，质量精益求精，堪称稀世珍品。

1969年，法拉利汽车公司被菲亚特汽车公司收购，但法拉利以他无可比拟的威望保持着对法拉利汽车公司的绝对控制。岁月流逝，法拉利日益衰老，可他对赛车的热情和对法拉利汽车公司的影响不减当年。直至20世纪80年代末期，近90岁高龄的法拉利还到公司上班，并扮演决策者的角色。1995年，英国著名的《汽车》（Autocar），杂志在评选"世纪汽车英才"时，恩佐·法拉利以绝对优势当选。

三、挑战极限的发明家——安德烈·雪铁龙

安德烈·雪铁龙（A. Citroen，1878—1935），法国雪铁龙汽车公司创始人，被誉为"法国汽车之父"，并有"热衷于挑战极限的发明家"的称号，如图 2-3 所示。他一生都在为创新与发明进行着不懈的奋斗并乐此不疲。他那独到、敏锐的眼光和勇于冒险的性格，为雪铁龙汽车带来无与伦比的激情与活力！

儿时家庭富裕的雪铁龙，从小酷爱科学。父母因生意上的变故先后离开人世，使他落入家破人亡的境地。生活艰难的雪铁龙凭着掌握一门可靠的技术，将来当一名工程师的志向，考取了著名学府——巴黎高等综合工科学院。由于对科技充满崇拜和信任，他认为科技进步一定会给人类带来幸福。

图 2-3 安德烈·雪铁龙

发明"人"字形齿轮的灵感，来自雪铁龙大学毕业去波兰外婆家探亲度假的途中，他偶然注意到一个装置上安装有拼成"人"字形的齿轮。雪铁龙因此获得人字形齿轮传动系统的专利。他建立了专门生产自己专利产品的小公司，继而兼并其他公司，扩大规模，使整个欧洲成为"人"字形齿轮的市场。

参观福特汽车公司时给雪铁龙带来了极大的震撼，他明白了在生产齿轮之后，还可以生产汽车。他第一个将自己十分欣赏的福特大批量流水线生产方式引入法国，用于自己的工厂；用"人"字形齿轮作为雪铁龙公司产品的商标，并开始在欧洲率先批量生产 A 型车，汽车日产量逐年提高，成为欧洲成功的汽车厂家之一。雪铁龙汽车公司于 1924 年 7 月 28 日正式挂牌成立。因雪铁龙组织横穿非洲大陆和横越亚洲大陆的两次旅行，使雪铁龙汽车名声大振。法国人生性开朗、爱赶时髦、喜欢新颖和漂亮，作为标准的法国车型，雪铁龙汽车代表着一个国家的文化，它在骨子里体现着那种典型的法国浪漫、优雅、精致和新潮。"两个'人'字重叠在一起"的雪铁龙商标更体现一种真正的人本精神。

不仅美国的流水线被带到法国，美国式的营销方法和售后服务措施也被雪铁龙运用于自己的公司。创立一年保证期制度，建立分销网，罗列出零件目录及维修费用一览表，使所有销售点、维修点的费用得以统一，加之 1922 年起大力推广分期付款售车方式，成立分期付款机构，在国外创办汽车出租公司，都是雪铁龙的"活学活用"与创意。雪铁龙一直坚持认为：汽车厂卖的不只是汽车，还有无微不至的服务。

深谙服务与营销对品牌影响的雪铁龙，煞费苦心，极力为之，可谓是创意天才。为强化人们对其标志的印象，他在法国各地十字路口竖立起雪铁龙标牌；用从高山上翻滚而下的汽车来证明车身的坚固耐用；雇用飞机以五彩的烟火在空中画出"Citroën"字样；巴黎埃菲尔铁塔上闪烁的霓虹灯，使方圆 30km 内都可看到雪铁龙广告；穿越撒哈拉沙漠的大型赛车活动与贯穿全非洲的"黑色之旅"赛车活动由雪铁龙发起；因驾机穿越北大西洋成功的美国人林白，被邀请接受工人们的祝贺，"林白访问雪铁龙"的报载文章跃然纸上；百家权威报纸和杂志每月末刊载雪铁龙大幅广告；开办在巴黎的汽车商场（长 400m），经销汽车与放映电影和开办音乐会并存……这些创意策划大大加深了雪铁龙车的品牌效应。

技术上的不断进步是雪铁龙的执着追求,他声称"只要主意好,代价不重要"。殊不知,求新求变所需经费是高昂的,代价也是非常巨大的。为此,负债累累、经营步履维艰的雪铁龙不得不让雪铁龙汽车公司最终易主他人。因忧郁住进医院的雪铁龙,不久便离开人世。为表彰他对法国的贡献,法国政府给雪铁龙颁发一枚二级荣誉勋章。

时至今日,雪铁龙的前轮驱动设计方案仍然是现代轿车的主流,雪铁龙汽车公司仍然名震全球。

四、杰出的汽车设计大师——费迪南·波尔舍

费迪南·波尔舍(Ferdinand Porsche,又译为费迪南·保时捷,1875—1951),保时捷汽车公司创始人,著名的德国汽车工程师,被誉为"最为杰出的汽车设计大师",也有人称其为"世界最奢华的高端汽车之父",如图2-4所示。为大众制造汽车和设计制造划时代的赛车是他一生实现的两大理想。促进汽车大众化的"甲壳虫"汽车设计正是出自波尔舍之手,该车累计产销2100多万辆,成为当时世界上产量最多的汽车型号;他所设计的保时捷356型赛车体现出高超的汽车设计水平,又被誉为"赛车大王"。

波尔舍年轻时便显示出对机械和电工的天分和兴趣。18岁时,他被获荐进入维也纳的一家电机公司(现在瑞士ABB公司的前身)工作。工作之余到大学旁听工程课,是他所接受过的唯一正统的工程训练。5年后,波尔舍进入汽车工业,设计出可装在汽车车轴上的电动机,直接驱动车轮。这种直接驱动的

图2-4 费迪南·波尔舍

电动汽车,每充电一次可行驶80km,起名为"洛纳-保时捷",1900年在巴黎展览会上展出时荣获大奖,出尽风头,从此波尔舍开始名扬天下。

辗转工作过许多公司的波尔舍,因过于自信,对任何看不惯的事情都不妥协,经常与上司的意见相悖,更换工作变得很平常。在担任戴姆勒发动机公司技术经理之职时,试制成功两种新型发动机的波尔舍,在当时各种汽车比赛中为戴姆勒发动机公司赢得荣誉,斯图加特技术科学院则为波尔舍冠以名誉博士头衔。因其许多意见与老板相左而辞职,后来转到奥地利的休塔阿汽车公司,但最终又因破产而离开。1930年,他创建了保时捷汽车公司,在此后的两年中公司在困境中不断挣扎。

1933年,他希望像美国一样,让每个德国人都有一辆汽车能坐车出游,这个雄心勃勃的汽车迷提出要生产"大众"汽车。一直渴望生产平民车的费迪南·波尔舍主动承担了设计任务,着手设计"人民之车"——大众汽车。1936年做出的两辆样车,就是后来成为累计生产最多的"甲壳虫"车的雏形。大众汽车公司正是靠着"甲壳虫"车在第二次世界大战后迅速成为汽车世界"巨人"的。

第二次世界大战期间,波尔舍曾参与过德军坦克的研制工作,战后他被盟军指控为战犯关进法国监狱。其家人在奥地利建成制造战前产品的一条生产线,挣钱赎回波尔舍。获释后的波尔舍重操旧业。1948年,其在所组建的保时捷设计有限公司精心设计,制作出保时捷

356型跑车。波尔舍认定的纯种跑车，每一款车，每一个零配件，即使是一枚螺钉，都是以赛车的标准来设计、制造的。该车在一次重大比赛中出人意料地战胜许多欧美名车，一夜之间，波尔舍成为妇孺皆知的名人，其汽车界的地位由此得以确定。

第二节 美国的汽车精英

一、汽车大王——亨利·福特

亨利·福特（1863—1947），美国人，享有"汽车大王"之美誉，如图2-5所示。他对汽车工业的贡献可谓前无古人、后无来者，正是他将人类社会带入汽车普及时代。

出生于农夫家庭的亨利·福特，因热爱机械运动而想成为一名机械工程师。对汽车的着迷，对赛车的狂热，促使他经常驾驶由自己设计、改装的赛车去参加各种汽车赛事，并获得过很多奖项。

尽管从未接受过正规教育，福特却热衷于汽车的钻研和创新。1893年圣诞节，汽油机试验成功给福特带来极大鼓舞，他决心再接再厉研制自己的"不用马拉的马车"。福特的第一辆汽车于1896年春天试验成功，这令他感到无比高兴。1899年福特又成功地制作出3辆汽车，被当地公认为这一领域的杰出人物。

图2-5 亨利·福特

为达到"要大量生产汽车，让普通大众家庭使用"的目标，福特曾先后3次与人合作成立汽车公司，为此他毕生追求并付出全部精力。自1908年福特成功地设计出世界第一辆家庭用福特T型汽车并投入市场后，T型汽车很快就以其外观新颖、质地优良、价格低廉的特点，迅速地占领世界汽车市场。

T型汽车在设计思路、生产制造、零售定价、销售组织、售后服务等许多方面都采用与众不同的方法。T型汽车的各种零件被首次设计成统一规格，实现总成互换；在大型总装车间，流水线装配法发展成为由机械传送带运送零件和工具，工作效率极大地提高；低定价的销售策略，使大多数人都能买得起；充足的零部件供应和及时的售后服务保障，用户的后顾之忧得到消除；大幅度提高工人工资（实行"8小时5美元工作日"，相当于原工资的200%以上），以求提高工作效率、降低生产成本（早在1914年直接为福特汽车公司服务的人数就高达美国全部劳动力的1/6，这还不包括间接为福特汽车公司服务的人数。1914年，福特汽车公司以不足13000人生产730000辆汽车，获利3000万美元）。由于该车价格低廉、使用方便、维护容易，销售异常火爆。累计1500多万辆的产量更是创造空前的纪录，对世界汽车制造业的发展产生了深刻的影响。T型汽车既使福特获得巨大的成功，也成为普通民众的交通工具，改变了人们的生活方式、思维方式和娱乐方式。

晚年时期，福特先生在经营和生产中顽固地坚持个人观点，听不进反对意见，使福特公司一度陷入困境。

1947年，福特先生离开他为车奋斗并追求大半生的世界。为纪念其对人类所做出的巨大贡献，美国各大报纸和刊物纷纷发表讣告和文章，表示对他的深切悼念。其中美国《纽约时报》在悼念亨利·福特先生时写道："……当他来到人世时，这个世界还是马车的时代。当他离开人世时，这个世界已经成了汽车世界。"

二、传奇人物——威廉·杜兰特

威廉·杜兰特（1861—1947），通用汽车公司的创始人，人称创造的"天才"，世界汽车发展史上一位传奇式的人物，如图2-6所示。

自小家境不好的杜兰特，在富裕的外婆家长大并受到外婆的悉心教导。年轻时出于对马车制造的浓厚兴趣，他设法投资成立了一家马车制造公司。由于产品质量优、会经营，该公司很快成为美国马车时代的著名厂家之一。杜兰特并未止步不前，而是将眼光投向新兴的汽车行业。后来，处于困难时期的别克汽车公司可谓正中其下怀。当杜兰特认识到汽车的发展前景时，他坚信别克汽车的前途一定会很好。于是他果断利用自己手中掌握的巨额资金，将别克汽车公司纳入旗下，坐上公司的头把交椅。别克汽车公司成为杜兰特在汽车制造业赖以成名的起点。

图2-6 威廉·杜兰特

1905年的纽约车展上，过于自信的杜兰特在未与任何合股人商量的前提下，包揽1500辆别克汽车的制造任务，但最后只造出20辆。公司在经济和信誉两个方面蒙受损失，杜兰特被迫下台。

然而，杜兰特不甘心就此收手，仍在为公司四处活动。1908年9月16日，通用汽车公司成立。同年9月28日，杜兰特列席通用汽车公司的内部会议，并表示愿意将别克汽车公司卖给通用，他本人愿意为通用汽车公司效力。3天后，通用汽车公司以375万美元的价格收购别克汽车公司，杜兰特如愿以偿地进入通用汽车公司。经过4年的运作后，通用汽车公司成为美国最大的汽车制造公司，为后来击败对手打下坚实的基础。1910年，别克销量受到来自福特的强大冲击，通用汽车公司出现严重的资金危机。为了渡过难关，杜兰特向东部财团求救，然而对方开出让他必须离开职位的条件。

二度出局以后，杜兰特与路易斯·雪佛兰创立了雪佛兰汽车公司。在这家新成立的公司里，他与合伙人一起励精图治，取得辉煌成就。1915—1916年间，杜兰特施展"调包记"，先成立股份制的新通用汽车公司，再用新通用汽车公司股票换老通用汽车公司股票，从而获得老通用汽车公司的全部股权。1917年8月1日，新通用汽车公司完全取代老通用汽车公司，老通用汽车公司宣布解散。

也许是有些英豪注定只擅长打天下而不善于守天下的缘故，新通用汽车公司在杜兰特手中规模不断扩大，4年间规模扩大了8倍，可其他方面却乏善可陈。他不去协调各经营部门相互之间的关系，导致分公司各自为政；他不去关心公司的整个产品战略规划，以致分公司之间的产品相互重复，无法形成"一致对外"的市场竞争格局……一系列的领导失误终于酿成通用汽车公司1920—1921年间的严重危机。由于产品质量下降，汽车销量急剧减少，而原先订购的原材料又源源不断地运到，致使库存日益加大，周转资金严重不足，公司几乎濒临倒闭。在公司上下一片声讨中，杜兰特被迫于1920年11月辞职，这一次他永远地离开了通用汽车公司。

历史证明杜兰特是个具备远见卓识的战略家，但不是一个优秀的经营者。他的继任者斯隆在其自传《我在通用汽车的岁月》中称，"杜兰特是有缺陷的伟人。他善于创造，却不善于管理，他能够因自己独到的见地而创建通用汽车，却未能带领通用汽车起飞"。

三、通用奇才——艾尔弗雷德 P. 斯隆

艾尔弗雷德 P. 斯隆（Alfred P. Sloan，1875—1966），通用汽车公司第8任总裁，被誉为第一位成功的职业经理人，20世纪最伟大的CEO，如图2-7所示。

出生于美国康涅狄格州的斯隆，10岁时随经营茶叶、咖啡进口生意的父母搬迁到纽约，1895年毕业于麻省理工学院，获电子工程学士学位。他后来资助该学院成立闻名世界的"斯隆管理学院"。他的一生几乎都是在汽车行业中度过的。他于1918年加盟杜兰特领导的通用汽车公司。1923年5月，继杜邦之后，他成为通用汽车公司的总裁，之后，一直任通用汽车公司总裁、首席执行官、董事会主席至20世纪50年代。

在斯隆加入通用汽车公司时，公司正处于严重的危机之中，风雨飘摇，人们看不到公司的未来。在他领导通用汽车公司的几十年中，通用汽车公司不但超越福特汽车公司成为世界上最大的汽车制造商，世界上最大的产业集团之一，而且成为美国经济发展的重要标志。他

图2-7　艾尔弗雷德 P. 斯隆

在汽车行业50多年的管理经验，不但使自己成为20世纪最伟大的企业家之一，成为职业经理人的榜样，而且对管理理论的发展也做出了伟大的贡献。他对企业的组织结构、计划和战略、持续成长、财务成长以及领导的职能和作用的研究，对职业经理人概念和职能的首次提出，都对现代管理理论的形成和发展产生了极大的影响。

斯隆的成就，并不在于让濒临破产的通用汽车公司在短短3年内反败为胜，而在于他建立的企业管理原则，虽历经不同的经营环境，其管理创新仍被公认是企业经营的典范。例如，斯隆成功改造通用汽车公司的25年后，亨利·福特的孙子曾引用斯隆的企业管理原则，让福特汽车公司重振雄风，之后有更多企业引用斯隆的管理经验。

斯隆对社会最杰出的贡献，在于他成功地创造了一整套大型工业公司组织管理体系。人们把通用汽车公司在这方面所取得的成就视为"企业管理上的一次划时代革命"。他不仅在组织管理体系上创造了丰功伟绩，而且在具体的生产管理、销售经营等领域均取得了辉煌的业绩。

通用汽车公司战胜福特汽车公司是美国管理史上富有寓意的重大事件之一。亨利·福特曾经写道："在把大批人员组织起来从事劳动的过程中，必须竭尽全力反对的是过大的组织结构和由此产生的烦琐公事程序。我认为，最危险的思想就是有时被人称之为'组织天才的东西'。"但是，正是这种组织天才，加上对市场的正确预测，使斯隆推翻了福特在汽车工业中的统治地位。和其他美国商人比起来，斯隆也许是企业精神和管理技术结合的最典型代表。

四、机械天才——瓦尔特·克莱斯勒

瓦尔特·克莱斯勒（W. Chrysler，1875—1940），美国三大汽车公司之一的克莱斯勒汽车公司的创始人，被誉为"机械天才"，如图2-8所示。

克莱斯勒青年时就立志当一名机械师，其自制的微型蒸汽机车能自如地在自家专门铺设的轨道上行驶。出于强烈的好奇心，他不断地寻找发展自己的机会，多次更换工作，年过30才相对稳定地受聘担任芝加哥西部铁路的动力总负责人。

一次参观汽车展览会，再次燃起了他对新事业追求的激情，他决心投身汽车业，毅然决然地辞掉工作，受聘于年薪不高的通用汽车公司，担任一家工厂的技术经理。由于克莱斯勒精通机械、技术超群，备受公司青睐，并被委以重任，年薪扶摇直上。其不安于现状的秉性，使之早有出走、另立门户的想法。因与威廉·杜兰特的合作不悦，终究离开了通用汽车公司。

图2-8　瓦尔特·克莱斯勒

后来，受聘于马克斯威尔公司的克莱斯勒，适时推出"克莱斯勒6号"新车型，很快打开销路。利用这一有利时机，他彻底改组这家公司，1925年正式成立克莱斯勒汽车公司。

从研发第一部车开始，克莱斯勒一直秉持着对造车工程的热情及不断创新的理念，成就了闻名于世的汽车品牌及独特的工程理念。他励精图治创名牌，生产名车无数，其大胆的创新和进取精神，一次次令世界车坛震惊。克莱斯勒旗下的一系列名车为世界车坛树立了高标准。

1929年，克莱斯勒汽车公司跃升为美国三大汽车公司之一，后来还曾有过超过福特汽车公司位居第二位的辉煌。与通用、福特并称为美国汽车三大巨头的克莱斯勒汽车公司，作为世界上越野车的开山鼻祖，其Jeep系列的越野车和SUV已奔驰在100多个国家，超过900万辆；首创的厢式旅行车车型，已畅销全世界，超过1100万辆。

"一个美国工人的一生"，这是瓦尔特·克莱斯勒对自己的评价。就是这个铁路技工出身的美国工人，凭着对事物的好奇心和对技术永不满足的创新精神，缔造了今天美国三大汽车巨头之一的克莱斯勒集团。

在竞争激烈的市场环境里怎么做出自己的特色，瓦尔特·克莱斯勒和克莱斯勒集团一脉相承的品牌故事给我们带来更多的启迪。

第三节　日本的汽车人杰

一、日本"国产车之父"——丰田喜一郎

丰田喜一郎（1894—1952），丰田汽车的创始人，是发展日本汽车工业的功臣，日本人称他为"国产车之父"，如图2-9所示，他创造了后来风靡全球的"丰田生产方式"，美国人总结为"精益生产"。

孩提时的丰田喜一郎体质虚弱，是在父亲工厂的地板上长大的。他勤奋好学、性格内向、不苟言笑。其父丰田佐吉既是日本有名的纺织大王，也是日本大名鼎鼎的"发明狂"，一生中取得84项专利并创造出35项最新实用方案。丰田佐吉为发展自己的工厂，将丰田喜一郎送到最有声望的东京帝国大学学习机械工程，毕业后又送他到自己的自动织布机械厂工作。丰田喜一郎的脚步如其父亲一般粗犷、有力，而其头脑里的科技知识则更加丰富。

图2-9　丰田喜一郎

1929年年底，代表自动织布机械厂去英国签订合同的丰田喜一郎，除完成父亲交办的事情外，还用了4个月的时间考察了英国的交通，并走访了英国、美国，尤其是美国的汽车生产企业，弄清了欧美国家的汽车生产情况。此行留给他极为深刻的印象，使其发展汽车事业的决心更加坚定。

当丰田喜一郎开始研制汽车时，美国的通用汽车公司和福特汽车公司早已成为举世闻名的大企业，两家公司在大量生产技术和市场运作方面的实力令世界上其他所有汽车生产厂家望尘莫及，并分别将各自的汽车组装厂打进日本。然而，没有把美国两大汽车巨头的动向过多地放在心上的丰田喜一郎，只是在考虑如何以大量生产为基础来确立国产汽车工业，他所面对的是要去开辟一条充满艰辛的道路。

1933年9月，随着汽车发动机的试制，日本汽车生产的序幕被拉开。第一辆丰田牌GI汽车于1935年8月制造成功。1937年8月28日，丰田喜一郎创建丰田汽车公司后，按照"贫穷的日本需要便宜的汽车，生产廉价的汽车是公司的责任"的指导思想，把"用低成本、大批量生产方式生产高质量的汽车，进而加入世界第一流汽车工业"确立为公司的方针。

注重从基础工业入手，着眼于整体素质的提高，使材料工业、机械制造业、汽车零部件和汽车工业同步发展，为汽车大批量生产创造条件，丰田喜一郎用战略家的眼光实践着这一切。日本人称丰田喜一郎为"日本大批量汽车生产之父"就在情理之中了。

对生产过程的科学管理是丰田喜一郎对汽车工业的另一项贡献。主张弹性生产方式，"工人每天只做到必要的工作量"即可，推行"准时制生产"，减少零部件库存，这就是"丰田生产方式"。

二、"日本的福特"——本田宗一郎

本田宗一郎（1906—1991），日本本田汽车创始人，人称"日本的福特"，如图 2-10 所示。本田宗一郎虽然出身贫寒，却成为天才发明家，拥有 470 项发明和 150 多项专利。他创立的"HONDA（本田）"品牌，成为世界上最大的摩托车生产厂家，是日本战后经济发展奇迹的创造者之一。

本田宗一郎自幼偏好机械，小时候第一次看到汽车时，简直就入了迷。他在传记里记载了这件事："我忘了一切地追着那部汽车，我深深地受到震动，虽然我只是个孩子，我想就在那个时候，有一天我要自己制造一部汽车的念头已经启动了……" 16 岁时本田宗一郎就说服父亲，毅然去东京一家汽车修理厂当学徒。勤奋好学，使他修理技艺高超；不满足当雇工，使他开启创业生涯。用老板给的 200 日元作为启动资金，他在家乡挂起"技术商会滨松支店"的招牌。目光远大的他在修车店生意十分兴隆的时候关闭自己的修理厂，转而从事更富创造性的制造业。本田宗一郎创建的"东海精机公司"制造出汽车的关键零配件——活塞环，丰田汽车公司成为主要买主。

图 2-10　本田宗一郎

第二次世界大战后，战败国日本的经济受到毁灭性打击，本田宗一郎的公司也不例外，处境艰难。因公司经营欠佳，加之不愿受制于人，于是他将自己拥有股份的"东海精机公司"全部转让给丰田汽车公司。不久，本田宗一郎又设立"本田技术研究所"，主要生产纺织机械。

满足实际需要的一项革新，成为本田宗一郎人生旅途中的一个重大转折点。第二次世界大战后日本农村交通不发达，崎岖不平的山路让骑自行车的人苦不堪言，本田宗一郎将战争期间陆军留下的无线电通信机的小汽油机安装到自行车上，制成一种新型的"机器脚踏车"。这种被称为"吧嗒吧嗒"的机动自行车博得好评，产品适销对路，成为抢手货。同时，仿制者接踵而至。为在摩托车领域站稳脚跟，本田宗一郎决定生产真正意义上的摩托车。之后，他正式组建"本田技术研究工业总公司"并自任社长，从此揭开本田大发展的序幕。

作为一个技术员出身的实业家，本田宗一郎不仅有着极其旺盛的创造热情和能力，而且有一种与众不同的超凡预见能力及冒险精神。他明白只有使发动机有力、耐用、价廉，才能让所产摩托车销量增加，本田宗一郎亲自主持研制"D 型"发动机，并以此为基础推出"本田-梦幻 D 型"摩托车。之后，他又主持研制性能更好的四冲程"E 型"发动机及"本田-梦幻 E 型"摩托车。销售这两种摩托车获得的成功，为公司赢得利润。懂得在技术开发和经营管理两个方面相比自己更擅长于前者的本田宗一郎，主动联系到一个合股人——藤泽武夫（负责销售和公司管理），当对方以常务董事的身份加入本田后，就将公司的全部经营实权放心地交给藤泽武夫，自己则只埋头于技术开发，不断拿出技术先进而又适销对路的产品。两个人几十年合作的结果发展壮大了本田公司，使其成为名震全球的跨国集团。本田公司的成功，使仿效者纷纷学着他的样子搞起摩托车生产，全国一下子冒出100多家摩托车生产厂，市场竞争异常激烈。在这场激烈的竞争中，本田公司始终保持着优质畅销的赢家地位。

1962年，涉足汽车生产、走多元化产品道路是本田在激烈的市场竞争中确立的永远立于不败之地的战略路线。利用在摩托车开发、经营中获得的丰富经验及大量资金，本田不顾一切地投入汽车开发，结果获得极大成功。因设计开发CVCC发动机及装此种发动机的汽车，其控制排污效果好而于1975年在世界汽车界引起极大轰动，为公司赢得丰厚利润及崇高商业声誉。

奔跑在世界各个角落的本田摩托车和本田汽车，给人们带来便利的同时，也带来速度、激情和快乐。

第四节　中国的汽车名人

一、中国汽车业之父——饶斌

饶斌（1913—1987），新中国汽车工业的创始人，被誉为"中国汽车业之父"，如图2-11所示。完成中国第一汽车制造厂（简称"一汽"，现中国第一汽车集团）、中国第二汽车制造厂（简称"二汽"，现"东风汽车公司"）的创业，领导和支持南京汽车制造厂、上海汽车工业公司的发展，视汽车为生命的饶斌，表现出坚毅、执着和倔强。饶斌的后半生，几乎全部心血都注入中国的汽车工业发展中。

图2-11　饶斌

青少年时代，饶斌在民族危难的时刻，即投笔从戎，参加抗日战争，投身革命，在东北期间，曾担任过多个职务。新中国成立后，百废待兴。苏联要援建中国156个重大项目，建年产3万辆、生产中型载货汽车的第一汽车制造厂就是其中之一。领导筹建第一汽车制造厂的重任交给饶斌，被毛泽东主席称为"白面书生"的饶斌就任厂长。毛泽东主席亲自题词的一汽建设奠基石，是饶斌铲的第一锹黑土。

建厂初期，困难重重，壮志满腔的饶斌全身心投入轰轰烈烈的建设热潮之中，他不仅是汽车厂厂长，也是建筑公司经理，工作强度很大，以至于回到家常常饭菜没有端上桌，人已酣然入梦。虽是半路出家，但他领导一汽经过3年艰苦卓绝的努力，在长春市南郊一片荒野上建起了一座汽车城。第一辆国产"解放牌"载重汽车于1956年7月13日在总装线下线，标志着我国不能制造汽车的历史结束。

第一辆"东风"牌轿车于1958年5月在一汽试制成功，毛泽东主席乘坐该车后高兴地说："我终于坐上了自己造的小汽车了。"然而，饶斌的脚步没有停止，决定致力于研制高级轿车。不分昼夜地攻关，1958年8月"红旗"轿车试制成功。后来"红旗"轿车被国务院确定为"国车",仅限于国家领导人和接待外国元首专用。"红旗"曾取代美国总统尼克松的专车,为美方500人组成的庞大代表团访华服务,让美方震惊。

1964年,中国经济形势好转,根据经济发展和国防建设的需要,中央决定在南方再建一个汽车厂。毛泽东说:"建设第二汽车厂是时候了。"中央再次决定由饶斌负责二汽筹建工作,于是他再次参与新中国又一大汽车基地的建设。筹建二汽时,因起初仅他一人,他又夹着使用多年的老皮包东奔西走,四处联络,因而人们戏称他为"皮包公司"。在那个特殊的年代,出于战备的考虑,厂址设在武当山北麓,湖北省郧县十堰镇一带(今为湖北省十堰市)。

1964—1978年,为建设二汽整整奋斗14个年头的饶斌,在当时特定的条件下,建设一个独立自主的大三线汽车厂,绝不是一件轻而易举的事情,付出的代价是可想而知的,这可能是他一生中最为艰难的一段岁月。

1967年4月1日,正式开工建设二汽,受当时社会环境的影响,动工仅3个月就停工了,在随后的时期中,饶斌艰难地主持创建二汽。在此期间,政治走向一直影响着二汽的建设进程,和建设一汽相比,饶斌不仅要呕心沥血地领导二汽的基本建设和设备安装,还要用高度的政治智慧对应极左思潮的干扰。当时,建设二汽必须走中国自己的道路,饶斌经过缜密思考,以惊人的胆识和勇气,创造性地提出用"聚宝"的办法建设二汽,调用一汽以及全国的汽车和机械制造企业包建各个分厂,并形成采用国产设备为主、适当引进部分国外先进设备的建设思路,致力建设系统的现代化汽车制造企业。他坚持相信群众、勇于进取,走自力更生、自主创新的道路,使我国独立设计和建造的汽车厂在艰难困苦中诞生,并为之后东风汽车公司的发展打下了坚实的基础。

到1978年年底,二汽的2.5t越野车已形成批量生产能力,3.5t越野车正通过产品试验鉴定,5t民用载重汽车也通过了50000km可靠性试验,发动机实现和英国里卡图公司的设计咨询,质量明显改进,当年生产汽车3000辆,实现盈利。饶斌"早出车、出好车"的愿望在湖北十堰的土地上实现,结束了我国载重汽车长期严重短缺的局面。

饶斌调离二汽后,国家采纳饶斌的建议,决定引进一条轿车装配线,这一决定无疑为上海汽车工业特别是轿车工业迎来一个发展机会。为推进中国汽车工业的发展,他仍然不辞辛劳,日夜奔忙、呕心沥血,直到他走完人生的最后一个时刻。

全部经历和反映中国汽车工业最初30多年发展历程的饶斌,为汽车人留下了非常宝贵的精神财富和物质财富。

二、中国汽车科技界的先驱——孟少农

孟少农(1915—1988),中国科学院学部委员(现中国科学院院士),毕生致力于汽车工业建设事业,是新中国汽车工业技术的主要奠基人和领航者,被誉为"中国汽车科技界的先驱",如图2-12所示。成功地领导中国第一汽车制造厂、陕西汽车制造厂和第二汽车制造厂几代产品的研制和开发的孟少农,为我国汽车工业的发展做出了突出贡献。他主持建立了湖北汽车工业学院,并担任湖北汽车工业学院首任院长,为我国汽车工业培养了大批高级专业人才。

孟少农的童年是在北京度过的，中学时随父母回到湖南老家。高中毕业时，以全省会考第一名的成绩入清华大学机械工程系学习。此时正值日寇发动侵华战争，更坚定了孟少农"实业救国"的决心。抗日战争期间，孟少农有机会接触汽车，对汽车很感兴趣。后来，他在西南联大完成学业。孟少农以优异的成绩考取留美公费生，进入著名的麻省理工学院机械系学习，并获得硕士学位。赴美学习期间，他先后在美国福特汽车公司等多家公司任技术员和工程师，工作极为严谨认真，成绩突出，这为他在汽车技术方面奠定了深厚的理论和实践基础。然而，孟少农赤诚的爱国心驱使他回国，回到母校清华大学任教，先后任机械系副教授和教授。"跟着共产党走"的强烈信念使他成为中国共产党党员。

图 2-12 孟少农

自 1950 年起，重工业部成立汽车工业筹备组时，孟少农就着手筹备创建我国汽车工业。从调查研究我国有关汽车和汽车工业基本情况、集结和培养技术骨干，到驻莫斯科代表小组组长，在整整 3 年的建厂阶段，孟少农把全部精力、智慧倾注到一汽建设上。孟少农为一汽的筹备、建设、建成投产、老产品改进和新产品开发研制等勤奋苦战 15 个春秋，为一汽出汽车、出人才、出经验做出卓越贡献。在他离开一汽时，一汽已有 3 个系列品种和 30 多种变型专用车投产。

1971 年 5 月，被调到地域偏僻、交通不便的陕西汽车制造厂（简称"陕汽"）主管技术工作的孟少农，面对建厂初期生活条件极为艰苦、工作上又困难重重的局面，他没有退缩，冒着风险、排除障碍，专心致志地研制开发延安 250 型 5t 越野车（此车于 1978 年 8 月获全国科学大会科技成果奖）、改进 6130 型发动机（此发动机在 1978 年 8 月获全国机械工业科学大会科技奖）和开发 15t 重型民用车，给陕汽人留下前进动力的财富是孟少农艰苦奋斗的精神、突出的贡献及其深谋远虑、高瞻远瞩的超前谋划。

晚年时期，孟少农在二汽艰苦奋斗整整 10 个春秋。在其努力下，二汽闯过了质量、滞销、缓建三大关，推动二汽发展横向联合经营，引进消化吸收国外先进技术，设想及早开发轿车和轻型车，为二汽长远兴旺发展奠定基础并做出贡献。

在新中国成立后的几十年中，其是饶斌长期合作的搭档和助手，孟少农坚持在我国汽车工业企业里，全心全意地做技术指导工作。他曾任中国汽车工业筹备组副主任，第一汽车制造厂、第二汽车制造厂（东风汽车公司）的副厂长兼总工程师，陕西汽车制造厂总工程师，中国汽车工业公司总师室负责人，为我国第一汽车制造厂、陕西汽车制造厂、第二汽车制造厂的创建和发展做出巨大贡献。他受到党和国家领导人的重视，周恩来总理、陈毅副总理请他出席全国科学大会。他被推选为中国科学院学部委员（现中国科学院院士），连续两年获得"湖北省特等劳动模范"称号，并荣获全国第一批"五一劳动奖章"。

我国汽车工业从无到有，从弱到强；我国汽车产品从单一品种到多品种、系列化；我国汽车工业人才从寥寥可数到人才辈出，人才素质由低到高。这些巨大的变化和成就，无一不凝聚着孟少农的智慧和心血。他将毕生精力贡献给我国的汽车工业，功勋卓著，高风亮节，赢得了中国汽车界和学术界的衷心爱戴。

思考题

1. 汽车名人都有哪些共同的优良品质?
2. 本章列举了哪些汽车名人?试列举其他的汽车名人。
3. 安德烈·雪铁龙有哪些发明创造?
4. 简述亨利·福特在汽车发展史上的历史功绩。
5. 简述艾尔弗雷德 P. 斯隆的组织管理才能。
6. 为什么说丰田喜一郎是日本"国产车之父"?
7. 简述饶斌为中国汽车工业做出的重大贡献。
8. 孟少农为我们留下了怎样的精神财富?
9. 谈谈学习这些汽车名人的体会。

第三章 / **Chapter 3**

展示品牌的舞台

扫码观看本章相关视频

第三章 展示品牌的舞台

人，万物之灵，重要的是品德。车，现代生活的标志，重要的是品质、品牌。汽车发展的历史可说是一部品牌发展史，汽车能够充分展示品牌的力量，一个知名品牌可以价值连城。美国《商业周刊》早在 2004 年选出的全球 100 个最具价值的品牌，其中汽车品牌就占 7 个。丰田价值 226.73 亿美元（总排名第 9 位）、梅赛德斯-奔驰价值 213.31 亿美元（总排名第 11 位）、宝马价值 158.86 亿美元（总排名第 17 位）。全球最大的品牌管理咨询公司 Interbrand 公布了 2015 年的"全球最佳品牌榜"百强名单，其中汽车品牌达 15 个，丰田位居第 6 位（品牌价值 490 亿美元）。还有人们对奔驰、宝马、大众、福特、通用、丰田、标致、现代、奥迪这些品牌，之所以耳熟能详，就是因为其品牌的价值和魅力所在。《财富》杂志公布了 2022 年世界 500 强企业排行榜，共有 33 家汽车相关企业上榜。

第一节 他山之石

一、从蓝天白云走来——宝马

在全世界的公司中，宝马因重视品牌而著称。宝马汽车以先进的技术、卓越的品质和优雅的风格而享誉全球。总部设在德国慕尼黑的宝马汽车公司起源于两个飞机公司：慕尼黑卡尔·拉普发动机制造有限公司和古斯塔夫·奥托发动机制造厂。1917 年 7 月 21 日，前者更名为巴伐利亚发动机制造有限公司（Bayerische Motoren Werke GmbH，BMW），宝马是"BMW"的中文音译。1928 年 10 月 1 日，宝马公司兼并了德国一家小汽车厂艾森纳赫（Eisenach）进军汽车行业，1929 年 1 月，第一辆带有象征蓝天白云中旋转着的螺旋桨车标的汽车——迪克西（Dixi）诞生了。

优良的品质是公司发展壮大的基础。1933 年 BMW 303 问世，它创立了宝马汽车公司两个独特之处：典型的双肾型散热器隔栅和 BMW 6 缸发动机，这在当时就是运转平稳与性能卓越的代名词。第二次世界大战后，从 BMW 501 型到 507 型的大型轿车、双门跑车、有活动顶棚的轿车以及敞篷车相继问世。

20 世纪 50 年代末，宝马汽车公司经历了一次严重危机，由于经济形势不乐观，1959 年 12 月 9 日，公司股东大会做出决定，将宝马汽车公司卖给戴姆勒-奔驰汽车公司。但由于资产平衡表上的一个错误，交易未能完成，宝马汽车公司幸存下来，这也许是历史跟宝马汽车公司开了一个玩笑。1962 年，BMW 1500 轻型轿车问世，它以漂亮的外观、适用于中产阶级的两大特点成功地占领市场，使公司摆脱困境，此后宝马汽车公司走上了快速发展的道路。

1994 年，宝马汽车公司收购英国罗孚（Rover）汽车公司，后因英镑价值猛涨 50%，导致投资罗孚汽车公司的费用增高，于是宝马汽车公司决定将罗孚和 MG 两个品牌以 10 英镑的象征性价格出售。越野陆虎牌 2003 年出售给了福特汽车公司，但保留了 MINI 品牌。1998 年，宝马集团又收购英国劳斯莱斯（RollsRoyce）汽车品牌。现在宝马汽车公司旗下拥有宝马、迷你（MINI）、劳斯莱斯等品牌。

BMW 集团的今天，以高档品牌、高效增长著称，是全世界最成功和效益最好的企业之一,2022年位列《财富》世界500强的第59位。2002年,公司成功销售超过100万辆BMW和MINI品牌汽车,销售纪录首次突破100万辆;2021年,宝马集团总销量创历史新高,达到252万辆(其中新能源车占比13%),连续第17年在高档车市场荣膺第一位。宝马集团100年来的成功原因在于前瞻未来趋势,勇于创新,宝马通过调整和改变不断地与时俱进。人类交通出行正在迎来一个全新时代,在这个阶段,交通出行的特征将是智能互联、自动驾驶和绿色交通。如今,宝马正热情拥抱"车联网时代",宝马集团宏伟目标将是继续引领下一个100年。图3-1所示为2022新款宝马X7全尺寸7座SUV。

图3-1　2022新款宝马X7全尺寸7座SUV

二、王者风范——奔驰

在当今品牌化的商品竞争中,很难有一种产品品牌像奔驰汽车那样,在全球被诠释为身份和社会地位的象征,并经久不衰。奔驰汽车之所以屹立于汽车品牌之林,在于它卓越的发动机制造技术,以及舒适、安全和独树一帜的风格。

奔驰汽车公司前身是戴姆勒汽车公司和奔驰汽车公司,创始人分别是卡尔·本茨和戈特利布·戴姆勒。1886年,本茨发明的以汽油发动机为动力的三轮汽车被授予专利,与此同时,戴姆勒也发明了第一辆四轮汽车。1926年,为了避免在市场日益增长的汽车工业中相互排挤,奔驰汽车公司和戴姆勒汽车公司合并为一家公司,叫戴姆勒-奔驰汽车公司(Daimler-Benz),总部在德国的斯图加特。

戴姆勒-奔驰汽车公司不仅以生产高质量、高性能的豪华轿车闻名于世,而且是世界上著名的载货汽车的生产厂家,生产的载货汽车、专用汽车、大客车品种繁多,仅载货汽车就有110多种类型。

1998年,戴姆勒-奔驰汽车公司与克莱斯勒汽车公司结盟,成立戴姆勒-克莱斯勒(Daimler-Chrysler)汽车公司,简称戴-克汽车公司。合并后的汽车公司经营状况并不好,于是在经过一系列的操作后,公司于2007年10月4日正式完成对克莱斯勒的分离程序,并更名为戴姆勒股份公司。2022年2月1日,戴姆勒集团再次更名,将公司名称从戴姆勒股份公司(Daimler AG)更名为梅赛德斯-奔驰集团公司(Mercedes-Benz Group AG)。

梅赛德斯-奔驰集团公司已成为全球第一大豪华车生产商以及第二大卡车生产商。自从本茨制造的第一辆世界公认的汽车后，100多年过去了，许多汽车公司显赫一时，但最终黯然离场，而百年老店的奔驰汽车公司，靠其高品质却仍然璀璨夺目。在2022年《财富》世界500强中，梅赛德斯-奔驰集团公司位列第38位。奔驰轿车在历年的世界年度车型榜单中，屡次被评为世界年度豪华车，如图3-2所示。集团公司旗下主要包括梅赛德斯-奔驰汽车、迈巴赫、Smart、梅赛德斯-奔驰轻型商用车、戴姆勒载重车等品牌。2022年，梅赛德斯-奔驰集团公司向全球客户交付乘用车204万辆。

图3-2　2022年度世界豪华汽车——奔驰D级豪华电动车EQS

三、普及民众——大众

世界著名品牌的价值不仅在于自身产品或服务价值的高低，而在于它们始终恪守着自己在既定价值观上的承诺。如果说宝马、奔驰以其豪华、高贵的品质受到客户的喜爱，那么，大众则以生产物美价廉的"甲壳虫"汽车赢得广大民众的青睐，并一举成为世界著名品牌。

大众（Volkswagen）汽车公司是一个在世界许多国家都有生产工厂的跨国汽车集团，其总部在德国沃尔夫斯堡（Wolfsburg）。

大众汽车公司的品牌当首推"甲壳虫"汽车，它的诞生与别的品牌最大的不同在于，它是汽车设计大师与政客共同努力的结果。20世纪30年代，由于纳粹疯狂扩军，使德国经济出现萧条。时任德国总理的希特勒提出造一种大众化的汽车，价格在1000马克以下，要使德国广大民众，包括普通工人都能开上汽车，以利德国经济的复苏。世界著名的汽车设计大师费迪南·波尔舍早就有制造普通民众使用便宜轿车的想法，却苦于缺乏资金。1937年5月，希特勒拨48万马克全力支持波尔舍的计划。1938年10月，德国大众汽车公司正式成立，1939年4月开始生产，当年就生产出210辆"甲壳虫"汽车。

甲壳虫汽车有两大优良品质：一是不讲豪华，结实耐用，这在战争中得到了证明；二是价格低廉。正是由于这两大特点，第二次世界大战后，"甲壳虫"汽车很快风靡欧洲，1955年出口到100多个国家。2019年7月，经历过81年生产、历经3代设计的"甲壳虫"车型正式停产，如图3-3所示。该车累计生产2150万辆，打破了福特T型汽车的世界纪录，并超出其数百万辆。

2022年大众汽车公司成为全球销售额最高的汽车公司，位列《财富》世界500强第8位。目前，大众汽车公司旗下拥有大众（Volkswangen）、奥迪（Audi）、宾利（Bentley）

（图3-4），以及保时捷（Porsche）、兰博基尼（Lamborghini）、布加迪（Bugatti）、斯柯达（ŠKoad）等品牌。

四、赛坛上独领风骚——保时捷

无论在世界的任何角落，保时捷总是速度和力量的象征。在跑车世界里，保时捷是众人追逐的偶像。1933年《时代周刊》评选全球最有声望的品牌，保时捷在可口可乐、索尼之后居第3名，享有崇高的声誉。

图3-3 大众新甲壳虫

图3-4 宾利飞驰6.0T限量版

保时捷（Porsche）是一家主要从事保时捷牌超级跑车、赛车的设计与生产的汽车公司，创立于1931年，创始人是费迪南·波尔舍（Ferdinand Porsche），总部设在德国斯图加特。

费迪南·波尔舍以及他的儿子费利·波尔舍（Ferry Porsche）、孙子亚历山大·波尔舍（Alexander Porsche）都是举世闻名的汽车设计大师。这在汽车界绝无仅有，祖孙3代设计的跑车风靡全球。1948年6月8日，第一辆注册"保时捷"品牌的跑车在奥地利的格蒙镇问世，这就是征服整个世界长达20年之久的保时捷356，如图3-5所示。随后保时捷804、904相继问世，都是名噪一时的运动车。

1963年9月，亚历山大·波尔舍设计出保时捷911，该款跑车造型小巧别致，加速极快、噪声小、功率大、车速高，是

图3-5 保时捷356

20世纪60年代设计最成功的跑车之一。在1967年的一次赛事中，保时捷911打破16项世界纪录，从此名扬天下。后来，在该车的基础上衍生出多种车型，而每一种车型的问世，都引起轰动。例如，1974年，保时捷911Turbo的诞生，改变了空气冷却式发动机装备，采用新式涡轮增压水冷式发动机，其动力性能得到大幅提升，因而迅速风靡全球。

由于保时捷跑车的优秀品质，其在高水平的拉力赛中连连夺冠。1983年，在法国举行的勒芒汽车24h耐力赛中除第9名外，1~10名全被保时捷包揽。从此，在赛坛上独领风骚的保时捷汽车被誉为"跑车之王"。

不断创新是品牌保持活力的源泉。1996年，保时捷推出一款高品质、低价位的大众

化跑车——敞篷小跑车。该车一上市，立即在全球造成一片抢购热潮。1998 年，保时捷又乘胜追击，于日内瓦车展发布了全新的 911 敞篷车。2000 年，高性能保时捷 Garrera GT 跑车在巴黎卢浮宫首度面世，通过引入全面的新技术，新款 911 Carrera 再次确立其领先地位。采用直接汽油喷射技术的全新 Boxer 发动机和选装保时捷双离合器变速器是设计中的两个亮点，标志着车辆开发的又一个重大飞跃。2009 年，新款轿跑 Panamera 全球首发，又引领新一代轿跑的技术革命。2023 款保时捷 911 Sport Classic 纪念版跑车，如图 3-6 所示。

图 3-6　2023 款保时捷 911 Sport Classic 纪念版跑车

五、底特律的骄傲——福特

福特汽车公司是世界三大汽车公司之一，由亨利·福特于 1903 年 6 月 6 日创立，总部设在美国的汽车城——底特律。

谈到福特汽车公司，人们自然联想到高雅、舒适、性能杰出并以美国第 16 任总统的名字命名的豪华型品牌轿车——林肯，而业内人士更不会忘记坚固耐用、价格低廉，属于普通百姓的福特 T 型车，如图 3-7 所示。

1908 年 10 月 1 日，福特汽车公司生产出世界上第一辆属于普通百姓的以福特名字命名的 T 型车。它的诞生推动了一个新的汽车工业时代的到来。T 型车的许多创新改变了汽车制造业。1913 年，亨利·福特在其海兰公园工厂开发出福特 T 型车装配流水线，被称为汽车技术的第二个里程碑，为汽车制造业乃至整个工业界带来伟大的变革。

图 3-7　福特 T 型车——一款改变了世界的车

T 型车在全世界备受欢迎，它成为便宜和可靠的象征（最低时只卖 295 美元）。从第一辆 T 型车诞生到 1927 年 T 型车累计生产 1500 万辆。20 世纪 20 年代，全世界一半以上的注册汽车都是福特牌，亨利·福特因此被尊为"为世界装上轮子的人"。

福特汽车公司在北美拥有福特和林肯-水星两个品牌，在国外还建立了许多分公司和合资公司。1987 年和 1994 年，福特汽车公司分两次收购英国阿斯顿·马丁汽车公司 100% 股份；1989 年，以 40.7 亿美元购得英国美洲虎汽车公司；1992 年，获得日本马自达汽车公司

34%的股份；1999年，出资64.5亿美元收购瑞典沃尔沃汽车公司的全球轿车业务。由于优良的品质，福特汽车在世界各国都很畅销，尤其在本土。福特汽车在美国汽车市场连续75年保持销售量第二名，仅次于通用汽车。2022年，福特汽车公司位列《财富》世界500强第53位。

目前，福特汽车公司拥有福特（Ford）、林肯（Lincoln）、水星（Mercury）、阿斯顿·马丁（Aston Martin）、美洲虎（Jaguar）、马自达（Mazda）等品牌。

六、豪门贵族的坐骑——凯迪拉克

"同类中最出色、最具声望的事物。"这是著名的《韦伯斯特大词典》对"凯迪拉克"的释义。如果这是在其诞生之初对它的肯定，那么在当今时代，它正作为一个让世人仰慕的品牌在全球不断丰富着它的内涵，不变的依然是尊贵与声望的代名词。

凯迪拉克是通用汽车公司生产的著名品牌。长久以来，通用汽车公司是美国第一大汽车公司，也是全球最大的汽车公司之一。它是由威廉·杜兰特于1908年9月在以别克汽车公司为核心而创建的，总部在美国汽车城——底特律，旗下拥有凯迪拉克、别克、雪佛兰、悍马等知名品牌。

通用汽车公司是美国最早实行股份制和专家集团管理的特大型企业之一，其分公司和合作伙伴遍及诸多国家和地区。如果说通用汽车公司生产的汽车，典型地表现了美国汽车豪华、宽大、内部舒适、速度快、储备功率大等品质特征，那么凯迪拉克就是它的杰出代表。其卓越性能、独特设计、安全舒适的特征一直受到高端客户的青睐。多年来，无论是总统、总理、国王，还是企业巨子、影视明星、报业大王，他们都不约而同地选择凯迪拉克轿车。凯迪拉克的卓越使之成为政要显贵们的首选。在美国，威尔逊总统是第一位乘坐凯迪拉克进行官方活动的美国总统，艾森豪威尔总统站在凯迪拉克中做就职演说，肯尼迪总统也极其钟爱凯迪拉克轿车；1993年、2001年，克林顿和乔治·布什先后就任美国总统时，也是乘坐凯迪拉克。2009年1月20日上午，奥巴马在国会上手按圣经完成美国第44任总统的就职宣誓后，正式成为第6代凯迪拉克"美国一号"的主人，如图3-8所示。在人们心中，凯迪拉克最能代表尊贵、豪迈和权威。2022年，通用汽车公司位列《财富》世界500强第64位。

图3-8 第6代凯迪拉克"美国一号"

七、雄狮风范——标致

狮子——标致品牌的象征，是强劲和灵敏的化身，理智与激情的合一。标致，一个受到百年历史孕育的汽车品牌，在其不断创新中展现生命活力，创造出一款款品质卓越、外形美观、个性独特、活力四射的产品，每款车型无不见证着对美感的追求和对品质的执着，引领一轮又一轮的时尚潮流。

标致汽车公司（Societedes Automobiles Peugeot）是世界十大汽车公司之一，法国最大的汽车集团公司，创立于1890年，创始人是阿尔芒·标致，总部设在法国巴黎。

标致汽车公司的前身是标致兄弟公司，主要是生产自行车和三轮车。1889年，标致兄弟把一台蒸汽机放置在一辆双人座的三轮车上，向世人宣示进入汽车制造领域；1890年，成功开发出法国第一部汽油机四轮汽车。由于不断采用新技术，公司的汽车产量与日俱增。到第一次世界大战前，产量已达到12000辆，超过了法国所有汽车生产厂家。第一次世界大战中，阿尔芒·标致及时调整经营战略，使标致汽车公司在战争中发展起来，1939年年产量达4.8万辆。该公司的第二次大发展时期是第二次世界大战后的20世纪五六十年代，其产量在20年间猛增十几倍，一跃成为法国第二大汽车公司。

1976年，经济实力不断增强的标致汽车公司收购经营不善的雪铁龙汽车公司60%的股份，使其成为雪铁龙汽车公司的新主人。兼并雪铁龙汽车公司后，公司改称为标致雪铁龙集团（PSA Peu geot-Citroen），汽车总产量超过雷诺公司而居法国第一。如图3-9所示为2023款标致508。

图3-9　2023款标致508

作为一家拥有200年工业历史的企业，标致雪铁龙集团是世界级知名的汽车制造商。2021年标致雪铁龙集团与菲亚特克莱斯勒汽车公司合并，成立一家全新的集团：Stellantis。由此，全球销量第4的汽车集团诞生。

八、驰骋世界——丰田

"车到山前必有路，有路就有丰田车"，这是1982年被称为"世界绝唱"的丰田汽车的广告词。通过这条广告词，人们看到丰田汽车的自信与气魄，更品味出丰田汽车品牌背后的巨大技术实力。创始于20世纪30年代的丰田汽车公司，到20世纪60年代就将自己的车卖到美国本土；进入20世纪70年代，丰田车一举成为全球最畅销的汽车之一。丰田品牌的个性已经从一个日本车的概念逐步转化为全球车的概念，被誉为"世界之车"。

丰田汽车公司是世界十大汽车公司之一，是日本第一大汽车公司，创立于1933年，现已发展成为以汽车生产为主，业务涉及机械、电子、金融等行业的庞大工业集团，总部设在东京。

丰田公司早期是制造纺织机械的，创始人丰田喜一郎于1933年在公司设立汽车部，从而涉足汽车制造，1937年8月28日，丰田汽车公司正式成立。当时丰田喜一郎的指导思想是：贫穷的日本需要便宜的汽车，生产廉价的汽车是公司的责任。但20世纪三四十年代公司发展缓慢。第二次世界大战后，丰田汽车公司确立"用低成本、大批量的生产方式生产高质量的汽车，进而加入世界第一流汽车工业"的战略，加快了公司的发展。公司通过引进欧美技术，很快掌握了先进的汽车生产和管理技术，并根据日本民族的特点，创造了风靡全球的"丰田生产方式",从而大大提高了生产效率。20世纪60年代末,其产品大量进入北美市场,到20世纪80年代,丰田汽车公司开始实施全面走向世界的国际战略,产量大幅上升。到20世纪90年代初,其产量就超过美国的福特汽车公司,一举名列世界第二。

自2008年起,丰田汽车公司开始逐渐取代美国通用汽车公司而成为全球排名第一的汽车生产厂商。2015年度,丰田汽车集团以1015万辆的销量成绩连续第4年夺冠,超过大众汽车集团993万辆和通用汽车集团984万辆的销售量。2022年丰田汽车公司位列《财富》世界500强第13位。图3-10所示为2023款雷克萨斯SUV。其旗下拥有丰田、雷克萨斯、皇冠、花冠、新贵等品牌。

图3-10　2023款雷克萨斯SUV

九、永不过时——现代

现代汽车以其优美的造型、卓越的性能和良好的经济性,在全球汽车中确立了自己的品牌地位。

现代汽车公司是韩国最大的汽车企业,成立于1967年,由韩国历史上最富传奇色彩的商业巨子郑周永一手创办,公司总部设在韩国首尔。与全球其他领先的汽车公司相比,现代汽车历史虽短,却浓缩了汽车产业的发展史,它从建立工厂到能独立自主开发车型仅用了18年(1967—1985年)。2006年,现代汽车集团在全球汽车公司销售排名第6位。

现代汽车公司的发展可分为以下三个阶段:

第一阶段是1967—1970年的创业期。它与美国福特汽车公司合作,引进福特生产技术生产"哥蒂拉"牌小汽车,并在1970年建成2.6万辆生产能力的蔚山工厂。

第二阶段是1970—1975年的消化吸收期。这段时间,现代汽车公司花巨资在公司内进行消化吸收福特技术。1974年,公司投资1亿美元建设年产5.6万辆的新厂,1975年该厂建成,汽车国产化率达到100%。

第三阶段是1975年以后开始走向世界。1976年,自己设计生产的福尼牌小轿车下线,现代汽车公司走向成熟。20世纪80年代,现代汽车公司垄断了韩国市场,和丰田公司分手,与三菱公司结盟,生产小马牌汽车。1983年小马牌汽车销往加拿大而红极一时,1985年就卖出7.9万辆。1986年,现代汽车公司的超小马汽车投入美国市场,当年即售出16万辆,创下汽车销售奇迹,从而奠定了现代汽车公司的国际地位。

1998年,现代汽车公司并购在亚洲金融风暴中濒临破产的韩国起亚(KIA)汽车公司,成立现代汽车集团。成立于2000年的现代起亚汽车集团(Hyundai Kia Automotive Group),2022年位列《财富》世界500强第92位。现代起亚汽车集团旗下拥有现代和起亚两个品牌。图3-11所示为上海车展上的韩国现代首款电动车IONIQ 5。

图 3-11　上海车展上的韩国现代首款电动车 IONIQ 5

第二节　本土之玉

一、神州大地的旗手——红旗

提起中国的汽车品牌，人们自然而然地想到中华民族第一品牌车——红旗。红旗轿车在中国老百姓心目中的地位，恐怕至今都没有哪个品牌能够望其项背。因为，在红旗车身上凝聚着中国人生产轿车的志气和勇气，体现出中国人的智慧和民族精神，更体现着当年国宾车的显赫身份和神圣感。庄重、典雅、大方、含蓄的车身曲线，无处不体现出东方民族特有的神韵。有人说，红旗完全可与西方的世界级车王——劳斯莱斯并驾齐驱。2005 年，世界品牌实验室发布第二届《中国 500 最具价值品牌》，红旗以 111.37 亿元位居汽车行业前列。作为中国汽车工业的"精神支柱"，红旗在人们心中的品牌价值早已超出了其实际价值，当之无愧地成为中国第一民族品牌轿车。图 3-12 所示为 2015 全新红旗 L5 轿车。

图 3-12　2015 全新红旗 L5 轿车

红旗诞生于第一汽车制造厂（简称"一汽"，现中国第一汽车集团公司）。1953 年 7 月 15 日一汽破土动工，中国汽车工业从这里起步。70 年来，一汽肩负着推动中国汽车工业发展的重任，历经了建厂创业、产品换型和工厂改造、上轻型车和轿车 3 次大规模发展阶段，产品生产由单一载货汽车向轿车方向发展。1991 年，与德国大众汽车公司合资建立 15 万辆轿车生产基地；2002 年，与天津汽车（集团）有限公司联合重组，与日本丰田公司实现合作。目前，产品结构已形成以轿车为主的新格局。

一汽位于长春市的西南部，被称为我国汽车工业的摇篮，中国的"底特律"。这里创造了无数个第一，新中国的第一辆载货汽车、第一辆轿车都诞生在这里；一汽 1953 年破土动工建设，3 年建成 3 万辆的大型汽车厂；1956 年 7 月 13 日从一汽总装线上开出由中国人自己制造的第一批解放牌载货汽车,结束了中国人不能自己制造汽车的历史;1958 年 5 月 5 日,中国第一辆自己制造的轿车——东风终于在一汽诞生,如图 3-13 所示,从而揭开了中国民族轿车工业的历史篇章。

图 3-13 中国第一辆自己制造的轿车——东风

经过 70 年的风风雨雨,一汽发生了巨大的变化,从生产单一的中型载货汽车发展成为重、中、轻、轿、客、微多品牌、宽系列、全方位的产品格局;产量从当初年产 3 万辆生产能力,发展成为年产百万辆级的企业,正在向年产 200 万辆的目标前进;企业结构从工厂体制转变成集团公司,从单一国家所有制转变为多元化的资本结构,从面向单一的国内市场转变为面向国内、国外两个市场。2022 年,一汽集团位列《财富》世界 500 强第 79 位。

一汽集团旗下拥有红旗、解放、奔腾等民族品牌及奥迪、捷达、花冠、马自达等合资品牌。

二、东风压倒西风——东风

东风汽车取名源于毛泽东"不是东风压倒西风,就是西风压倒东风"的观点。在中国,东风品牌家喻户晓。"东风"牌商标,在汽车行业中率先被国家工商总局(现更名为国家市场监督管理总局)评定为中国驰名商标。

东风汽车公司的前身是第二汽车制造厂(简称"二汽"),始建于 1969 年 9 月。当时出于战备的考虑,厂址选在鄂西北山区——十堰市。2003 年 9 月 28 日,公司总部由十堰迁至武汉。经过几十年的建设,已陆续建成十堰(主要以中、重型商用车,零部件,汽车装备事业为主)、襄阳(以轻型商用车、乘用车为主)、武汉(以乘用车为主)、广州(以乘用车为主)等主要生产基地,主营业务包括全系列(重、中、轻)商用车,如图 3-14 所示,以及乘用车、汽车零部件和汽车装备。目前,整车业务产品结构基本形成商用车、乘用车各占一半的格局。

东风汽车公司从创建至今,其发展经历了艰苦创业、快速成长、改革发展三个阶段。

第一阶段:20 世纪 60 年代至 70 年代末是东风汽车公司的艰苦创业时期。这一时期,在全国各方大量采取"聚宝"的方式支援二汽建设的情况下,二汽广大职工克服客观条件十分艰苦等困难,建设新厂。20 世纪 70 年代末期,十堰汽车生产基地初具规模。1975 年,2.5t 越野车投产(如图 3-15 所示);1978 年,5t 中型民用载货汽车投产。

图 3-14　东风天龙商用车

图 3-15　东风 2.5t 越野车

第二阶段：20 世纪 80 年代至 90 年代初期是二汽快速成长、成就辉煌的时期。这一时期，二汽抓住国家改革开放的先机，大胆探索，勇于创新和实践，使企业迅速发展壮大，汽车产量以每年 1 万辆的速度递增，经济效益连年增长，综合实力跃居行业之首，并连续多年进入全国工业企业 10 强的行列。20 世纪 80 年代初，二汽闯过停缓建难关，以自筹资金为主要手段，在 1983 年着手建设襄樊（今襄阳）基地。1986 年，全厂形成年产 10 万辆民用载货汽车的能力。为适应市场经济的发展，1992 年二汽正式更名为东风汽车公司。1993 年，东风汽车公司的经营业绩创历史最高水平，汽车产、销量均超过 22 万辆，盈利 14 亿元人民币。与此同时，公司分析国内外汽车市场的形势，决定上马轿车产品生产线，并在 1992 年与法国雪铁龙汽车公司合资建立了神龙汽车有限公司，共同生产普通型轿车。

第三阶段：20 世纪 90 年代到 21 世纪初是东风汽车公司积极推进战略合作谋求更快发展的阶段。这一阶段东风汽车公司先后推进与日产公司全面合资重组，扩大和提升与法国标致雪铁龙集团（PSA）的合作，与美国康明斯公司、法国的雷诺公司、日本的本田公司拓展合作领域，整合重组了江苏的悦达-起亚公司等。全面合资重组后，东风汽车公司的体制和机制再次发生深刻变革。按照现代企业制度和国际惯例，构建起较为规范的母子公司体制框架，东风汽车公司成为投资与经营管控型的国际化汽车集团。2022 年，东风汽车集团位居《财富》世界 500 强第 122 位，中国制造企业 500 强第 9 位。目前，东风汽车公司正在朝着"建设一个永续发展的百年东风，一个面向世界的国际化东风，一个在开放中自主发展的东风"的目标迈进。

东风汽车公司旗下拥有"东风"、华神、东风猛士、东风风神、东风风行、岚图等自主汽车品牌及东风雪铁龙、东风标致、东风日产、东风本田、东风悦达起亚等合资品牌。

三、新能源汽车领导者——比亚迪

比亚迪汽车工业有限公司隶属于比亚迪股份有限公司。比亚迪股份有限公司成立于 1995 年 2 月，早期致力于电池制造技术，在业内具有重要地位，是一家"用技术创新满足人们对美好生活的向往"的高新技术企业，目前业务横跨电子、汽车、新能源和轨道交通四大领域。

2002 年 7 月，比亚迪股份有限公司正式进军汽车行业，开始了从"零"到"壹"的造车之路。该公司借鉴日、韩汽车的设计理念，于 2005 年制造了第一款车型比亚迪 F3，如

图 3-16 所示。此款车凭借时尚大气的外观、宽敞的空间、丰富的配置以及亲民的价格，在市场中获得消费者的喜爱，并出口东南亚、美洲、中东等十几个国家，走上了世界的舞台。

图 3-16　比亚迪 F3

2006 年 08 月，比亚迪汽车工业有限公司（简称比亚迪）成立。2008 年，比亚迪推出了全球首款量产的插电式混合动力车型 F3DM，该系统将燃油动力总成和纯电动力总成有机结合为一体，不仅降低了油耗及排放，还极大地提高了动力和操控性能，实现既可充电，又可加油的多种能源补充方式，是一款真正意义上的双动力混合系统车。

2012 年，比亚迪首发了搭载第二代 DM 混合动力总成的车型，开启了比亚迪的"王朝时代"，如今比亚迪王朝系列拥有汉、唐、秦、宋、元等诸多新能源车型，覆盖轿车、SUV 和 MPV 共 3 种车型，如图 3-17 所示。王朝系列车型的诞生，让比亚迪在 2015—2017 年连续 3 年斩获全球新能源乘用车年度销量的冠军。2020 年，比亚迪刀片电池正式发布，使电池性能大幅提升，将用电安全风险降至最低，改变了人们对电动车不安全的印象，带来新能源汽车领域的变革。2021 年，比亚迪正式发布海洋车系，首款车型为比亚迪海豚，整体设计理念更年轻化，更符合年轻人的审美观，且比亚迪专注于纯电动汽车的推广和普及，有更鲜明的新能源属性。

图 3-17　比亚迪王朝系列车型

经过 20 多年的高速发展，比亚迪成为全球率先同时拥有电池、电机、电控三大新能源核心技术的车企。比亚迪汽车坚持自主研发、自主品牌、自主发展的模式，以"造世界水平的好车"为产品目标，以"打造民族的世界级汽车品牌"为产业目标，立志振兴民族汽车产业。2022 年 11 月 16 日，比亚迪第 300 万辆新能源汽车下线，标志着比亚迪成为首个达成这一目标的中国品牌。从"第 1 辆新能源汽车到第 100 万辆新能源汽车"用时 13 年、从"100 万辆到 200 万辆"用时 1 年，从"200 万辆到 300 万辆"仅用时半年，比亚迪在新能源赛道上演全新"加速度"，推动中国汽车的崛起与全球绿色出行的加速变革。2022 年，比亚迪新能源汽车销量 186.35 万辆，占我国新能源汽车销量 688.7 万辆的 27%，首次跻身全球 500 强企业。目前，比亚迪以颠覆性技术与产品构建全新百万级高端品牌——仰望，该车型于 2023 年一季度正式发布亮相，为用户带来前所未有的极致性能新体验。

未来，比亚迪将构建比亚迪品牌（王朝、海洋）、腾势品牌、仰望品牌、专业个性化全新品牌矩阵，覆盖从家用到豪华、从大众到个性化，满足用户多方位、全场景用车需求，持续满足人们对美好生活的新追求。此外，本着"在全球、为全球"的理念，比亚迪将进一步向全球市场发力，并推动乘用车的产业国际化，助力全球新能源汽车行业的向前变革，助力人类迈向绿色可持续发展的美好明天。

四、民族瑰宝——奇瑞

在全国许多城市的大街小巷曾出现过一种微型轿车，它以时尚的外形、充足的动力、精致的内饰，受到广大消费者尤其是年轻人的青睐，并引领中国微型轿车的新潮流，它就是由奇瑞汽车有限公司生产的中华民族的自主品牌车——奇瑞QQ，如图 3-18 所示。

图 3-18 奇瑞 QQ

奇瑞汽车有限公司成立于 1997 年 1 月 8 日，是我国改革开放后通过自主创新成长起来的最具代表性的自主品牌汽车企业之一。其前身是安徽汽车零部件公司，位于安徽省芜湖市经济技术开发区。

奇瑞的一期工程总投资 17.52 亿元人民币，具备年产 30 万台发动机和 10 万辆整车的生产能力。1999 年 12 月 18 日，公司首辆奇瑞轿车成功下线。2001 年 3 月，风云轿车成功推向市场，使奇瑞汽车有限公司迅速成长为国内主流轿车企业。同年 12 月，奇瑞二期工程启动，投资 25 亿元人民币。2003 年 3 月 1 日，第 10 万辆奇瑞轿车下线，这是奇瑞汽车有限公司历史上一个具有里程碑意义的伟大跨越。2003 年 6 月，QQ 轿车和东方之子轿车成功推向市场，同年 8 月，奇瑞汽车有限公司又推出了旗云轿车，成功完成了产品线布局，进入全面发展的新阶段。

2004 年 4 月 15 日，奇瑞汽车有限公司第 20 万辆轿车下线，预示着这个汽车业的新锐成长为中国的自主品牌支柱企业，成为中国主流轿车企业之一。

2005 年 3 月 22 日，奇瑞汽车有限公司第一辆瑞虎 SUV 上市，这标志着奇瑞公司由轿车向运动型多用途汽车拓展。2005 年 3 月 28 日，奇瑞汽车有限公司举行发动机二厂生产线启动及首台发动机点火仪式，从而实现了中国轿车在主要零部件（发动机）自主研发上零的突破。

2007 年 8 月 22 日，奇瑞汽车有限公司第 100 万辆汽车下线，树立了中国汽车史上的一座丰碑。从 1997 年 1 月 8 日奇瑞汽车有限公司成立，到 100 万辆汽车下线，奇瑞用 10 年的时间走过了许多汽车企业数十年才能实现的发展之路，这不能不说是一个奇迹！

从 2010 年起，在实现了第一阶段"通过自主创新，打造自主品牌"目标的基础上，奇瑞开始全面实施从追求速度和销量规模的发展模式向追求"品质、品牌、效益"转变的深层次战略转型。截至2021年年底，奇瑞累计全球销量达1000万辆，其中累计出口超过220万辆，连续19年位居中国品牌乘用车出口第一位。目前，奇瑞正朝着"自主创新，世界一流，造福人类"的战略目标迈进。

奇瑞汽车公司拥有瑞虎、艾瑞泽、开瑞、星途、奇瑞新能源、捷途、小蚂蚁等民族自主品牌。奇瑞艾瑞泽7如图3-19所示。

图3-19　奇瑞艾瑞泽7

五、国人的骄傲——长城

我国的万里长城一直是国人的骄傲，如今又有一座值得国人骄傲的新"长城"——长城汽车。

长城汽车（Great Wall）是长城汽车股份有限公司的简称，是国内首家在香港H股上市并融资33亿港元的民营汽车企业，成立于1984年，其前身是长城工业公司，公司总部位于河北省保定市。

公司以稳健发展而著称，经济实力雄厚，是国内规模较大的皮卡、SUV专业生产厂。其下属控股子公司40余家，员工7万余人，目前拥有6个整车生产基地，产品涵盖SUV、轿车、皮卡三大品类，并具备发动机、变速器、前桥、后桥等核心零部件自主配套能力。

长城工业公司原本是一家集体所有制企业，主要从事汽车改装业务。

1991年，时任长城汽车股份有限公司董事长的魏建军承包长城工业公司的经营。当时的公司陷入困境，严重亏损。年仅26岁的魏建军带领长城人以"每天进步一点点"的精神，艰苦创业，以生产轻型客、货车为主，企业扭亏为盈、迅猛发展。

2001年，公司正式改制为"股份有限公司"。同时，再次注入巨资，高起点建成了国内同行业中规模较大、装备先进的现代化发动机生产基地。该公司在国内首开先河，推出GW491QE智能化多点电喷发动机，并完成国家严格的标定试验，不仅实现了"身心一体"、自行配套，同时为国内几十家著名轻型车厂配套。现代化发动机生产基地的建成，标志着长城汽车步入高速发展的轨道。

2003年11月，"长城汽车"在香港主板上市，股票得到682倍的超额认购，成为国内首家在香港上市的民营汽车企业。在香港H股上市，为公司实现长足发展奠定了坚实的经济基础。

2005年7月1日，"长城汽车"年产20万辆的轿车生产基地在保定破土动工，结束了河北省没有规模生产轿车的历史。

作为中国汽车民族自主品牌阵营中一支重要的生力军，长城汽车在国内取得多项佳绩：长城皮卡在同行业中市场占有率、产品品种、出口数量、市场保有量居前列；长城汽车在国

第三章　展示品牌的舞台

际市场上出口金额和出口量方面保持领先；自主开发的哈弗 SUV 在中高档民族汽车品牌中市场表现极佳。哈弗 SUV 如图 3-20 所示。

在 SUV 系列大家族中，已经搭建了 4 个平台：赛弗 SUV、赛骏 SUV、赛影 RUV、哈弗 SUV，两驱、四驱多个品种。其中表现出色的就是哈弗 H3、H5、H6 以及新出产的哈弗 H8。

长城汽车不仅在国内市场上连连夺冠，而且在国际市场上也保持领先优势。公司产品相继获得 3C（国家强制性产品认证）、SASO（沙特认证）、GCC（海湾认证）、UKAS（英国皇家认证）、ISO 9001（国际质量体系认证）等出口权威认证，4 款主力车型通过欧盟整车型式认证（WVTA），这在中国自主品牌中是首家。公司产品已出口到全球 121 个国家和地区，其中批量出口的高达 81 个国家。

图 3-20　哈弗 SUV

长城汽车公司拥有的民族自主品牌有：哈弗 SUV、魏牌、欧拉、迪尔长城皮卡、坦克等。

第三节　商标文化

汽车商标就是汽车的标志，是汽车身份的代表，是艺术性和象征性的统一，是质量、信誉、原则和精神展示于世的图腾。人们在设计时，往往采用寓意精炼的图形、标准字体和标准颜色来突出汽车的品牌形象。每一种汽车商标都有其独特的意义，能触发人们对其产品的美好印象和联想。古典与新潮，过去与未来，现实与愿望，都赋予在车标上。这些汽车商标装饰在汽车头部或其他明显的部位，光彩夺目、精彩绝伦地展示着百余年光辉灿烂的汽车文化。它宛如汽车文化乐章中精彩的音符，伴随着飞转的车轮，谱写一曲曲动人的旋律，将人们带入汽车知识的殿堂。

汽车商标"繁花似锦"，在此仅摘取部分耀眼的"玫瑰"，以飨读者。

一、著名汽车商标展示

（一）美国名标展示

1. 凯迪拉克——花环内的冠和盾

凯迪拉克老车标主要由冠和盾两部分组成。"冠"象征着凯迪拉克家族的纹章，冠上 7 颗珍珠寓示皇家的贵族血统，比喻凯迪拉克的高贵、豪华、气派。"盾"象征着凯迪拉克军队的英勇善战，代表着这个家族勇猛的传统，比喻凯迪拉克汽车巨大的竞争力。

最近几年，凯迪拉克的设计中融入了更多的未来科技感，新形象开始显得与老车标有些格格不入，于是凯迪拉克再次考虑换标。凯迪拉克车标向着简约化、符号化、时尚化的趋势演变。这种化繁为简的变化，迎合了被凯迪拉克称作是"艺术与科技"的新设计理念。图 3-21

所示为凯迪拉克新老车标（图 3-21a 为 1985 年启用的车标，图 3-21b 为 2014 年启用的车标）。

2. 雪佛兰——图形化的蝴蝶领结

雪佛兰汽车商标是由图形和文字两部分组成的，如图 3-22 所示。雪佛兰商标的设计，最初是雪佛兰创建者之一杜兰特看报纸时想到的，他又从巴黎酒店的墙上得到灵感，受到了法国古老壁挂的启发，并对其进行了简化而成，于 1914 年首次使用。雪佛兰标志图形象征着变形化了的蝴蝶领结。在西方，领结是人人喜爱的饰物，形似领结的标志不但体现着大众化，更标志着贵族气派与优质的服务精神。

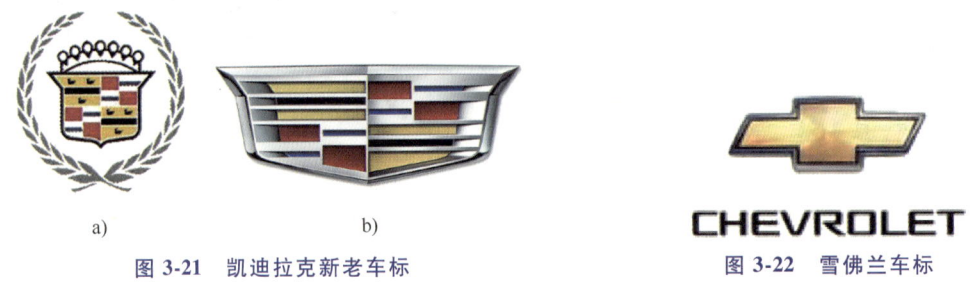

图 3-21　凯迪拉克新老车标　　　　　图 3-22　雪佛兰车标

优美的蝴蝶领结，象征着雪佛兰汽车的大方、气派和风度。CHEVROLET 取自原雪佛兰汽车公司创始人之一——路易斯·雪佛兰的姓氏。

3. 别克——三位一体

别克车标如图 3-23 所示，图案似 3 把不同颜色并依次排列不同高度的利剑，给人一种积极进取、不断攀登的感觉，表示别克汽车采用顶级技术、刃刃见锋；也表示别克汽车培养出的人才，个个游刃有余，是无坚不摧、勇于攀登的勇士。BUICK 是公司创建人大卫·别克的姓氏。

4. 福特——可爱的小白兔

如图 3-24 所示，福特汽车的商标采用的是蓝底白字的福特（Ford）英文字。标志的设计者将"Ford"画成活泼可爱、充满活力、美观大方的小白兔样子，在温馨的大自然中矫健潇洒地向前飞奔，象征着福特汽车飞奔世界各地，令人爱不释手。

5. 林肯——总统的名义

林肯车标是一个矩形中含有一颗闪闪发光的辰星，如图 3-25 所示。它表示林肯总统是美国联邦统一和废除奴隶制的启明星，也预示林肯轿车尊贵气派、前途无量，具有光辉灿烂的明天。

图 3-23　别克车标　　　　图 3-24　福特车标　　　　图 3-25　林肯车标

6. 水星——3 条道路

水星车标如图 3-26 所示，是在水星背景下的 3 条向远方延伸的道路，表明水星汽车具有超时空的创造力,前途无量。在西方,人们是用希腊神话中的人物来给行星命名的。古希腊人因为看到水星的运行速度快,绕太阳的公转时间最少,所以把希腊神话中跑得最快的信使——墨丘利(Mercury)的名字作为水星的名字。

(二) 欧洲车标荟萃

1. 宝马——蓝天白云螺旋桨

宝马车标如图 3-27 所示。标志中间的蓝白相间图案,代表蓝天、白云和旋转不停的螺旋桨,寓示宝马公司悠久的历史,象征该公司过去在航空发动机技术方面的领先地位,又象征公司的一贯宗旨和目标:在广阔的时空中,以先进的精湛技术、最新的观念,满足顾客的最大愿望,反映了公司蓬勃向上的气势和日新月异的新面貌。

2. 劳斯莱斯——"飞天女神"

劳斯莱斯汽车的标志之一是采用两个"R"重叠在一起的图案,如图 3-28 所示。商标中的 RR,是创建人罗尔斯、罗伊斯两个人姓氏的第一个字母,代表公司的创始人;"RR"重叠在一起,象征着你中有我、我中有你,体现了两位创始人紧密合作、融洽和谐的关系及团结奋进的精神。

图 3-26　水星车标

图 3-27　宝马车标

图 3-28　劳斯莱斯双 R 车标

劳斯莱斯汽车的标志除了双 R 之外,还有著名的"飞人"车标,如图 3-29 所示。这个标志的创意取自巴黎卢浮宫艺术品走廊的一尊有 2000 年历史的胜利女神雕像,她庄重高贵的身姿是艺术家们产生激情的源泉。当汽车艺术大师查尔斯·赛克斯应邀为劳斯莱斯汽车公司设计标志时,深深印在他脑海中的胜利女神像立刻使他产生创作灵感。于是一个两臂后伸、身带披纱的女神像飘然而至。她代表了静谧中的速度和强劲的动力,寓示劳斯莱斯轿车寂静平稳地行驶而又栩栩如生,宛如雅丽无比的女神自由自在地飞翔。

3. 梅赛德斯-奔驰——"三叉星"

梅赛德斯-奔驰车标,随着奔驰汽车公司百余年的开拓发展而几经变化。奔驰车标如图 3-30 所示,为圆环内一颗三叉星,形似汽车的转向盘,表示奔驰汽车在地球上任意驰骋。奔驰的三角星徽标,作为品质卓越、性能安全可靠的一种标志,早已家喻户晓,驰名世界。

图 3-29　劳斯莱斯"飞人"车标

4. 迈巴赫——两个 M 重合

迈巴赫轿车在德国人心中的地位最高,是豪华极致的代名词,是地位、身份和财富的象征。迈巴赫是世界上第一台四档机械式变速器和喷雾式化油器的发明人威尔海姆·迈巴赫的姓氏。具有传奇色彩的迈巴赫车标，如图 3-31 所示，由两个交叉的 M 嵌在一个球面三角形里组成。新的轿车仍将采用这个经典的标志，与前不同的仅仅是，以前两个 M 是 Maybach Motorenbau（迈巴赫汽车）的缩写，而现在两个 M 是 Maybach Manufaktur（迈巴赫制造）的缩写。

5. 大众——圆圈中的 3 个 V 字

大众车标如图 3-32 所示，是将德文大众单词的首字母 V 和 W 叠合后，镶嵌在一个大圆圈内，图案似 3 个 V 字，像是用中指和食指做出的 V 形，寓示着大众公司及其产品"必胜—必胜—必胜"。商标反映了大众汽车公司从 20 世纪 20 年代起就致力于开发生产造价低廉、实用和先进的小汽车。其商标简捷、鲜明，引人入胜，让人过目不忘。

图 3-30　奔驰车标

图 3-31　迈巴赫车标

图 3-32　大众车标

6. 奥迪——团结就是力量

奥迪车标如图 3-33 所示。车标为 4 个圆环环环相扣，4 个圆环分别代表 DKW、霍希、漫游者、奥迪 4 家公司，它们曾经是自行车、摩托车及小客车的生产厂家。在成立汽车联合公司时，公司就选择象征 4 家公司紧密联合的 4 环图案作为汽车的商标，象征兄弟 4 人手挽着手。半径相同的 4 个紧扣连环象征公司成员平等、互相协作的亲密关系和团结奋发向上的精神。

7. 保时捷——名马配名车

保时捷车标如图 3-34 所示，采用的是公司所在地斯图加特市的盾形市徽。中间的黑马表明这里早在 16 世纪就以盛产名马闻名，上面有 STUTTGART（斯图加特）字样。图案左上方和右下方是鹿角图案，告诉人们这里曾是狩猎场，金黄的底色则表示丰收在望的麦子，黑红相间的条纹分别代表肥沃的土地和人们的智慧，公司名称在上方最显眼的地方，该车标勾画出一幅美好的田园景色，象征着保时捷辉煌的过去和美好的未来。

8. 宾利——展翅的雄鹰

宾利的车标为一展翅的雄鹰，鹰的腹部有公司名称的第一个字母"B"，如图 3-35 所示。最早的宾利汽车使用侧身的飞鹰翅膀商标。"鹰"标志令人肃然起敬，让人感到自豪，凌空翱翔的雄鹰象征着宾利公司在全球范围内飞跃发展的能力。

图 3-33　奥迪车标

图 3-34　保时捷车标

图 3-35　宾利车标

9. 标致——站起的雄狮

法国标致汽车公司的商标是一只站着的雄狮,如图3-36所示。雄狮是标致家族的徽章,也是公司创建地蒙贝利亚尔省的省徽。标致的雄狮商标以简洁、明快、刚劲的线条,象征着今天更为完美、成熟的标致汽车。这一造型既突出力量又强调节奏,更富有当今时代的气息,寓示着标致汽车像雄狮一样威武、敏捷,永远保持旺盛的生命力。

10. 雪铁龙——荣耀的双人字齿轮

雪铁龙汽车以其创建人安东尼·雪铁龙的姓氏命名。由于雪铁龙汽车公司前身为雪铁龙齿轮公司,所以即以两对人字齿轮的齿形作为雪铁龙汽车公司的商标,如图3-37所示,象征着雪铁龙人密切合作、同心协力,朝着更高的目标攀登。

11. 雷诺——4维空间

雷诺汽车公司和汽车的商标是4重菱形图案,如图3-38所示。它象征着雷诺3兄弟和汽车工业融为一体,又象征雷诺汽车的刚劲有力,加工尺寸精确,且与众不同,寓意雷诺汽车能在无限(4维)的空间里竞争、生存和发展。

图3-36 标致车标　　　图3-37 雪铁龙车标　　　图3-38 雷诺车标

12. 法拉利——"不用扬鞭自奋蹄"

法拉利汽车公司的商标是一匹跃起的马,如图3-39所示。车标上部的绿白红3色是意大利的国旗色,下部是法拉利的英文名。那匹腾空跃起的黑马,彪悍而有几分野性,寓意法拉利赛车向世界挑战及强大的生命力。

13. 菲亚特——遍行五大洲

菲亚特汽车股份有限公司是意大利最大的汽车公司,其前身是意大利都灵汽车厂(Fabbrecs Italiana Automobili di Torino)。创始人乔瓦尼·阿涅利将厂名中4个单词的首字母组成商标"F·I·A·T"。后来取消标点成为"FIAT",它的读音为"菲亚特",并统一成矩形字体由5条倾斜平行的图案组成,如图3-40所示。该公司还采用过5条斜杠的车标,就像飞机在天空中飞行时留下的轨迹,越飞越高,象征着该公司生产的汽车遍布世界五大洲。

14. 沃尔沃——滚动的车轮

沃尔沃集团名称"VOLVO",来源于拉丁文,意思是滚动向前,它的商标就是一个滚动的车轮上镶嵌着"VOLVO"字母,如图3-41所示。它寓意沃尔沃像历史的车轮滚滚向前。沃尔沃汽车的散热器罩上还有一根传统的斜线,"支撑"着矩形的散热器罩,似乎在告诉人们,它的安全毋庸置疑。

(三)亚洲车标精选

1. 丰田——不断占据地球空间

丰田汽车商标是由3个椭圆形的环组成的图案,如图3-42所示。图中每个椭圆都是以

图 3-39　法拉利车标　　　　　图 3-40　菲亚特车标　　　　　图 3-41　沃尔沃车标

两点为焦点绘制成的曲线的组合，它象征着用户的心与汽车厂家的心是连在一起的，具有相互信赖感。一个纵向和一个横向椭圆交错，构成一个 T 字，即"丰田"英文 Toyota 的第一个字母，代表着丰田汽车公司。外边的一个椭圆表示地球，中间的 T 字最大限度地占据了椭圆的空间，充分反映了丰田公司要把自己的技术、产品推向全世界的强烈愿望；椭圆形与 T 字精密配合，象征着丰田汽车公司对未来的信心和雄心；还象征着丰田汽车公司立足顾客，对顾客负责；3 个外形近似的椭圆巧妙组合在一起，使图案具有空间感，让人感觉到温雅、柔和、亲切，表示了丰田汽车的质量圆满、经营圆满、服务圆满。

2. 雷克萨斯——驰骋世界

20 世纪 90 年代，丰田汽车公司推出凌志牌高级轿车，它像一匹黑马，以与众不同的风格跃入人们的眼帘，以不同凡响的 L 商标标新立异，如图 3-43 所示。2005 年，"凌志"商标正式更名为"雷克萨斯"，因为雷克萨斯的英文名"Lexus"发音在英文中能使人联想到"豪华"之意。雷克萨斯商标由图形商标和文字两部分组成，它的图形商标不是采用常见的 3 个椭圆相互嵌套形式，而是在一个椭圆中镶嵌英文"Lexus"的第一个大写字母 L，椭圆代表着地球，表示雷克萨斯轿车遍布全世界。该标志被镶在散热器的正中央，车尾标有文字商标"Lexus"，寓意该车驰骋在世界各地的道路上。

3. 本田——三弦音箱

"本田"车名取自本田汽车公司创始人本田宗一郎的姓氏。在 20 世纪 80 年代，本田汽车公司从来自世界各地的 2500 多件设计稿中，确定了现在的三弦音箱式商标，也就是带框的 H，如图 3-44 所示。图案中的 H 是"本田"拼音 HONDA 的第一个字母。这个标志体现出技术创新、职工完美和经营坚实的特点，同时还有紧张感和可以放松一下的轻松感。

图 3-42　丰田车标　　　　　图 3-43　雷克萨斯车标　　　　　图 3-44　本田车标

4. 皇冠——唯我独尊

日本丰田皇冠轿车商标是一顶象征王位的皇冠，如图 3-45 所示。文字商标 CROWN 的英文意思是皇冠。该车商标简明、易读、易识，是日本国产车的王者。它寓意皇冠轿车在日本及世界的地位，高贵而唯我独尊。

5. 日产——太阳上的汽车

日产车标如图3-46所示。简洁明了的红色圆表示太阳，中间的蓝色长方形及其上白色的字是"日产"拼音的拼写形式，整个图案是将写有NISSAN的蓝色横幅放在一个火红的太阳上。太阳又是日本国旗图样，红色图形象征着"东方的旭日与诚心"，蓝色贯穿红色的太阳象征着天空，红日和蓝天合起来象征着日产公司的事业蒸蒸日上。日产的日语读音近似"尼桑"，所以也被音译为"尼桑"。

6. 马自达——不吃草的"骏马"

马自达汽车公司标志采用的是椭圆中一个特殊的字母"M"，如图3-47所示。艺术的"M"像一双腾飞的翅膀，象征着马自达要展翅高飞，不断实现技术突破，以无穷的创意和真诚的服务，追求持续增长和进步的未来。"M"是马自达英文拼写MAZAD第一个字母，"马自达"的中文译名具有"马上自动到达"的快速之意。作为转子发动机的执着者，马自达汽车在世界赛道上奋勇前进，正是马不停蹄而殊荣自然达成。

图3-45　皇冠车标

图3-46　日产车标

图3-47　马自达车标

7. 三菱——3颗菱形钻石

三菱汽车的标志是菱形钻石，如图3-48所示。钻石是晶体结构中最完美的组合，而菱形是钻石切割技艺的巅峰。日本三菱汽车以3颗菱形钻石为标志，彰显其蕴含在雅致的单纯性中的深邃灿烂光华——菱钻式的造车艺术，精密而完美。以3颗菱钻作为商标还喻示三菱的创业精神，即"承担对社会的共同责任，诚实与公平，以及通过贸易促进国际谅解与合作"，并让这种创业精神与理念，传诸久远，永续经营。

8. 五十铃——擎天玉柱

五十铃汽车商标采用双柱形图案，如图3-49所示。图案中的左边那根柱子象征"与广大用户紧密结合、奋发向上的五十铃公司"，右边那根柱子象征着"与世界各国合作发展的五十铃公司"，喻示五十铃汽车在广大用户和各国协作公司的支持下将成为世界汽车工业的擎天玉柱。

9. 现代——奔向全球

现代汽车公司的标志是在椭圆中有一个斜花体字母H，是现代汽车公司英文名（Hyundai Motor Company）第一个单词的首字母，如图3-50所示。现代汽车公司的标志，首先体现了"2000年在世界上腾飞的现代汽车公司"这一概念，其次还象征现代汽车公司在和谐与稳定中发展。标志中的椭圆既代表汽车的转向盘，又代表着地球，与其间的H结合在一起恰好表示了现代汽车遍布全世界的意思。

图 3-48　三菱车标　　　　　图 3-49　五十铃车标　　　　　图 3-50　现代车标

值得注意的是，现代汽车公司商标（斜花体字母"H"）不同于日本的本田汽车商标（正体"H"）。汽车商标安装在汽车散热器格栅上，表示车名的文字商标标注在车尾。

10. 解放——永争第一

解放牌汽车是中国一汽生产的品牌车，其商标图形是将阿拉伯数字"1"和汉字"汽"巧妙布置，构成一幅雄鹰展翅的图案，如图 3-51 所示。该图形表示中国第一汽车集团是我国汽车工业腾飞的翅膀，喻示中华民族汽车业将屹立于世界强国之林。它既代表不断进取、展翅高飞的中国一汽精神，又表达出中国汽车工业冲出国门、走向世界的决心。

图 3-51　解放车标

11. 红旗——永远飘扬

"红旗"是中国轿车第一品牌。红旗轿车车标包括前车标、后车标和侧车标。前车标是一面红旗，红旗图形商标立在发动机盖的前端。"红旗"是对中华民族最古老的两个部落"龙-凤"图腾的简化。旗杆象征着"龙"；旗面象征着"凤"。龙凤结合，就是团结、统一、伟大的中华民族。腾飞的龙凤代表着东方巨龙的觉醒和美好的未来，红旗充分体现出热情、直率、大度和充满活力的中华民族风格，表现了中华民族团结向上、不怕艰险、奋力拼搏的精神。后车标是"红旗"两个汉字，是借用的毛泽东主席为 1958 年 5 月创刊的《红旗》杂志的封面题字。侧车标是镶嵌在翼子板一侧的小红旗。

另一商标是在椭圆中有一带羽毛的"1"，表示"中国第一汽车集团"，该商标镶嵌在散热器的正中；文字"红旗"商标则标注在车尾，如图 3-52 所示。这一商标以"第一"的"一"字形为依托，将代表全球的椭圆与"1"字形有机结合起来，构成简洁、流畅、活泼的造型，强调"第一"的品牌名称及其意义。

12. 东风——双燕环球

东风汽车公司（原第二汽车制造厂）的东风车标，如图 3-53 所示，以艺术变形手法，取燕子凌空飞翔时的剪形尾羽作为图案基础，采用了夸张的表现手法，主要含意是双燕舞东风。它格调新颖，寓意深远，使人自然联想到东风送暖，春光明媚，神州大地生机盎然，给人以启迪，给人以力量。二汽的"二"字寓意于双燕之中，戏跃欢飞的春燕，外圆代表车轮，象征着东风牌汽车车轮不停地旋转奔驰在祖国大地，并致力冲出亚洲、奔向世界。

13. 奇瑞——特别吉祥

"奇"，有特别的意思；"瑞"，有吉祥的意思，合起来就是特别吉祥。2013 年 4 月 16 日，奇瑞汽车有限公司正式启用代表全新奇瑞品牌形象的新车标，如图 3-54 所示。奇瑞新 Logo 以一个循环椭圆为主题，由"C""A""C" 3 个字母组成的一种艺术化变形，是 Chery Automobile Company 的缩写。中间镶有钻石状立体三角形，代表奇瑞汽车对品质的苛求，并以打造钻石般的品质为企业坚持的目标；蓬勃向上的人字形支撑，则代表了奇瑞汽车执着创新、积极乐观、乐于分享的向上能量，支撑起品质、技术、国际化的奇瑞汽车不断前行，同时人字形代表字母 A，喻示奇瑞汽车追求卓越和领先的决心和激情。新车标升级成循环椭圆，喻示奇瑞汽车从初期的快速发展，到专注技术、注重品质、依靠科学体系和国际标准流程的战略转型，正在走上追求品牌、品质和效益的理性发展之路。主色调银色代表着质感、科技和未来。

图 3-52　红旗车标

图 3-53　东风车标

图 3-54　奇瑞新车标

14. 吉利——高飞的神鸟

吉利汽车的车标造型以椭圆形为基本图形构架，并在开口的椭圆中融入抽象的"G"字，像一只展翅欲飞的神鸟。椭圆作为几何图案中兼具固态与灵动变化的图案，既预示着吉利的事业稳如磐石，在风雨中屹立不倒，又意味着吉利汽车在坚守宗旨的同时不断改革创新。

字母"G"，一方面代表吉利汽车 GEELY 的缩写；另一方面，G 更像一只具有神秘色彩的神鸟，以傲起之势雄视全球，寄托了吉利公司的美好愿景，展现了翱翔天际的凌云壮志。椭圆形状呈掎角之势，寓意吉利忠诚、顽强、勤奋和使命感。两种寓意浑然一体、相得益彰，表达和谐、奋斗、自主之精髓，传递美好灿烂之愿景，代表吉利有信心、有能力通过自己艰苦卓绝的拼搏和市场竞争洗礼，一定会屹立在世界的东方，笑傲五洲，如图 3-55 所示。

15. 长安——长治久安

长安车标如图 3-56 所示。图形以天体运动轨迹——椭圆为基础，捕捉"长安"汉语拼音"CHANG AN"中"C""A"两个关键发音字母作为其造型设计的基本元素，经过抽象、组合、变形而构成一个永恒运行的天体、一个攀升的箭头、一个精致的转向盘，又如一辆轻巧的汽车奔行于阡陌纵横的公路上；英文标准字"CHANA"是"长安"汉语拼音"CHANG AN"的高度凝练，标志字体是在黑体字基础上经过修饰、设计和手工绘制而成的，其造型稳重、遒劲、优美，与标志图形一脉相承，最能和谐地表达出长安汽车的品牌特征。

图 3-55　吉利车标

图 3-56　长安车标

16. 比亚迪——成就梦想

比亚迪汽车最早的标志由椭圆和 B、Y、D 字母组成。BYD 是英文 "Build Your Dreams" 的简称，中文意思是"成就梦想"。比亚迪的梦想是打造中国民族汽车品牌。

比亚迪 2021 年发布的全新车标在设计上有着很大的变化，取消了椭圆形的外壳，将 B、Y、D 这 3 个字母扁平化，其中，字母"B"和"D"的左侧都是开放的状态，造型更优美，3 个字母的颜色由原来的红色设计变为由银色到黑色渐变的设计，其质感更强，标志整体更具有科技感、现代感，如图 3-57 所示。

图 3-57 比亚迪车标

二、车标与吉祥物艺术

汽车标志是一种传播符号，它可以将汽车品牌形象与名称视觉化、艺术化，并通过其设计与造型传达出企业文化、精神与追求。一个成功的汽车标志会给人留下美好的印象和启示，让人过目不忘。

汽车吉祥物是一种汽车文化的象征，大多由象征速度、平安、吉祥的动物或人物象形组成，表达人们对美好生活的追求和向往。

（一）汽车标志造型艺术

1. 中国车企"征标"创世界纪录

据报道，中国吉利汽车公司于 2007 年 1 月 9 日启动全球征集新车标活动，得到社会各界的广泛关注和热情参与，至当年 8 月 7 日，该组委会共收到海内外有效稿件 12205 份，来自全球 100 多个国家和地区，创下了企业"征标"的世界纪录。最终，来自安徽大学艺术学院的岳贤德设计的车标脱颖而出，赢得金奖，成为代表吉利新形象的新车标，如图 3-58 所示。

2. 汽车标志表现形式

汽车标志按其表现形式可分为具象型、抽象型、文字型和综合型。具象型标志是对自然景物、动植物及人物的具体形象进行简化而成的标志形象。抽象型标志是从具体事物中抽取出来的相对独立的以各种几何图形组成的标志形象。文字型标志是以中文、外文及数字加以装饰或变体而形成的标志形象。综合型标志是综合运用上述 3 种手法的标志，其鲜明、生动的标志形象，更具有可识性和艺术性。车标按其整体造型不同有方形、圆形、椭圆形、盾牌形、三角形、菱形及其他形，其色彩则有单色、双色和多色，以单色居多。

图 3-58 吉利新车标

（1）**具象型** 多以凶猛和善于奔跑的动物为题材，如图 3-59 所示。以全身或头像方式体现，采用归纳、简化的手法处理，注重动势、气势和神态的表达。

（2）**抽象型** 多以圆形、三角形为主形，体现出稳定、向上、进取、转动的意象内涵，以及对称、节奏、韵律、运动和稳定的形式美感，如图 3-60 所示。

（3）**文字型** 通过对文字（英文字母或汉字）的变形组合，在保证文字易视的情况下，强化它的形式美感，表达它的美好含义，如图 3-61 所示。如大众的商标形似中指和食指做

a）标致　　　　　b）道奇　　　　　c）法拉利　　　　　d）美洲狮

图 3-59　具象型汽车标志

a）奔驰　　b）丰田　　c）三菱　　d）雷诺　　e）奥迪　　f）东风

图 3-60　抽象型汽车标志

a）福特　　b）现代　　c）大众　　d）雷克萨斯　　e）中华　　f）一汽

图 3-61　文字型汽车标志

出的 3 个 "V" 字，有很强的节奏与韵律美感，表示大众公司及其产品 "必胜—必胜—必胜" 的信念；福特的白兔形象，极具动感、活泼可爱。

（4）综合型　将图形与文字组合，使标志内的点线面组合更加和谐、理想与美观，有较全面的语义和丰富的形式变化，如图 3-62 所示。

a）宝马　　　b）阿尔法·罗密欧　　　c）捷豹　　　d）比亚迪

图 3-62　综合型汽车标志

（二）汽车吉祥物

汽车吉祥物是一种体现速度、魅力和优雅寓意的标志，被选用的肖像大部分是轻盈的女性和长着双翼的动物，它们使人们联想到一个美丽、快速、恬静的世界。第一批汽车吉祥物是装饰性的象征，豪华汽车的主人们把它们装在自己的车上，以体现个性化和寓意驯化经常不听他们使唤的汽车。随着仿效和普及，制造商们努力将吉祥物作为一种附加值与车辆一起出售。这种吉祥物由艺术家精心创作而成，每件都堪称是精美的艺术品。

劳斯莱斯的 "极乐精神" 人像表现的是一位优雅的女性，她伸长胳膊，衣服迎风飘扬，如图3-63a所示。西班牙汽车制造商希斯巴诺·苏莎在第一次世界大战后使用鹤作为汽车吉祥物，这个吉祥物将希斯巴诺·苏莎汽车与先进和现代联系在了一起，如图3-63b所示。英国汽车制造商捷豹的"跳跃者"是在1937年由公司老板威廉·里昂斯委托雕塑家F.戈登·克罗斯比设计的，这只"跃起的豹"模仿了汽车自身的动态形象，成为捷豹品牌的代名词，如图3-63c所示。

a) 劳斯莱斯的"极乐精神"人像

b) 希斯巴诺·苏莎汽车公司的鹤

c) 捷豹汽车的"跃起的豹"

图3-63 汽车吉祥物（一）

法国汽车制造商布加迪采用站立着的大象作为Type 41 Royale的吉祥物，以示对埃托里·布加迪之子雕刻师伦勃朗特·布加迪的缅怀之情，显示出这个家庭的骨肉亲情，如图3-64a所示。欧洲其他汽车制造商沿袭了相同的发展路线，例如德国豪华汽车制造商Horch则在汽车发动机罩上安装了一个长着双翼的圆球作为吉祥物。

a) 布加迪汽车公司的立象

b) 福特汽车的灰狗

c) 皮尔斯-箭头的弓箭手

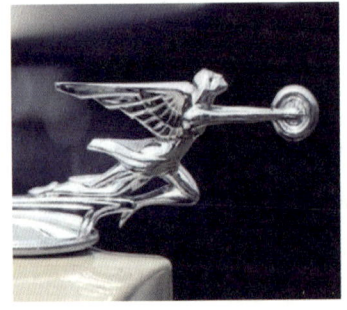
d) 帕卡德的推动车轮的女神

e) 克莱斯勒的小羚羊

f) 美国杜邦的"二鸟戏珠"

图3-64 汽车吉祥物（二）

第三章 展示品牌的舞台

美国的福特汽车公司将飞奔的灰狗作为汽车吉祥物，象征速度、可靠与吉祥，如图3-64b所示。还有一些其他的汽车吉祥物，如皮尔斯-箭头的弓箭手（图3-64c）、雪佛兰的雄鹰、帕卡德的推动车轮的女神（图3-64d）、克莱斯勒的小羚羊（图3-64e）、林肯的跃起的猎狗、斯图兹的太阳神头像、美国杜邦的"二鸟戏珠"（图3-64f）等。然而，第二次世界大战后随着安全意识变得越来越重要，除极少数汽车外，吉祥物几乎从所有汽车上消失了。

思考题

1. 试列举生活中的事例，谈谈品牌的重要意义。
2. 除本章列举的汽车品牌外，再列举10个汽车品牌。
3. 奔驰汽车公司是由谁创办的？公司的全称叫什么？
4. "甲壳虫"汽车是由谁设计制造的，它有哪些品质特征？
5. 在汽车发展史上祖孙3代都是举世闻名的汽车设计大师，他们是谁？
6. 世界上第一辆属于普通老百姓的并以美国总统名字命名的车叫什么？
7. 美国有哪三大汽车公司？
8. 日本第一大汽车公司是哪个公司？其旗下拥有哪些品牌？
9. 目前中国有哪三大汽车集团？
10. 你所知道的目前我国民族自主品牌车有哪些？
11. 谈谈你对发展壮大我国民族自主品牌车的看法。
12. 什么是汽车标志？它一般装饰在什么地方？
13. 认识汽车标志有什么意义？举例说明你所喜爱的汽车标志的含义。

第四章 / **Chapter 4**

彰显魅力的艺术

扫码观看本
章相关视频

第四章 彰显魅力的艺术

汽车是典型的科学与艺术的结晶体,其外观和内饰的形态、图案、色彩、材质等方面无不体现出自身的艺术魅力。它不仅能满足人们日常使用的需求,还能满足人们精神审美的需求,更能彰显出汽车独特的风格和个性。形状各异、五光十色的汽车构成一道道亮丽的流动风景线,给人以美感,用无声的语言表达着汽车文化的内涵。

第一节 汽车外形的演变

早期的汽车只是满足"移动"的需要,汽车设计师们大多把精力用在汽车机械工程学的发展和革新上。当时,汽车的使用人群多为达官显贵,车辆装饰考究,但在外形上都较为简单,没有更多的造型艺术。20世纪前半期,汽车设计者们开始引入空气动力学、人体工程学以及产品造型美学等因素,着手从汽车外部造型上进行改进,力求让汽车能够从外形上满足人们的不同需求。后来,汽车外部造型从单一到多元,日渐丰富起来。但每个时期汽车造型有其产生的历史原因和自己的特点,在汽车发展史上都占有一席之地。如今,汽车造型技术已是汽车的核心技术之一,也是塑造汽车品牌形象的关键因素。

一、"无马的马车"

最早出现的汽车,其车身造型基本上沿用马车的形式,因此称为"无马的马车",英文名 Sedan 就是指欧洲贵族乘用的一种豪华马车。

从德国工程师卡尔·本茨的三轮车(参见图1-40),到戈特利布·戴姆勒的四轮车,以及法国的标致汽车(图4-1),马车形汽车的造型,多是敞篷或活动布蓬样式,没有车身,主要由辐式车轮和座椅组成,零件暴露,外形简陋,后期出现了轮罩和较为豪华的装饰,才有了一些艺术感。

二、"扛着"箱子的车

美国福特汽车公司在1915年生产出一种不同于马车形的汽车,其外形特点很像一只大箱子,并装有门和窗,人们称这类车为"箱形汽车",如图4-2所示,至1927年共生产了该类车1500万辆。

图4-1 1892年的标致汽车

图4-2 福特汽车公司的"箱形汽车"

之后，为追求舒适性，出现了箱形车身，其车身已有车门和车窗，发动机前置并有一个外罩漂亮的发动机舱，零部件被遮盖，造型显得整体、简洁、美观。材质、色彩和图案的运用已成为车身装饰的方式。图4-2所示为福特公司生产的箱形汽车。1927年，美国通用汽车公司建立"艺术与色彩"部，哈里·厄尔出任主管，成为最早的汽车造型设计部门，汽车造型设计正式成为汽车设计的组成部分。

三、酷似"甲壳虫"的车

20世纪20年代，随着汽车的不断普及和空气动力学的发展，箱形汽车逐渐被淘汰。1934年，美国克莱斯勒汽车公司推出著名的"气流型"轿车，如图4-3所示。该车发动机罩前部圆滑倾斜，前后翼板与车身紧贴，前照灯、备胎等隐入车身内，前风窗玻璃分成向侧面倾斜的左右两块，这种圆滑的造型被称为流线型，影响至今。

其中，由费迪南·波尔舍主持开发的、酷似甲壳虫的汽车——大众"甲壳虫"轿车驰名全球，如图4-4所示。该车的造型极具特色，总产量超过2000万辆。

图4-3 1934年的克莱斯勒"气流型"轿车　　　图4-4 大众"甲壳虫"轿车

流线型汽车的外壳圆滑光顺、线条流畅，不仅空气阻力小，而且整体造型更加简洁、美观，这种仿有机体的造型更具亲和力、运动感和艺术性。金属材质和色彩的运用，强化了艺术效果。流线型设计在20世纪30~50年代形成一种风格，影响了整个设计领域。

四、陆地上行驶的"船"

1949年，美国设计大师雷蒙娄威推出的斯蒂贝克轿车的造型是一项划时代的创举。该车的客舱前移，位于发动机和行李舱的中间，形成明显的3部分。因为这种汽车的车身造型颇像一只小船，故人们称它为"船形汽车"，它也是现代三厢式轿车的始祖，如图4-5所示。船形汽车不论从外形上还是从性能上来看，都优于"甲壳虫"汽车，并且还较好地解决了"甲壳虫"汽车对横向风不稳定的问题。

图4-5 斯蒂贝克轿车——三厢式的首创者和1956年的凯迪拉克轿车

船形汽车的造型，其中部隆起、首尾低平，前后形态基本对称，体量均衡、比例匀称，给人以庄重、平稳的感觉。从20世纪50年代至今，船形汽车已成为世界上数量最多的一种车型。

五、空气中游弋的"鱼"

为克服船形汽车的尾部过分向后伸出，并在汽车高速行驶时会产生较强的空气涡流阻力这一缺陷，人们又开发出像鱼的脊背的鱼形汽车。1952年，美国通用汽车公司的别克牌轿车开创了鱼形汽车的时代，典型车型有1961年的阿斯顿·马丁DB4 GT Zagato，如图4-6所示。

图4-6　1961年的阿斯顿·马丁DB4 GT Zagato

如果仅仅从汽车背部形状来看，鱼形汽车和"甲壳虫"汽车是很相似的。但如果仔细观察，会发现鱼形汽车的背部和地面所成的角度比较小，尾部较长，围绕车身的气流也就较为平顺些，所以涡流阻力也相对较小。另外，鱼形汽车是由船形汽车演变而来的，因而基本上保留着船形汽车的长处，诸如车室宽大、视野开阔、车身侧面的形状阻力较小等，这些都远远地超过"甲壳虫"汽车的性能。同时鱼形汽车也存在着一些致命的弱点：一是由于鱼形汽车的后窗玻璃倾斜得过于厉害，致使玻璃的表面积增大1~2倍，强度有所下降，产生了一些结构上的缺陷；二是当汽车高速行驶时汽车的升力较大。为克服升力较大的缺点，人们在鱼形汽车的尾部安上一只翘翘的鸭尾以克服一部分升力，这便是"鱼形鸭尾式"车型。

鱼形汽车的形态较船形汽车简洁，表面更加光滑平整，线条更加流畅，造型更具有动感，室内空间增大，乘坐更为舒适。

六、如"斧"状的车

"鱼形鸭尾式"车型虽然部分克服了汽车高速行驶时空气的升力，但未从根本上解决鱼形汽车的升力问题。第二次世界大战后，美国、欧洲、日本都大力兴建高速公路，使适于高速行驶的跑车的品种和产量迅速增加。研究表明，减少汽车头部侧视投影的面积，同时增加尾部侧视投影的面积，不但空气阻力较小，还可以提高汽车的稳定性，这就是楔形造型。而其侧面的形状则如同"斧"状。

第一次按楔形设计的汽车是1963年的司蒂倍克·阿本提设计的阿本提汽车，这辆汽车在汽车外形设计上得到了专家极高的评价。1968年，通用汽车公司的奥兹莫比尔·托罗纳多改进和发展了楔形汽车，1968年又为凯迪拉克高级轿车埃尔多所采用。后来，楔形造型主要在赛车上得到广泛应用。因为赛车首先考虑空气动力学等问题对汽车的影响，车身可以完全按楔形制造，而把乘坐的舒适性作为次要问题考虑。例如，20世纪80年代意大利的法拉利跑车，就是典型的楔形造型，如图4-7所示。

楔形汽车的造型，不仅气动性能好，而且形态简练、线条流畅，前低后高的楔形极具动感，符合现代人们对速度感和简洁形式的审美追求。

七、会转弯的"子弹头"

汽车外形发展到楔形以后，升力问题得到了很好的解决。不过人们对技术和美观的追求是无止境的，于是人们又从改变轿车的基本概念上做起了文章。之后，一种新型的多用途轿车——MPV问世。由于这种车的造型酷似子弹头，因此在我国俗称为"子弹头"形汽车，如图4-8所示。在外国，消费者将其称为"蛋形造型"汽车。

图4-7　意大利法拉利512超级跑车　　　　图4-8　道奇卡拉万"子弹头"形多用途轿车

进入20世纪80年代，克莱斯勒汽车公司道奇分部和顺风分部率先推出"商队"和"航海家"子弹头形轿车。随后，通用、福特、丰田、雷诺和戴姆勒-奔驰等汽车公司也先后推出自己的子弹头形轿车。子弹头形轿车的车身造型一改轿车传统的二厢式和三厢式结构概念，在小型客车车型概念的基础上进一步延伸发展，使之成为既有轿车的造型风格、操纵性能和乘坐感觉等特性，又具有小型客车不具备的多乘客和大空间的优点，成为集商务、家用和旅游休闲等功能为一体的多用途车。

子弹头形汽车的造型，整体形态简练，外形圆滑，风阻系数小，线条流畅，动感性强，具有鲜明的时代气息和时尚风格，子弹头形轿车一问世就受到消费者的青睐。

纵观汽车造型的发展，可以看出其一直是在围绕着"高速、安全、舒适地行驶"这一主题进行的，其造型越来越注重艺术性和文化性。一部汽车造型的发展史，不仅是人类追求汽车性能不断提高的奋斗史，也是人类设计风格和时代文化精神的发展史。当今汽车造型的发展潮流趋向于多样化和个性化，未来的汽车造型仍具有无限的想象空间。

第二节　造型元素的审美

一、汽车形态赏析

汽车形态不仅体现出汽车的功能、用途，还体现出汽车的个性、时代特征和品牌内涵。

汽车形态与发动机技术及布置方式、汽车整体布置方式、内部构造、车身材料与工艺、空气动力学和人机工程学等有着密切关系，外形受到它们的影响或制约。同时外部形态设计还受到地域文化、品牌文化、时代审美、其他艺术形式和设计师风格的影响。

第四章 彰显魅力的艺术

在汽车造型中，仿生设计自觉不自觉地被设计师所运用，有些是神态仿生，有些是形态仿生，有些则是神形兼备。如有似鹿的矫健，如熊猫的憨态；还有如雁的轻盈，似虎豹的威猛等，如图4-9所示，这些源于动物的设计灵感给人以启迪和无限的遐想。

图 4-9 汽车造型对动物的模仿

汽车的形态包括整车外形和局部的前脸、后脸、车身侧面、顶面、车窗面、风栅口、车灯、保险杠、后视镜、门把手等，还包括内室的仪表台、转向盘、座椅、门内护板、手柄、按钮等部件的形态。这些形态通过线条、块面、形体元素的组合展现出各自的形态、面貌与风格，如图4-10、图4-11所示为外部和内饰各异的形态。

图 4-10 外部各异的形态

经过设计师塑造的汽车形态会在统一与变化、调和与对比、对称与均衡、稳定与轻巧、节奏与韵律、过渡与呼应、静感与动感等形式美方面体现自己的"身段"。

车身中的水平线表达平稳、安定、祥和之意；垂直线表现挺拔、庄重、坚毅之感；斜线透出倾向、速度、动态之美；曲线有轻松、灵动、柔美之情。水平面展现博大、稳定、辽阔之境；斜面传达滑动、升降、灵活之势；曲面有飘逸、灵动、优美之韵。趋方的形体庄重、坚硬、挺拔、富有力度；趋圆的形体表现柔和、富有弹性与动感；仿生形态有更强的活力与

图 4-11　内饰各异的形态

更近自然的亲和力。

  现代汽车造型技术和文化发展了几十年，已经形成比较完备的体系，纵观世界知名汽车品牌，无不基于明显的民族性而形成差异化的特征：德国人严谨的作风和务实的理念使德国轿车线条挺拔有力，造型传统严谨，科技含量较高，追求完美；意大利人运用艺术的灵感和对生活的激情，创造出意大利轿车奔放、洒脱、时尚的造型；法国人的艺术天分和自由平等的浪漫主义思想，造就了法国轿车线条简练、极富动感，体现出浪漫情调，并引领着世界汽车造型的潮流；美国人的激进以及对自由、宽松和舒适的追求，成就了美国轿车线条舒展流畅、强劲有力、宽敞舒适、设备齐全的豪华风格；英国人注重仪表、讲究礼节、习于保守，致使英国轿车造型优雅脱俗，充满了绅士贵族风度，表现为复古保守、精贵稀少；日本人和韩国人一向以工作认真和善于接受外来文化而见长，加上国土资源的限制，促使日韩的轿车兼具了欧美轿车的许多优点并越来越显示出自身的个性：轻巧、简洁、善变、紧凑、经济、细致。这些国度的汽车无不蕴含着深厚的民族精神和地域特色如图 4-12～图 4-16 所示。

图 4-12　德国轿车

图 4-13　意大利轿车和法国轿车

第四章 彰显魅力的艺术

图 4-14　美国轿车

图 4-15　英国轿车和韩国轿车

图 4-16　日本轿车

二、色彩的"语言"

1. 汽车外部色彩

每辆车都有一个主色调。也就是说,它会突出某一种色彩,使之占绝对优势,而其他各部分的色彩围绕着这个主色调进行变化,以体现出"多样统一"的装饰效果。

轿车大多数是单色的,但级别不同,其色彩也有差别。高级轿车常采用比较稳重的色彩,例如黑色、深蓝色、深灰色,中级及小排量轿车常采用较活泼的浅色,如淡蓝、淡绿、淡黄、灰白色等。当然,轿车色彩搭配也会运用对比的美学法则强化车身的色彩艺术效果。例如,在浅色车身上采用面积较小的饱和色会产生活跃的效果,在深色车身上采用镀金或镀铬的装饰件往往会有华美的感觉……

现代重型货车的色彩也紧跟国际流行色的趋势,外观色彩艳丽、时尚。多样的色彩不仅可以满足不同用户的需求,而且在公路上形成一道美丽的风景线。

中型货车和越野汽车因为用途较广，需能"耐脏"，故车身颜色一般不会太亮，在装饰上也力显简洁朴素，突出实用性。依据车身覆盖件的分块和不同材质，有些也是双色搭配。

客车由于大平面较多、体面转折比较简单，因此常划分为合适的形块，多采用双色，其中一色占主导地位。

军用汽车常常采用保护色（仿地表和植被的色彩）。特种车（工程车、维修车）多采用引人注目的鲜明对比色彩。

2. 汽车室内色彩

汽车室内色彩也有主色调，通常色彩偏向不同倾向和明度的灰色，这是由于室内是驾驶人工作的场所和乘客休息的地方，色彩搭配需要达到安静、柔和、协调、舒适的目的。例如，福特翼虎轿车的内饰以米黄色为主，配以少量的暗灰色，显得温馨、安静、明亮、整洁，给人以宽松、舒适的感觉；宝马新X5汽车内饰在以浅灰色色调为主和深灰色为辅搭配的同时，还选配了少量的胡桃木饰面和镀铬件，在保持车内明亮、整洁、沉稳的同时，还体现出汽车的豪华与典雅。

3. 汽车的"色"性

不同的车身色彩给人的视觉和心理感受是不同的。

银色最能展示出金属的质感，反映汽车材料的本质颜色，同时又不失优雅大方，是一款比较中性的颜色。在诸多颜色中，银色是最耐脏的。美国杜邦公司的调查结果显示，银色汽车最具人气，银色也最具运动感。

白色给人以纯洁、清新、明快、平和的感觉，容易与外界环境色协调。白色是膨胀色，容易使小型车显大。在日照时间较长、气候炎热的地区，白色也是不错的选择。

黑色给人以庄重、沉稳、高贵、典雅的感觉。黑色也是中间色，容易与外界环境色协调。黑色一直是公务车最受青睐的颜色，显得高档气派。但黑色车身却不耐脏，很薄的灰尘也比较明显。黑色也是吸热能力较强的颜色，在日照时间长、光线较强的地区不太适用。

红色给人以热烈、激情、跳跃、欢乐的感觉。红色是放大色，同样可以使小型车显大。高速公路上的红色跑车，在阳光下感觉如同一团火焰掠过，敏捷而富有活力。女性车和跑车或运动型车适合用红色。

蓝色给人以冷静、理智、安详和富有想象力的感觉，如同星球的深邃和大海的包容，显得平和而安静。蓝色车会给人留下沉着、冷静、可靠的印象。但蓝色不耐脏。

黄色给人以欢快、温暖、活泼的感觉。黄色是扩大色，在环境中很显眼，跑车和小型车均适合选用黄色。工程车之所以选用黄色，是便于人们发现它，也便于与其他汽车相区别。黄色车身较适合年轻人的需求。

绿色给人以自然、和谐和生机勃勃的感觉，是大自然中森林和草原的色彩，也是春天的色彩。绿色在人体视觉中是较舒适的颜色。绿色更多地适用于年轻人使用的小型车。

当今的汽车色彩，因市场的细分和车主日益张扬的个性发展，可谓是五彩缤纷，"色"味十足。

4. 车身图案

车身图案实际上是一种视觉传达的语言要素，其作用如同人们服饰中的图案一样重要。

第四章　彰显魅力的艺术

图案与文字、标志、色彩综合构成车身装饰方案。车身图案一般会体现出动感，并与车身形态要素协调，它们有抽象的也有具象的，有传统的也有现代的，有摄影效果的也有漫画形式的，总之以表达出特定的意图和展示出特有的视觉效果为目的。外观图案色彩一般较艳丽，内饰图案色彩一般较淡雅。

如图 4-17 所示，无图案的单色，给人以简洁、纯净、大气、高档的感觉；跑车正中间两条纵向的并行宽线，增添了速度与活力、强化节奏与韵律的形式美感，展现出现代与时尚；出租车上下按比例分块的图案有利于强化汽车外观的平稳性和速度感，配以标准颜色，共同展示出出租车特有的外观形象；现行警车通过专用徽记（以盾牌、"警察"、长城、橄榄枝、五角星等图案组成）、变化的线条和文字信息构成具有动感和时代感的外观图案，展示出威严、庄重、美观、大方、亲切的效果。轿车内饰图案通常以暗纹和淡雅为主，富有个性和品位的用户常通过选择不同图案的座套来装点自己的爱车，满足审美的喜好。有的喜欢朴素，有的喜欢华丽，有的喜欢卡通的童趣与可爱，有的喜欢抽象形式的简约与时尚等，如图 4-18 所示为各种轿车内饰（座套）图案。

图 4-17　汽车外观图案

图 4-18　各种汽车内饰（座套）图案

客车的外观图案主要在车身两侧，多以抽象的线与面分割侧面，图案整体呈前低后高之势，线条流畅，动感十足，配以亮丽的色彩，呈现出漂亮的外观，如图 4-19 所示。客车内饰图案有的饰以繁杂的花纹，以体现高档和豪华，有的饰以简洁的条纹，折射出内饰的高雅与现代，如图 4-20 所示。

图 4-19　客车外观图案

图 4-20　客车内饰图案

载货汽车的外观图案大多比较简单,有的是无图案的单色,有的是依车身结构分成上下两色的抽象图案,少数呈三色或更多色的复杂图案。主流图案多呈现抽象、简洁、大方、亮丽的风格,如图 4-21 所示。军车外观的迷彩图案,亲近自然,便于伪装,如图 4-22 所示。

图 4-21　载货汽车外观图案

图 4-22　军车迷彩图案

5. 车身彩绘艺术

彩绘不是纸上艺术的专利，浓墨重彩也可以用在汽车上，以描绘出绚烂多彩的图案。通过画面构思和各种艺术元素的结合，汽车的彩绘图案诠释着人们对美好生活的追求和热爱。车主们不仅可以装饰自己的爱车，还可以当起汽车"服装"设计师，过一把艺术家的瘾。花花绿绿、匠心独具的汽车彩绘作品，让人们大开眼界。车身彩绘不仅是绘画活动，而且还是很好的汽车宣传、促销活动，是当代汽车文化的组成部分。

鲜艳而多彩的花卉，体现出自然、静谧、祥和美好的生活；超大的英文，强对比的色调，折射出个性的张扬和生活的时尚，如图4-23所示；国画写意的花卉表现，展示出对中国文化的钟情和对中国画意境美的追求，坐在花丛中，身处画镜里，也反映出车主对纯洁和坚韧的品格追求，如图4-24所示；绚丽、多样、各具特色的彩绘，不仅满足了人们的多样喜好，而且大大强化了视觉效果，起到宣传和促销的作用，丰富着汽车文化和人们的生活，如图4-25所示；美国重型载货汽车司机由于长途驾驶的寂寞和对艺术与自由的追求，常常在重型载货汽车车身上浓墨重彩地绘制出自己喜欢的图案，常绘以美女、动物、风景等图案，如图4-26所示。

图 4-23　甲壳虫轿车的彩绘

图 4-24　雪铁龙轿车的彩绘

6. 材质

车身用材料极其广泛。金属材料有钢、铝、铜、锌等；非金属材料有塑料、橡胶、织物、玻璃、纸制品、石棉、人造革、沥青、木制品、密封粘接材料十大类。

不同的材料除了物理性能不同外，其材质的不同视觉效果和触觉效果还会给驾乘者带来不同的心理感受。例如，金属的冰冷感，皮革的舒适感，织物的亲切、柔和感，木料的自然、典雅感和不同材质的软硬感、轻重感、冷暖感，以及粗糙光滑感等。车身中运用的不同质地和肌理的材料，能使相应部件具有良好的视觉美感和触摸感，使驾驶人拥有舒适的操作、舒畅的心情。

图 4-25 跑车和轿车的彩绘

图 4-26 美国重型载货汽车的彩绘

第三节 概念车的魅力

一、概念车的含义

概念车由英文 Conception Car 意译而来。概念车不是即将投产的车型，它仅仅是向人们展示设计人员新颖、独特、超前的构思而已。概念车还处在创意、试验阶段，可能永远不会投产。

世界各大汽车公司都不惜斥巨资研制概念车，并在国际汽车展上纷纷亮相。一方面，可以了解消费者对概念车的反应，从而继续改进；另一方面，也是为了向公众展示本公司的技术实力，从而提高自身形象。概念车是汽车中内容最丰富、最深刻、最前卫、最能代表世界汽车科技发展潮流和设计水平的汽车。概念车的展示，是世界各大汽车公司展示其科技实力和设计理念的最重要的方式，因而概念车也是艺术性最强、最具吸引力的汽车。

通常概念车分为两种，一种是能跑的真正汽车，另一种是设计概念模型。第一种比较接近于批量生产,其先进技术已步入试验并逐步走向实用化,因而一般在 5 年内可成为公司投产的新产品。第二种汽车虽有更为超前的设计,但受环境、科研水平、成本等的制约,只代表未来发展的研究设想。

1. 概念车设计的目的

概念车设计的目的在于提高企业和商品的形象、声誉,增强产品的竞争力,推进高科技在生活和生产中的应用,创造舒适美好的环境,促进节能环保和综合利用,促进各学科的协作和技术的革新。

2. 概念车的价值

概念车具有很重要的价值,主要表现在:可以充分展示设计师的创造能力;可以告诉公众,他们购买的汽车将会怎样;可以考察公众的品位,看客户的反映;可以作为某些重大革新的教具;可以激励公司内部职员。

二、概念车的发展

1. 别克 Y-job

1927 年,美国通用汽车公司成立一个单独的部门来设计汽车造型,随后又正式称为"通用汽车艺术和色彩部",其首任主任是被称为美国汽车造型之父的哈利杰·厄尔(Harley Earl)。世界公认的第一辆概念车就是出自厄尔之手,即 1938 年推出的别克 Y-job,如图 4-27 所示,是以当时飞行业命名最先进飞机所用的字母 Y 来命名的。该车表面光洁、圆滑、流线型造型,极具动感和时尚性,体现出对科技和速度的追求。

2. 奥迪 Avus

1991 年,东京汽车展上出现的奥迪概念车,如图 4-28 所示,它给公众带来了很大的惊喜。其设计者是 J. 梅斯,这辆车是以一个 20 世纪 30 年代的柏林赛车道命名的。它的车体用磨光铝制成,车门为剪式。这辆流线型车向公众展示了 W 引擎结构,它由 12 个气缸排成 3 排,每排 4 个。6.0L 的发动机能产生超过 500 马力[⊖]的动力。3s 内奥迪 Avus 的时速可以提高到 100km,它的最高时速超过 200km。该车流畅的线条、光滑的车身、较小的车灯、风栅口与大面积的表面形成明显的对比,造型大气简约,开门方式独特。

图 4-27 别克 Y-job 概念车

图 4-28 1991 年,东京汽车展上出现的奥迪概念车

⊖ 1 马力 = 735.499W。

3. 雪铁龙 Survolt

这是一款紧凑级的小跑车，只提供两个座椅。雪铁龙概念车在造型上的设计非常大胆，各个部分的设计都很夸张。2010 年，日内瓦车展上的雪铁龙概念车，如图 4-29 所示。整体流线非常的优美，侧身造型颇具时代感，与车身形状完美契合，"肌肉"轮圈给新车增添几分力量感，而后扰流板的设计非常美观，"环绕"的尾灯造型设计也很有新意。此款车在 2010 年 3 月日内瓦车展上首发。

4. 奔驰 Silver Arrow

奔驰于 2011 年推出一款名为 Silver Arrow 的概念跑车，如图 4-30 所示，该车是为纪念奔驰公司成立 125 周年而打造的，出自美国卡尔斯巴德一家奔驰研究院的设计师之手。该车在美国好莱坞电影"Silver Lightning"（银色闪电）中担任"主角"。从外观来看，奔驰 Silver Arrow 概念跑车采用抽象派的设计语言，银色的车身与其 Silver Arrow 的英文命名极为相符。此外，该车的 4 个车轮采用非常规的设计方式，无轮毂的大尺寸车轮让该车可以应付任何路况。

图 4-29　2010 年，日内瓦车展上的雪铁龙概念车

图 4-30　2011 年，奔驰推出的概念跑车

5. 兰博基尼 Egoista

2013 年，兰博基尼为庆祝其品牌成立 50 周年（在 1963 年创立），在意大利正式发布旗下全新概念车 Egoista，如图 4-31 所示。兰博基尼 Egoista 概念车是一款运动化车型，采用非常独特的单座布局，追求的是极致的性能享受。Egoista 在意大利语中的意思是自私，因此比较贴合其非常独特的单座布局。这款概念车由大众集团首席设计师瓦尔特·德·席尔瓦亲自设计，其单座舱的设计灵感源于阿帕奇直升机；同时独特的外观也可以展现其另类的风格，其造型极为动感，新车的前脸会很容易让人联想起科幻电影中的太空战机，犀利的车身

图 4-31　2013 年，兰博基尼发布的概念车

线条和形似涡轮扇叶的设计都让 Egoista 具备了令人血脉偾张的视觉效果，立体感和层次感非常丰富。整车使用大量碳纤维材质。兰博基尼 Egoista 概念车被称为"陆地战斗机"，全球仅有一台，现被存入兰博基尼博物馆，成为又一经典。

6. 法拉利 Sergio

2013 年，日内瓦车展上，法拉利正式发布 Sergio 概念车，如图 4-32 所示。该车以纪念其已故创始人兼设计师——塞尔吉奥·宾尼法利纳（Sergio Pininfarina）。宾尼法利纳是著名的汽车设计师，曾经设计过诸多经典的车型，包括宾利的雅致、玛莎拉蒂的总裁等车型，而最有名的自然就是为法拉利设计的诸多车型，包括法拉利 328、360、P4/P5 以及 F40，均出自这位大师之手。全新的法拉利 Sergio 概念车引入诸多当年宾尼法利纳的经典设计，它的外形非常简洁和明朗，优美的车身比例展现宾尼法利纳的一贯作风，双侧开门的无顶棚式设计展现纯粹赛车的设计风格。其独特的隐形风窗玻璃技术可以实现虚拟的前风挡功能，让车型设计更加自由。

图 4-32　2013 年，日内瓦车展上的法拉利概念车

7. 丰田 FCV Plus 概念车

丰田 FCV Plus 主要用于展示其最先进的燃料电池技术。2015 年，东京车展上的丰田 FCV Plus 概念车如图 4-33 所示，该车拥有非常前卫的外观设计，采用四轮两门四座设计，车身上半部分几乎全部由透明材质构成，后轮隐藏在车身之中。内饰设计上，丰田 FCV Plus 走简约路线，摒弃传统环绕式中控台，取而代之的是矩形转向盘以及功能较为丰富的抬头显示器，造型新颖的同时增加了驾驶舒适性。

图 4-33　2015 年，东京车展上的丰田 FCV Plus 概念车

8. 美国 Terrafugia 公司的 TF-X 概念飞行车

2013 年，美国 Terrafugia 公司首次发布 TF-X 概念飞行车，如图 4-34 所示。这款车具备

图 4-34 美国 Terrafugia 公司首次发布的 TF-X 概念飞行车

自动起飞和着陆系统，可在陆地行驶，也可在空中飞行，可垂直起降。TF-X 概念车搭载了一套混合动力系统，由一台最大功率为 224kW 的发动机和两台最大总功率为 447kW 的电动机组成。在飞行模式下，该车可以达到 322km/h 的时速，续航里程超过 805km。美国 Terrafugia 公司于 2017 年 11 月被中国吉利控股集团全资收购。

9. 世界上第一辆 3D 打印车 Strati

美国 Local Motors 公司自 Rally Fighter 越野车发布之后，长期以来一直处于汽车定制的前沿。在 2015 年年底特律车展上，该公司成为创新的先驱者，首次推出世界首款 3D 打印汽车。

2015 年，北美车展上 Local Motors 公司展出的 Strati 世界首款 3D 打印汽车，由意大利设计师 Michele Anoè 设计，如图 4-35 所示。关于 Strati 车型的设计最初是从 200 多个征集的作品中选拔，并于 2014 年 5 月最终确定的。运用 3D 打印技术制造汽车，再配上无人驾驶技术，这也许是未来汽车的雏形。

10. 红旗 S9 超跑概念车

2019 年，法兰克福车展上，红旗发布了旗下 S9 全新超跑概念车，如图 4-36 所示。该车搭载一套基于涡轮增压 V8 发动机的混动系统，最大功率超过 1029kW，百公里加速时间为 1.9s，极速超过 400km/h。

图 4-35 2015 年，北美车展上的 3D 打印概念车

图 4-36 S9 全新超跑概念车

该车车身低矮，整体呈楔形，线条极具流动感，时尚前卫。车头中央的红旗条带式 Logo 贯穿整个机盖，鲜红闪亮。前照灯灯内造型类似于鹰隼的翅膀，富有犀利感。风道由车头前包围进入、贯穿前舱盖而出，与车尾部大尺寸尾翼相配合，更加优化空气动力学效应，增强高速行驶的稳定性。鸥翼式车门，方便进出，造型更显轻盈帅气。内饰采用大量碳纤维材质，使车身更加轻盈。方正的转向盘与仪表盘的一体化设计，是目前车型中少见的。

三、概念车鉴赏

概念车，这种介于设想与现实之间的汽车，感觉上比较飘渺，汽车设计师们往往利用概念车来展示自己独特、超前的构思，通常代表对未来汽车的梦想。概念车虽然处于试验阶段，但也揭示汽车产业未来发展的方向。各大国际汽车展是世界各大汽车厂商及汽车设计师们展示的舞台。

2016 年，北京车展上，Faraday Future ZERO1（简称 FF ZERO 1）概念车首发亮相，如图 4-37 所示。新车整体观感非常科幻前卫，前脸中间线条称为 UFO 线，是一款科幻感十足的电动超级跑车。FF ZERO 1 外形有着非常强烈的未来感，整体造型低矮修长，采用单座布局，由电动机驱动。FF ZERO 1 在车头处采用贯穿式的 LED 灯组，视觉效果突出，前发动机盖上的 "FF" 标志代表其品牌身份。车顶由一整块玻璃制成，而在车身尾部则配备一块竖直的透明扰流板。车身采用大量的碳纤维材料以及复合材料进行打造，这使其整车轻量化效果更加出色。FF ZERO 1 充分利用空气动力学原理，将车头空气一部分引入车内为电池组冷却，一部分导出车外以降低空气阻力。气泡式的座舱盖可整体开启，内部能容纳一名驾驶人。该车的转向盘中间可嵌入一台智能手机，并在驾驶时提供相关信息。概念车车型的仪表盘还能收集有关驾驶人的生理数据，然后对其驾驶状态做出一个正确的判断，必要时发出警示。在动力上，FF ZERO 1 由 4 台电动机驱动，最大功率超过 735kW（1000 马力），百公里加速时间不到 3s，最高时速 320km/h。"可变平台架构"（Variable Platform Architecture）具有灵活变化轴距与电动机数目的优势，同时支持自动驾驶技术。该公司还向美国专利局提交了 100 项专利申请。其公司团队前卫的设计理念和富有创造性的思维，都会成为 Faraday Future 核心的竞争实力。未来，FF ZERO 1 的量产车型将在美国内华达州的首座互联智能环保工厂制造。

图 4-37 2016 年，北京车展上的 FF ZERO 1

2016 年，日内瓦车展前夕的大众之夜上，大众汽车带来一款 Budd-e 概念车，如图 4-38

所示。这是一款微型商用车,新车采用纯电驱动。虽然是一款微型商用车,但此款全新概念车的前脸造型别致且新颖时尚。进气格栅在采用新型样式的同时注入 LED 光源,并将两侧的前照灯囊括到格栅之中。大众品牌 Logo 看起来能发光,所以显得非常科幻。前脸两侧融入颇具夸张力的行车灯,车顶上方安置一块巨大的太阳能电池板。作为"通往未来的大门",车门可以通过触摸或者手势控制进行开关。新车搭载一套智能语音识别系统,比如对其命令"Hello Budd-e",语音系统便会开始工作。语音系统不仅可以对空调等进行操作,还可以与车内的智能系统和智能家居相连。该车采用最新锂离子电池技术,其续航里程在满电状态下可达到 600km,最高速度为 150km/h,半小时内即可充满 80%电量。未来,面包车将朝着人性化、智能化的方向发展,让用车人的生活变得更为便捷开心。

图 4-38　2016 年,日内瓦车展上的大众 Budd-e 概念车

2016 年,日内瓦车展中雪铁龙展出 E-MEHARI 概念车,如图 4-39 所示。新车与时装品牌 Courreges 联合打造。新车采用热成型塑料车身结构,前脸表现雪铁龙最新风格设计,A 柱和 B 柱由 Courreges 打造。车身采用双门 4 座设计,搭配 5 辐花瓣形轮圈,轮圈采用撞色设计,符合其时尚可爱的定位。内饰方面,新车采用大面积皮质材质包裹,并且纯白和橙色组合非常清新。整体内饰设计比较简约,同时车内还有多处 Courreges 商标。行李舱内,还配备来自 Courreges 的箱包。新车搭载纯电动动力系统,最大续航里程为 200km。

图 4-39　2016 年,日内瓦车展上的雪铁龙 E-MEHARI 概念车

2016 年,北京车展上,乐视超级汽车展出其首款 LeSEE 概念车,如图 4-40 所示,展现未来交通生态概念。乐视的首款超级汽车定位超高端 D 级豪华互联网无人电动汽车,在性能上直指特斯拉(Tesla Motors)。其亮点在于:自动驾驶、智能互联、动态座椅、智能电磁充电、汽车分享以及先进的设计理念。动态前饰板与其说是传统的汽车前脸,更像是一块屏幕,根据车周围环境调整屏幕显示。车头方面,取消传统汽车的进气格栅,而是采用由

第四章 彰显魅力的艺术

LED 光带组成的大嘴样式。冷色系的车体颜色伴随视角转变，由凛冽的白色向轻柔的蓝色过渡，好似赋予该车生命一般。该概念车造型的设计灵感来自大自然的馈赠，光滑流畅车身线条来源于自然界的各种曲线，并经过顶级设计师的再创造，结合空气动力学，使得这款概念车呈现出无与伦比的完美体态。车辆内部呈现座舱前移的设计，重量分布更加均匀，内部空间更充足。当车辆处于自动驾驶（或驻车）状态时，驾乘者在车上通过触手可及的大屏

图 4-40　2016 年，北京车展上的乐视超级汽车 LeSEE 概念车

幕可以观看乐视的全部内容，包括体育、电影、电视剧、音乐会等。同时，所有的内容无缝衔接，甚至在电视上观看的内容，也可以在车上继续观看。LeSEE 的转向盘设计巧妙，当车辆进入自动驾驶模式时，转向盘会隐藏到前壁板下，以便给乘坐者带来最大更舒适的空间。当需要人工驾驶时，转向盘会像花瓣一样绽放。

奇瑞在 2016 年北京车展首次发布 FV 2030（Future Vision 2030）概念车，如图 4-41 所示。这款概念车展现奇瑞对未来汽车工业与技术发展的探索与展望，该车亮点包括无线充电、实时互联等。奇瑞 FV 2030 设计概念非常超前，整车科幻意味浓厚，流畅的车身设计令人赏心悦目，介于轿车与 SUV 之间的跨界造型动感强烈又富有力量感，鸥翼式车门造型前卫，极简内饰极富现代感。座舱内，概念车的人机交互屏幕可实现全息屏幕实时互联，并展现酷炫的 3D 效果。奇瑞发布的概念车融入对未来汽车产品设计的思考，既显示奇瑞在汽车研发领域的高科技元素，又展现未来奇瑞更为年轻、现代、时尚、多趣的设计理念。

图 4-41　奇瑞在 2016 年北京车展首次发布 FV 2030 概念车

在 2020 年北美 CES 展（国际消费类电子产品展览会）上，奔驰汽车公司首发了无人驾驶概念车 VISION AVTR，如图 4-42 所示。该车的设计灵感来源于《阿凡达》电影。车顶覆盖 33 片可多向移动的太阳能电池板，会像呼吸一样上下开合，这些"鳞片"可以让驾驶员通过它们与外界沟通，同时又能为车辆提供能量。该车还有特殊的球形轮子。受《阿凡达》"灵魂之树的种子"的启发，这些轮子可以侧向移动，甚至对角移动。

该车的转向盘被一个崭新的控制单元取代，把手放在上面，车辆会通过人的呼吸和心跳辨认车主身份，同时启动车辆。该车没有可见的按钮与开关，各种功能直接投射到驾驶人或乘客的身体或手上，实现通过手势操控。通过前后左右摇动控制单元，汽车就可以前进后退

或是转弯。T 型屏幕还能在车辆自动驾驶时显示 3D 画面。前排座椅的设计很像树叶吊床，头枕部分则由后排座椅直接延伸而成。该车的 4 个车轮都搭载了独立的发动机，综合功率超过 350kW。电池采用对环境无污染、不含稀土和重金属的可降解电池，15min 就能充满电，最高续航里程为 700km。

2021 年 4 月，在上海车展上，比亚迪正式发布 X-dream 概念车，如图 4-43 所示。该车采用全新设计理念，外观和内饰大气时尚，富有科技感。该车正面前脸配置六边形超大尺寸前中网，配合狭长的前照灯组拉伸前脸的宽度，提升了前脸的运动气息。侧面线条肌肉感十足，配合动感的轮廓和造型时尚的轮圈，彰显年轻时尚的运动视觉感受。汽车尾部造型较为平直，加上"中国结"形式的贯穿式尾灯，搭配大尺寸梯形牌照区，使尾部同样时尚前卫。运用"山水风光"的内饰设计理念，乘坐其中仿佛置身山水之间；内饰为蓝白配色，加上大尺寸悬浮液晶仪表及中控屏，并且车内无各种按键，透着浓浓的科技感。

图 4-42　奔驰无人驾驶概念车 VISION AVTR

图 4-43　比亚迪 X-dream 概念车

2021 年 9 月，上汽集团在上海世博会正式发布无人驾驶新能源概念车"鲲"，如图 4-44 所示。该概念车将生物智能交互、光合作用能源、全息影像交互等先进技术集于一身。

"鲲"概念车的外观设计基于富有浪漫主义色彩的鲲鹏意向，配合"鲲之眼"流水灯、"鲲之相"数字前脸、"鲲之心"光合作用能量板、"鲲之目"生物智能传感

图 4-44　上汽集团无人驾驶新能源概念车"鲲"

器、"鲲之息"自动驾驶模式指示灯、"鲲之翼"创新鸥翼门设计，以及天青色的外饰色彩主题，结合优良的气动性及空间的布局，在彰显生命力的同时体现了电动化带来的优势，配合具有未来科幻感的车身比例，展示未来出行时代的独特设计观。"鲲"为生物智能主动交互汽车，内室采用中式客厅设计理念，从气味、烟雾、假山、瀑布等着手，在"五感"上营造人在画中的中国美学意境。沉浸式数字座舱将人、车、环境相互融合，并且车内中央扶手处配有 Vision 全息影像，可记录行驶信息、显示导航及环境信息，乘客可通过全息操作来体验不同功能。

2021 年 10 月，电动汽车初创企业小鹏汽车在第 3 个年度科技日公布了第 6 代飞行汽车

概念效果图，如图 4-45 所示。这一电动飞行汽车设想为空陆两用，能折叠的双旋翼机构可将汽车转换为飞行器，配备用于陆地驾驶的转向盘和用于飞行的操纵杆，能实现陆行状态和飞行状态两种驾驶模式的切换。按设计思路，该车将采用碳纤维壳体车身，其他部件大多采用航空铝材、镁合金和特殊玻璃等材料，以期达到轻量化目标。同时，该车将设置环境感知系统，可以评估周围环境和天气状况，以确保安全起飞和降落。此外，其感知系统和飞行控制算法将帮助驾驶人在飞行过程中避开障碍物。

2022 年 8 月，东风汽车正式发布 M-Terrain、M-Terrain S 两款（2 门和 5 门）豪华电动越野概念车。东风猛士 M-Terrain 豪华电动越野概念车，如图 4-46 所示。两款概念车均采用雄浑设计理念，凸显产品的勇气、阳刚和血性等气质；其造型棱角分明、刚劲有力、威猛霸气、科幻前卫。全地形智能解决方案可以提供雪地、泥地、沙地、岩石、涉水 5 种越野驾驶模式，全方位满足车辆应对不同的越野路况要求。M-Terrain 还拥有东方鹰眼智能无人机系统、智能安防系统、L3 智能驾驶辅助系统等前卫科技。该车型纯电动版将会搭载功率为 800kW 的驱动电机，续航里程为 500km，百公里加速时间在 5s 之内；增程式混动版的驱动电机功率为 600kW，整体综合续航里程达到 800km，百公里加速时间在 6s 之内。拥有 4 轮独立空气悬架和 150mm 可调节行程，包括高达 105mm 的抬升行程。

图 4-45　小鹏汽车第 6 代飞行汽车概念效果图

图 4-46　东风猛士 M-Terrain 豪华电动越野概念车

2022 年 10 月，广汽集团欧洲研发中心暨广汽米兰前瞻设计中心在意大利米兰开始正式运营，首发全新概念跑车 Barchetta，如图 4-47 所示。该车通过超扁平的底盘和电池、超轻的整体车身、最小化的内部空间 3 个部分来构建 Barchetta 的效率和简洁。

图 4-47　广汽集团首发全新概念跑车 Barchetta

该车外形极为夸张，颇具未来气息。车身极低，车体宽大，车身前后左右均为镂空设计，内部为双座布局；大尺寸车轮宽出车身，半露在外，车轮采用多连杆式轮毂支撑，造型别致；车身四周呈大尺寸扰流板设计，以利于空气动力性能的优化。车内无人驻车时，车顶密闭，头枕和外后视镜收回，没有风窗玻璃和车窗，整个车顶轮廓呈现出一条光滑而流畅的曲线。车内有人乘坐时，车顶完全打开，外后视镜折叠翻出，座椅的头枕伸出车顶，好似两个飞机的垂尾，设计颇为新奇。

图 4-48 所示的几款概念车各有特点，其内涵不一一解释，请读者自行欣赏。

a) 梅赛德斯-奔驰Aria概念车

b) 标致Fracta概念车

c) 宝马Lovos概念车

d) 奥迪Urban Concept概念车

e) 奇瑞第3代"小蚂蚁"

f) 第5届"东风梦想车"大赛大奖获得者湖南大学"啊对对队"团队的SNOW STORM CONCEPT 概念车

g) 湖北汽车工业学院苏奥的spider概念车

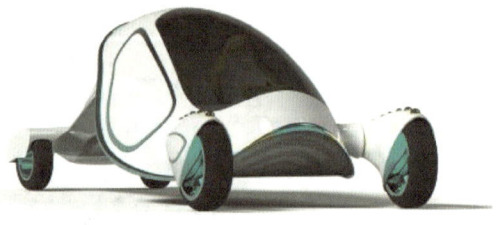
h) 湖北汽车工业学院赵志平、胡娟的"跃"

图 4-48　概念车图选

第四章 彰显魅力的艺术

第四节 车与艺术的联姻

一、汽车与广告艺术

汽车与广告艺术包括两个方面内容：一是汽车产品的广告艺术，简称汽车广告；二是汽车车身广告艺术，简称车身广告。

1. 汽车广告

汽车广告是汽车企业或经销商为了宣传汽车产品，通过艺术化的广告形式和适当的媒体，公开而广泛地向公众传递汽车信息的宣传手段，以期占领市场、提高经济效益。由此，产生了一系列高质量的汽车广告作品。

如图 4-49 所示，画面表现的是一把巨大的车钥匙，右下角有 Jeep 字样，是吉普汽车广告。有广告语："START UP A MOUNTAIN（开始爬山吧）"。将车钥匙的形状用山峰来表现，表示开动你的吉普车，就是"打通"崎岖山脉中的道路，突出吉普车的越野性能。

如图 4-50 所示，画面是巨大双层核桃，且外层破裂，内层完好，右下角有 VOLVO 字样，这是沃尔沃汽车广告。广告要表达什么意思呢？沃尔沃汽车公司创始人有句名言："车是给人驾驶的，无论做任何事情，保障安全都是沃尔沃始终坚持的基本原则。"这句话清晰地表达沃尔沃汽车注重安全的价值理念。双层核桃无比坚硬的外壳如同沃尔沃的车身，类似双保险，即使外在受损，内部依然完好。

如图 4-51 所示，画面是大大的汽车座椅以及围绕的围脖，广告词是"别克关怀总围绕"，

图 4-49　吉普汽车广告

图 4-50　沃尔沃汽车广告

图 4-51　别克轿车广告

这是别克轿车广告，意在传达客户买到的不只是一辆车，还有一系列的售后服务和对车主的关怀，这样的宣传语令人感到很温馨。

2. 车身广告

车身广告，顾名思义，是一种将汽车车身（含内部）作为广告承载媒体的广告宣传艺术形式。其特点是针对性强、流动性强、阅读率高、成本低。它可以在移动中"主动"地、多地点地、多角度地、多方位地、近距离地将广告信息传播给广大受众，达到广告的目的。作为一种特殊的户外广告形式，车身广告正以前所未有的速度迅猛发展。

车身广告不仅具有认知、审美的功能和符号作用，更是以空间尺度、新颖的图形、明艳协调的色彩唤起人们不同的情感体验，发挥丰富的美感作用，其直接的、高效的、价格低的广告效力，充分体现了车身广告的巨大优势。图4-52所示为部分车型车身外部与内部广告。

图4-52　部分车型车身外部与内部广告

二、汽车与摄影艺术

汽车与摄影的联姻，主要体现在两个方面：一方面是汽车成为摄影的一个对象，另一方面是摄影师利用汽车这种工具进行摄影。通常所说的汽车摄影主要是指以汽车为题材的摄影作品。

汽车摄影大致分为以下几种。汽车生活日记留念摄影如图4-53所示。汽车与风景摄影如图4-54所示。静态场景创意摄影，如图4-55所示。动态场景同步摄影，如图4-56所示。

三、汽车与邮票艺术

邮票是国家的"名片"，是邮资凭证，同时也是一种兼有实用和审美功能的艺术品。它是一个国家的政治、经济、文化、科学、历史、地理的"小型百科全书"。邮票通常由画家和设计师按照邮票艺术的特点和自身规律进行创作设计。

第四章　彰显魅力的艺术

a)　　　　　　　　　　　　　　　　　　b)

图 4-53　汽车生活日记留念摄影

图 4-54　汽车与风景摄影

a)　　　　　　　　　　　　　　　　　　b)

图 4-55　静态场景创意摄影

a)　　　　　　　　　　　　　　　　　　b)

图 4-56　动态场景同步摄影

103

汽车和邮票,同样都有着数百年的发展历程,也都有着深厚的文化底蕴。迄今为止,全世界有100多个国家和地区共发行5000多种汽车普、纪、特、航等品种邮票,以及小型张、小全张、小本票和极限明信片,为后人追觅车人传奇、车海钩沉、车标的来历、名人与汽车、汽车零部件发明史话、交通管理溯源,提供了一部彩色汽车历史知识小百科全书。相关汽车邮票如图4-57所示。

图4-57 相关汽车邮票

四、汽车与展示艺术

1. 汽车会展

汽车与会展相结合,利用实物、展板、展墙以及声、光、电等多媒体手段,配合汽车模特及艺术表演,全方位展示汽车的魅力和传播汽车及厂家的系列信息,达到交流、宣传和营销的目的。图4-58~图4-61所示为各类车展及车展文化活动。我国多地每年均举办规模不一、形式多样的汽车展览会,其中每年举办的北京国际汽车展览会、上海国际汽车工业展览会已经成为全球具有影响力的汽车展览会。

a)

b)

图4-58 2021第十九届上海国际汽车工业展览会展馆入口外观与展馆内部一角

2. 汽车艺术展

(1)上海大众玛卡汽车艺术展 2007年4月22—28日,上海国际车展期间,在城市集

第四章 彰显魅力的艺术

　　　　a)　　　　　　　　　　　　　　　b)　　　　　　　　　　　　　　　c)

图 4-59　车展上模特（一）

　　　　a)　　　　　　　　　　　　　　　b)　　　　　　　　　　　　　　　c)

图 4-60　车展上的模特（二）

　　　　　　　　a)　　　　　　　　　　　　　　　　　　　　b)

图 4-61　车展上的戏曲与舞蹈表演

悠久文化历史和现代时尚元素于一身的最具上海特色的新天地，大众汽车携手 3 位国内知名的新锐艺术家——赵半狄、季大纯、李晖，把艺术想象力和"绿色，科技，人文"的奥运主题引入大众汽车与公众的视野，点燃了"大众汽车奥运艺术展暨 2007 年玛卡汽车艺术展"的火炬，使大众汽车品牌通过与艺术的结合，可以更好地赋予产品生命力，给机械的东西增加更多的灵性。

105

1）熊猫的汽车乐园。熊猫元素作为国宝被引入大众汽车活动中，让人们感觉到熊猫与汽车的灵动。赵半狄亲自率领自己的熊猫团队入驻上海大众汽车公司，他让上海大众生产线上的工人装扮成熊猫的形象，摄录了工人生产的全过程，如图4-62所示。"熊猫"与上海大众的对话如同生态与工业的对话，让可持续性发展与驾驶乐趣相得益彰。可以说，这实际上是一场精彩的行为艺术，是关于汽车、关于环境保护、关于人文关怀的艺术行动。

图4-62 赵半狄"熊猫的汽车乐园"艺术活动剪影

2）汽车"新皮肤"。具备全球化视野的中国新锐艺术家季大纯，在创作中并不被传统的经典艺术所拘束，速腾汽车的全"新皮肤"就是源于他的心灵，处处体现着突破时代的印记。他运用自己独特的绘画语言，以奥运五环的颜色将整个大众速腾轿车的车身画满，为速腾轿车换上"新皮肤"，如图4-63所示。

3）甲壳虫与"鸟巢"。《琥珀》是艺术家李晖的代表作品。他延续展出《琥珀》的风格，用同样的材质把两个相同或毫不相干的物体融合在一起，充分调动人们的想象力。"鸟巢"是中国取得2008年奥运会主办权后开始建设的奥运标志性建筑，极具现代感的外观体现着上升的国力和全民的期盼，使每次路过"鸟巢"的李晖都感慨不已：那是一个未来的经典。李晖在大众汽车新甲壳虫汽车的内部嵌入"鸟巢"，如图4-64所示，使这个庞大的建筑被缩小后放入新甲壳虫汽车中，在流线型的交通工具里面，就像一粒宝石熠熠生辉——两种经典的叠加阐释了工业发展的力量，在时代进程的轮轴上，人类历史在科技的进步中不断前行。

（2）**汽车元素艺术展** 2007年7月13—15日，由山东省文化厅主办的现代汽车元素艺术创作展在济南展出，多家艺术院校参与，凝聚几十名艺术大师集体智慧的汽车零部件和雕塑作品，以汽车的整体形态、色彩感觉、部件造型、设计理念等作为切入点，创作出各类现代时尚的艺术作品，如图4-65所示。

第四章 彰显魅力的艺术

图 4-63 季大纯的汽车"新皮肤"作品

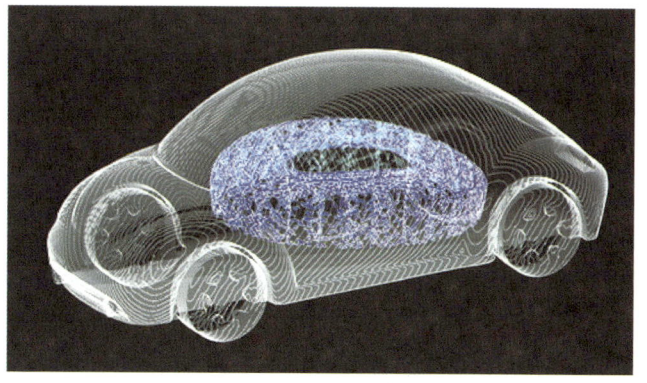
图 4-64 李晖的甲壳虫与"鸟巢"

a)

b)

图 4-65 汽车零部件和雕塑作品

（3）宝马艺术车及艺术展　近 40 年来，集艺术与创新技术于一体的 BMW 艺术车系列吸引了全世界的艺术、设计发烧友和汽车、科技爱好者。截至 2014 年，共有 17 辆 BMW 艺术车诞生并在世界各地的艺术博览会中展出，它们经由不同的著名艺术家精心设计，成为"流动的雕塑"，展现出速度与艺术的完美融合。宝马艺术车及艺术展已经成为宝马集团全球文化交流的重要元素和核心组成部分，如图 4-66 所示。

图 4-66 宝马艺术车

3. 汽车与其他门类艺术展

（1）**DS 中国当代艺术先锋展**　2013 年 11 月 23 日，法国标致-雪铁龙旗下高端品牌 DS

携手女神苏菲·玛索,联袂《艺术世界》杂志、上海当代艺术博物馆共同举办 DS 中国当代艺术先锋展,让艺术和汽车、想象力和控制力之间互相映衬。DS 把这次展览的主题定为"非同凡想",将向京、刘建华、陈可、王晖、徐文凯等数十组艺术家的雕塑、装置艺术、多媒体影像、各种展品和 DS 豪车汇聚在一起,体现了 DS 是一个颇具想象力与艺术水准的品牌,如图 4-67 所示。

(2) 上汽春夏英伦服饰展　2007 上海国际车展期间,上汽再次联手中国首位受邀在伦敦时装周进行作品发布的青年设计师——王巍,并在荣威展台首次发布其最新力作——2007 春夏英伦服饰系列,如图 4-68 所示,以另一种艺术形态,呈现出英伦高贵典雅的气质。

图 4-67　"非同凡想"DS 中国当代艺术先锋展一角

图 4-68　2007 春夏英伦服饰系列

(3) 大众汽车跨界艺术展　2020 年 3 月,大众汽车打造了一场主题为"型在创造"的艺术展,由 5 位艺术家针对 5 款大众汽车进行全新的创意表达,为人们呈现了一场别开生面的跨界汽车艺术展秀。其中,纸艺艺术家温绮雯的《型在璀璨》,融入了时间"虫洞"的概念、大众 CC 外形的剪影,以及城市和野外的剪影,重塑艺术的空间;当观众步入空间内部,若抬头仰视,能从天花板的镜面倒影中,看到隐约的"CC"字样的水印图形,如图 4-69 所示。前卫画家 MeeWONG(黄薇)的《型在澎湃》,以大众产品的澎湃动力为原点,打破空间的限制,以"水天一色""海洋和生物"为设计灵感,创造超现实主义的艺术空间。人们可以在其中一同体验海洋深邃的神秘感,如图 4-70 所示。

图 4-69　纸艺艺术家温绮雯的
《型在璀璨》

图 4-70　前卫画家 MeeWONG
(黄薇)的《型在澎湃》

(4) 汽车与动漫艺术节　动漫艺术节是目前人气较旺、影响较广的艺术盛会,深受青少年与儿童的喜爱。汽车已经与人们的生活息息相关,在其艺术作品表达中也常以动漫形象

第四章　彰显魅力的艺术

出现。将汽车与动漫结合，可以将娱乐性、艺术性、商业性集于一身，丰富人们的文化生活。活动内容主要有：汽车展、动漫车贴（"痛车"）展（见图4-71）、汽车动漫涂鸦、动漫汽车概念设计大赛、动漫赛车、汽车主题动画片展播、动漫角色真人秀、动漫模型和相关产品展览、汽车动漫文化艺术研讨会等（见图4-72）。

图4-71　丰田汽车推出的动漫《少女与战车》普锐斯"痛车"现场

图4-72　中国（十堰）首届汽车动漫文化艺术节活动

思考题

1. 汽车外形的发展经历了哪几个阶段？各阶段有哪些主要特征？
2. 汽车形态受到哪些因素影响？
3. 简析第二次世界大战后全球主要国家或地区汽车的不同造型风格？
4. 不同的车身色彩给人哪些不同的视觉和心理感受？
5. 汽车摄影作品有哪些类别？请举例说明。
6. 汽车标志有哪些主要表现形式？请举例说明。
7. 概念车设计的目的和作用是什么？选择你喜欢的5款概念车，并说明喜欢它们的理由。
8. 汽车车身广告有哪些特点？
9. 客车车身外观图案一般有什么特点？
10. 目前，汽车与展示艺术结合的活动有哪些主要类别？

第五章 / Chapter 5

车路协同谱新篇

扫码观看本章相关视频

第五章　车路协同谱新篇

第一节　新能源汽车新天地

历史的车轮滚滚向前，汽车产业的发展也日新月异，但随之而来的是能源、环境和安全等问题。如何解决燃油汽车数量增长带来的相关问题，决定了人类社会能否实现可持续发展，因此新能源汽车应运而生。近年来，新能源汽车日益受到世界各国政府、汽车企业及汽车用户的关注，成为社会的热点话题。

一、新能源汽车引领新潮流

既然新能源汽车是顺应社会发展要求的产物，那么什么是新能源汽车呢？新能源汽车是相对传统燃油汽车（汽油车、柴油车等）而言的。中国新能源汽车工业起步较晚，关于新能源汽车的定义一直在丰富和完善着，逐渐由模糊变得清晰，同时也越来越科学规范。

2001年，中国"十五"863计划重大专项出现"电动汽车"一词，其分类包括纯电动汽车、混合动力汽车和燃料电池汽车。2006年，中国"十一五"863计划重大专项第一次提出"新能源汽车"的概念，其分类仍然是纯电动汽车、混合动力汽车和燃料电池汽车3类，没有明确说明新能源汽车具体指哪几种汽车。2009年6月25日，中华人民共和国工业和信息化部发布的《新能源汽车生产企业及产品准入管理规则》对新能源汽车给出了明确的定义：新能源汽车是指采用非常规的车用燃料作为动力来源（或使用常规的车用燃料、采用新型车载动力装置），综合车辆的动力控制和驱动方面的先进技术，形成的技术原理先进、具有新技术、新结构的汽车。非常规的车用燃料是指除汽油、柴油、天然气、液化石油气、乙醇汽油、甲醇、二甲醚之外的燃料。

2012年，国务院办公厅发布了《节能与新能源汽车产业发展规划（2012—2020年）》，明确指出新能源汽车是指采用新型动力系统，完全或主要依靠新型能源驱动的汽车，主要包括纯电动汽车、插电式混合动力汽车及燃料电池汽车。该规划清晰地说明了新能源汽车只有三类汽车。

根据新能源汽车定义，新能源汽车的"新"主要体现在以下几个方面。

（1）**能源的"新"**　新能源汽车的能源主要是可再生、环保和低碳能源，能够克服石油资源储量有限、地域分布不均匀，以及燃烧后产生废气污染等问题。

（2）**原理的"新"**　纯电动汽车通过驱动电机把动力电池储存的电能转化成机械能；插电式混合动力汽车可以利用外网充电，能实现纯电动和混合动力两种模式；燃料电池汽车可实现化学能到电能的转化，真正实现零排放。

（3）**技术的"新"**　为保障有效运行，新能源汽车采用了很多新技术，如用于提升能量密度和功率密度的动力电池技术、用于动力传动与变速的电驱动技术、用于实现整合和各总成协同工作的电控技术，以及新能源汽车制造新技术、轻量化新技术等。

（4）**结构的"新"**　新能源汽车结构区别于传统燃油汽车，其中最大区别就是"三电"系统，即动力电池系统、驱动电机系统以及电控系统。另外，在新能源汽车上还有电动辅助

111

系统，如再生制动系统、电动空调系统等。

二、新能源汽车天地宽

我国之所以高度重视和大力发展新能源汽车，是因为新能源汽车对我国这一具有特殊国情的人口大国意义重大。

1. "双碳"目标的机遇与挑战

气候变化是人类面临的全球性问题，随着各国二氧化碳排放不断加大，温室气体猛增，对人类所在的地球生态形成威胁。在此背景下，我国提出以碳达峰和碳中和（以下简称"双碳"）为目标践行"绿水青山就是金山银山"的生态文明理念。实现"双碳"目标，是一场广泛而深刻的系统性变革，意味着我国将更加坚定地贯彻新发展理念，构建新发展格局，推进产业转型和升级，走上绿色、低碳、循环的发展路径，实现更高质量发展。同时我国油气资源相对匮乏，发展低碳经济，对于重塑能源体系也具有重要意义。中国"双碳"目标示意图如图5-1所示。

汽车产业作为制造业的典型代表，规模大、产业链长、涉及面广、带动性强、国际化程度高，在全球主要经济大国的产业体系中占据重要位置。从国际看，交通领域碳排放大约占全球碳排放总量的1/4左右，是仅次于能源领域的第二大碳排放领域。在我国，交通行业的碳排放占比约11%。2019年，我国交

图5-1 中国"双碳"目标示意图

通领域碳排放量达11.6亿t，占全部碳排放的10%左右，其中道路交通占比超过80%，重型货车和乘用车占比最高分别为39.7%和39.5%。从整车的角度来看，汽车既是交通工具，也是流动污染源，因此实现汽车低排放、零排放至关重要，这也是我国大力发展新能源车的主要原因。

汽车产业实现"双碳"目标主要有以下五个途径：一是推动运输结构方式的改变，建设低碳综合交通运输体系；二是推动交通运输消费理念的变革，打造绿色出行服务体系；三是推动低碳技术，特别是新能源的使用来提升综合效能，提升减排效率；四是推动智慧交通模式的变革，构建更加高效的运输模式和运输组织方式；五是通过交通治理的现代化来实现运输效率的变革，从而实现节能减排和低碳发展。

长远来看，"双碳"已成为我国汽车产业的刚性需求和刚性约束，必将为汽车产业带来颠覆性、系统性、全面性的变革。根据专家分析测算，我国汽车产业有望在2028年左右提前实现碳达峰。近年来，随着新能源汽车的推广应用进程加快，碳达峰时间有望进一步提前，汽车产业低碳转型实现高质量发展，将为国家加快实现"双碳"目标做出积极贡献。

2. 民族自主品牌的创新和竞争力

市场就是大浪淘沙。中国传统汽车产业比世界上汽车产业起步早的国家晚了半个多世纪，无论是核心技术还是产业化水平都与发达国家的先进水平存在差距。因此，本土汽车企

业想在传统汽车市场中完成超越，难度较大。在全球汽车技术变革的大背景下，中国车企在努力提升传统汽车产业自主研发能力的同时，大力推进新能源汽车的技术创新和产业化准备，力争实现弯道超车，抢占新能源汽车领域技术和市场的制高点。

相对于拥有传统汽车先进技术的发达国家，中国在某些方面具有发展新能源汽车的后发优势。一是在自然资源方面，自然资源丰富，富产锰、铁、钒、磷及稀土等生产动力电池和驱动电机所需的原料，另外中国资源的多样性有利于获取各种替代燃料；二是在能源环境方面，中国储煤量大、水利发达、风力资源丰富、强日照地域辽阔，电力来源能实现多样化，同时具有较为完善的电网分布网络，能为新能源产业提供良好的能源基础；三是在工业基础方面，中国在电动自行车和电动摩托车等轻型电动车产业的带动下，动力电池产业快速发展，也形成了一批具有规模生产能力的车用电机和电机控制器的专业化生产企业；四是在社会基础方面，相比于发达国家，中国传统汽车产业相对落后及汽车普及率较低的现实，反而可以转化为易于接受新能源汽车的优势。因此，新能源动力系统、交通基础配套设施，以及交通运输结构的变革在中国具有更大的发挥空间和发展潜力。

近年来，中国自主品牌汽车企业紧抓新能源、智能网联转型机遇，推动汽车电动化、智能化升级和产品结构优化，得到广大消费者青睐。中国自主品牌在乘用车市场占有率一路攀升。2022年是中国新能源汽车自主品牌的高光时刻，市场规模全球领先，产销量连续8年保持全球第一。新能源汽车出口同比增长了1.2倍，自主品牌新能源乘用车国内市场销售占比达到了79.9%，品牌竞争力大幅提升；新能源汽车配套环境日益优化。2022年4月，比亚迪宣布全面"断油"，这一年其以全年180万辆、同比增长超200%的成绩反超"南北"大众、上汽通用等，夺得国内新能源汽车市场销量冠军宝座。比亚迪夺冠的同时，其他自主品牌也开始赶超合资品牌。2022年1—12月中国新能源汽车厂商销量排行榜TOP10见表5-1。

表5-1 2022年1—12月中国新能源汽车厂商销量排行榜TOP10

排名	企业名称	销量/万辆	同比增长	市场份额
1	比亚迪汽车	179.99	208.2%	31.7%
2	上汽通用五菱	44.21	2.5%	7.8%
3	特斯拉中国	43.98	37.1%	7.8%
4	吉利汽车	30.49	277.9%	5.4%
5	广汽埃安	27.38	115.6%	4.8%
6	奇瑞汽车	22.12	126.5%	3.9%
7	长安汽车	21.23	177.6%	3.7%
8	哪吒汽车	14.87	113.4%	2.6%
9	理想汽车	13.32	47.2%	2.3%
10	长城汽车	12.39	-7.5%	2.2%

制图：中商情报网（WWW.ASKCI.COM）

注：乘联会、中商产业研究院整理。

在电动化趋势下，新能源汽车将改变世界汽车产业竞争格局。随着中国自主品牌在技术体系、渠道服务等领域的影响力不断提升，中国自主品牌新能源汽车产品市场竞争力将进一

3. 政策法规的大力支持

近年来，我国高度重视新能源汽车产业的发展，先后出台了全方位的激励政策，从研发环节的技术路线、政府补助，生产环节的双积分，到消费环节的财政补贴、税收减免，再到使用环节的不限牌、不限购，运营环节的充电优惠等，几乎覆盖了新能源汽车整个生命周期。

2010年10月10日，国务院发布《国务院关于加快培育和发展战略性新兴产业的决定》，确定7个战略性新兴产业（节能环保、新一代信息技术、生物、高端装备制造、新能源、新材料和新能源汽车），这些产业将成为我国国民经济的先导产业和支柱产业被重点培育，加快推进。

2016年10月26日，由工业和信息化部指导、中国汽车工程学会牵头组织编制的《节能与新能源汽车技术路线图》正式发布。该路线图明确指出，以新能源汽车和智能网联汽车为主要突破口，以动力系统优化升级为重点，以智能化水平提升为主线，以先进制造和轻量化等共性技术为支撑，全面推进汽车产业由大国向强国的历史转型。2020年10月27日，《节能与新能源汽车技术路线图2.0》（简称"路线图2.0"）正式发布。路线图2.0提出，至2035年，我国节能汽车与新能源汽车年销量将各占一半，汽车产业实现电动化转型。

2019年5月，国家及地方政府共发布了35项新能源汽车相关政策，其中，国家层面8项，地方层面27项。2020年10月，国务院办公厅印发《新能源汽车产业发展规划（2021—2035年）》，提出新能源汽车"三纵三横"研发布局，即以纯电动汽车、插电式混合动力（含增程式）汽车、燃料电池汽车为"三纵"，布局整车技术创新链；以动力电池与管理系统、驱动电机与电力电子、网联化与智能化技术为"三横"，构建关键零部件技术供给体系。

2023年2月3日，工业和信息化部、交通运输部等8部门在全国范围内启动公共领域车辆全面电动化先行区试点工作，提出试点领域内新增及更新的公交、出租、环卫、邮政快递、城市物流配送的新能源汽车比例力争达到80%。同时，北京、上海等地，也拿出了各自支持新能源汽车消费的计划。一系列利好政策，有望进一步带动和扩大新能源汽车消费。

4. 汽车消费市场的巨大潜力

中国新能源汽车市场可以分为以下3个主要的发展阶段。

（1）**2013—2015年，产业孕育期** 很大程度上依靠政府牵头引导，通过高补贴政策扶持产业发展。该阶段新能源汽车市场渗透率不足1%。

（2）**2016—2019年，产业完善期** 政策制定更加具有针对性并逐年完善，补贴政策逐步退出。该阶段更加侧重技术发展，鼓励高性能车型发展，此外，产业供应链基本成熟，年销量实现百万辆的突破，市场渗透率从1%发展到4%以上。

（3）**2020年至今，产业快速成长期** 优质爆款车型频出，市场消费需求被进一步激发，车企对补贴的依赖逐步弱化。国内产业链逐渐成熟，出现全球龙头公司，新能源汽车市场步入快速成长期，销量和市场渗透率增长迅猛。

在新能源乘用车市场，新一线城市成为最大的市场贡献者，年度新车注册量市场份额占全国的29%。同时，二、三、四线城市的市场份额也有所增加，从2020年的38%增加到2021年的46%。四线城市以87%的年度新车市场份额，成为最强劲的私人新能源乘用车市场。2022年，新能源乘用车销量高达567.4万辆，同比增长90.0%；市场渗透率高达27.6%，同比增长12.6%。

在新能源商用车市场，2021年市场份额约为4.6%。其中，新能源长途客车、自卸汽车和牵引车的增长最为显著。2021年，得益于绿色货运配送示范城市工程，新能源城市物流车辆注册数量超过7.5万辆，几乎是2020年的2倍。2021年，得益于中国为期3年的"蓝天保卫战"和"清洁柴油机行动方案"，新能源自卸车和新能源牵引车市场份额均为1%左右。2021年，中国的城市公交车接近全面电气化。97%的城市公交新车（约为8.4万辆）皆为新能源汽车。

当前，新能源汽车产业正由补贴驱动向市场驱动转变。中国市场已经实现从政策驱动向产品驱动切换，新能源汽车可选车型丰富，新款车型层出不穷，消费者选择余地大，诸多产品颇具吸引力，需求强劲有支撑，市场规模有望持续高增长。

由于新能源汽车市场规模即将达到万亿级规模，市场潜力巨大，加之电动化转型导致造车技术门槛下降、国家政策大力扶持等多重因素，除传统车企外，以造车新势力——华为、小米等互联网企业为代表的众多商家入局，整个行业呈百花齐放的局面，在促进产业繁荣发展的同时也加剧了市场竞争。

三、新能源汽车发展前景广阔

当前，新一轮科技革命和产业变革蓬勃发展，汽车与能源、交通、信息通信等领域的技术加速融合，电动化、智能化、网联化、共享化成为汽车产业的发展趋势。同时，汽车产品形态、交通出行模式、能源消费结构正在发生深刻变革，为新能源汽车产业提供前所未有的发展机遇。

（1）新能源汽车技术创新节奏显著加快 市场的爆发会激发新一轮汽车技术创新浪潮，未来技术创新将成为新能源汽车和燃油汽车竞争的核心能力。技术的进步使新能源汽车已基本具备与传统燃油汽车竞争的经济优势，真正迎来行业期待的拐点。

（2）基础设施配套逐步完善并衍生新业态 由于汽车电动化的发展，未来能源基础设施将会发生重大变化。充电、换电、快充、慢充、电池的移动补电、加氢等，将会构成融合的基础设施。

（3）汽车产业链、价值链的重构 当前我国汽车产业正在经历重大变革，呈现电动化、智能化、网联化、共享化的"新四化"特征。"新四化"的产业变革将深刻影响汽车产业链、价值链，带来前所未有的变化。

展望未来，发展潜力依旧巨大的新能源汽车，不仅将成为推进"双碳"目标的重要抓手，也将助力中国抢占全球产业竞争新高地。强大的供应链保障能力，将为中国新能源汽车市场长远发展保驾护航。

第二节 智能汽车人车合一

当前全球新一轮科技革命和产业变革蓬勃发展，能源、电子信息等领域的技术进步，给汽车产业带来了百年未有之变革机遇。汽车产业作为技术创新的前沿阵地，电动化和智能化是这一轮汽车产业升级的主要方向。智能驾驶将逐步把用户从传统的驾驶过程中解脱出来，未来如何驾驶得更安全和舒适，必将成为用户的新需求。

一、智能汽车的出现

随着人们生活水平的提高和社会经济、科技的发展，汽车已从昂贵的消耗品转变为如今的必需品，深入影响和改变着人们的生活。汽车带给人们快捷便利的同时，也带来安全事故、环境污染等社会问题。在汽车电动化的同时，汽车的智能化应运而生，由此出现智能汽车。

权威数据显示，全球每年约有 130 万人死于交通事故，其中 90% 的事故与人为失误有关。未来几十年，全球老龄化趋势将越来越明显。老年驾驶人越来越多，他们的驾驶反应能力和敏捷度都会下降，对人类生命安全构成巨大威胁。智能汽车投入使用后，对用户的要求较低，老人、儿童，甚至残疾人等驾驶能力较弱或无驾驶能力的群体，都可以通过智能汽车便捷出行。当自动驾驶取代人类驾驶时，智能汽车的精准控制有可能实现零交通事故，提高行车的安全性和舒适性。

同时，智能汽车的使用将提高社会智能化水平，推动人类进入智能时代，缓解当前的能源危机和环境污染问题。在智能汽车投入使用时，更少的交通拥堵会减少能源消耗，更好的路线规划会缩短行驶里程，更精确的车辆控制会减少人为失误而导致的意外。

智能汽车是在普通汽车的基础上增加先进的传感器（雷达、摄像头等）、控制器、执行器等装置，通过车载传感系统和信息终端实现车与 X（人、车、路、云等）的智能信息交换，使汽车具备智能的环境感知能力，能够自动地分析汽车行驶的安全及危险状态，使汽车按照人的意志到达目的地，最终实现替代人来操作的目的。图 5-2 所示为智能汽车的基本组成。

智能汽车能实现环境感知、定位与导航、运动规划、智能决策和车辆控制等基本功能。智能汽车的"眼睛"，也就是传感器，可以获得车辆、行人、车道线、交通信号、行驶区域内的动静态障碍物、典型路口描述等环境信息，再结合定位与导航模块提供的位置信息，运用运动规划模块进行车辆局部路径和全局路径的规划。在感知环境基础上，智能汽车的"大脑"，也就是决策模块（各种控制器）结合车辆状态和行驶任务进行推理和决策，然后通过车辆控制模块输出决策结果。最后，智能汽车的"手脚"，也就是各种执行器根据"大脑"的指令实现加速、制动、转向、换档等各种动作，以满足汽车行驶场景的性能要求。

针对我国自动驾驶技术的发展特点，从动态驾驶任务、最小风险状态、最小风险策略等

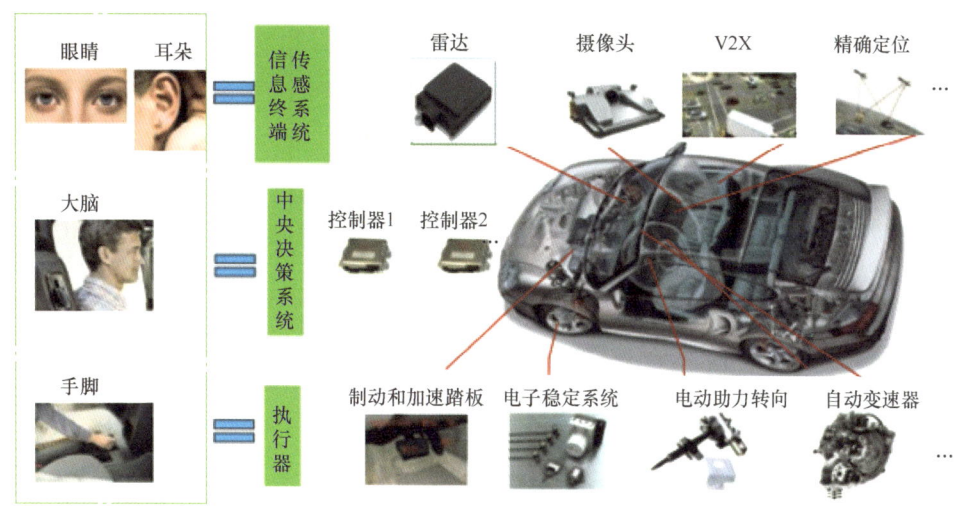

图 5-2 智能汽车的基本组成

多角度考量,把我国汽车智能化划分为 6 个等级:0 级为应急辅助,1 级为部分驾驶辅助,2 级为组合驾驶辅助,3 级为有条件自动驾驶,4 级为高度自动驾驶,5 级为完全自动驾驶。完全自动驾驶或无人驾驶是智能汽车发展的最终阶段。

在完全自动驾驶成为现实之后,智能汽车将成为移动的智能空间和场景生态服务体验终端,成为工作、生活、娱乐的新载体。智能汽车是继智能手机之后的第二大互联生态和服务集成,智能化将会改变汽车的定义。比亚迪董事局主席认为:智能汽车就是长了腿的超级手机,"以前是人懂车,以后是车懂人",汽车智能化将创造更多场景和商业机会,深刻改变人类的出行和生活方式。长安汽车公司提出"人、车、生活一体化"的概念来描述未来智能生活和智能汽车的关系。根据这个概念,在智慧生活普及以后,车主可以在全自动无人驾驶的智能汽车上通过 5G 车联网远程操控家里的智能设备;在利用太阳能等新能源提供电力的家中,车主可以通过 5G 车联网远程启动唤醒智能汽车里的设备,甚至可以反向远程操控智能汽车。也就是说,在智慧生活时代,智能汽车与人们的生活联系将更为密切,汽车将会成为家庭与生活的延续空间。

二、高级驾驶辅助系统的应用

智能汽车的发展从有人驾驶到无人驾驶,之间还有很长一段时间的过渡期,而在这一过渡期内,技术发展的方向就是高级驾驶辅助系统(Advanced Driver Assistance System,ADAS)。

ADAS 利用安装在汽车上的各式各样的传感器,在汽车行驶过程中随时可以感应周围的环境,实时收集相关数据,进行静态、动态物体的辨识、侦测与追踪,并结合地图导航数据,进行系统的运算与分析,从而预先让驾驶人察觉到可能发生的危险,有效增加汽车驾驶的舒适性和安全性。因此,ADAS 也被视作实现自动驾驶汽车的前提。ADAS 汽车与无人驾驶汽车的区别见表 5-2。

表 5-2　ADAS 汽车与无人驾驶汽车的区别

项目	ADAS 汽车	无人驾驶汽车
车与人的关系	辅助人	替代人
智能化等级	1~3 级	3~5 级
技术开发方式	渐进式	革命式
驾驶人	一定需要	不需要

ADAS 可显著减少因驾驶人操作不及时或者误操作所引发的交通事故。ADAS 的主要功能包含驾驶员疲劳预警系统（Driver Fatigue Monitor System，DFMS）、前向碰撞预警系统（Forward Collision Warning System，FCWS）、车道偏离预警系统（Lane Departure Warning System，LDWS）、盲区监测系统（Blind Spot Detection System，BSDS）等信息类辅助功能，也有自适应巡航控制系统（Adaptive Cruise Control System，ACCS）、自动紧急制动系统（Autonomous Emergency Braking System，AEBS）、自动紧急转向系统（Autonomous Emergency Steering System，AESS）、车道保持辅助系统（Lane Keep Assistance System，LKAS）、自动泊车系统（Auto Parking Assist System，APAS）等控制性辅助功能。

之前，ADAS 可以说是一项"高精尖"技术，基本局限于高端车市场。近几年，ADAS 发展的最大特点之一就是由高端市场逐渐向中低端市场渗透，一些低端车型也开始搭载部分 ADAS 功能。ADAS 已成为现今技术及政策法规条件下，实现汽车智能化的理想选择。

当前，许多 ADAS 功能已经大规模量产，不仅给汽车制造商提供更多差异化的产品设计选择，也为普通的消费者提供更好的驾驶体验和安全保障。由于消费者对汽车安全性日益重视，以及智能座舱的发展，ADAS 必将保持持续发展的趋势。同时，辅助驾驶功能正在从单个技术独立发展转变为整合式主动安全系统的开发，多项技术可以共用传感器和控制系统平台，能够以较低的成本添加其他安全驾驶辅助技术，从而推动 ADAS 技术的应用。

随着 ADAS 技术应用到价格相对较低的车辆上，带来的难题是需要以非常低的成本实现大量的计算资源。因此，ADAS 得到广泛应用的决定性因素还是成本。虽然 ADAS 技术越来越复杂，但是传感器和处理器技术的进步——在很少的元器件中集成多种功能，现在可以支持工程师以中端甚至是经济型汽车能够承受的价格来设计 ADAS 应用。综合来看，成本的降低以及通过功能集成来降低复杂度，是推动 ADAS 技术在各类车辆中得以广泛应用的关键。

三、无人驾驶汽车的思考

无人驾驶汽车是智能汽车的最高级技术形态，也称为轮式移动机器人。早在 20 世纪 50 年代，美国一些公司就开始进行汽车无人驾驶技术的实验。目前，有两种实现无人驾驶的汽车结构方案：一种是对原有车型加装执行机构、感知设备等，进行无人驾驶功能的改装；另一种是完全抛弃原有车辆外形，从实现无人驾驶功能的角度设计车辆外形，创造出全新车型。

2014 年 12 月 22 日，谷歌公司宣布已完成第一辆无人驾驶汽车原型，这是该公司的首辆全功能无人驾驶汽车，如图 5-3 所示。谷歌原型车外部被各种传感器环绕。车顶部装置的

是一台激光测距仪,通过360°旋转生成周边180m范围内的3D影像资料。车身前后两侧的黑色凸起则是雷达系统,主要用于侦测临近的障碍物。风窗玻璃内的视频摄像头则主要用于识别交通标志、信号等信息。通过这3组感应器的联合应用,谷歌原型车基本上就可以获取车辆周围可能影响驾驶的环境信息,为车辆做出正确决策提供依据。

汽车无人驾驶技术作为新兴科学技术,不仅将人从汽车驾驶人的位置中解放出来,更使汽车不再是只提供单一出行属性的交通工具,而是集娱乐性、安全性、自由性、便捷性为一体的现代交通工具的新形式。作为人类未来核心发展的科学技术,汽车无人驾驶技术要想造福于人类,不仅需解决科技应用问题,更需解决科技伦理问题。

图 5-3 谷歌公司第一辆无人驾驶汽车原型

2018年3月18日,美国的亚利桑那州,一辆正在测试中的Uber自动驾驶汽车,以69km/h的速度撞死了一位横穿马路的妇女,成为全球首例自动驾驶汽车致人死亡的交通事故,如图5-4所示。这起由新技术引发的交通事故在美国引起轩然大波,引起行业监管部门和普通民众的高度关注。据当地媒体报道,肇事车辆为一辆沃尔沃XC90SUV,测试时处于自动驾驶模式,驾驶位配有安全员,车内无乘客,事发时,受害者正在推自行车过马路。行车记录仪显示,碰撞发生前,坐在驾驶座上的安全员,并没有专心致志地看路、保持应有的警惕;受害者是从暗处突然闯入机动车道的,受害者被车撞倒时在人行横道之外。

图 5-4 全球首例自动驾驶汽车致人死亡的交通事故

2019年11月,美国国家安全运输委员会(National Transportation Safely Board,NTSB)的一份报告里公布了该事故发生前的10s信息,暴露了Uber软件上的漏洞:Uber自动驾驶汽车的激光雷达在事故发生前5.6s已经检测到行人,但是系统将行人识别为"汽车"或者"其他",并在之后的几秒内"反复横跳";直到碰撞前1.2s,系统才识别出物体为自行车,而Uber的制动系统还设置了延时,直到0.2s前才开始制动,此时汽车时速超过60km,碰撞不可避免。汽车安全员因为在用手机看视频,导致几乎在碰撞发生时才开始接管系统。2020年9月15日,亚利桑那州大陪审团以过失杀人罪起诉当时Uber自动驾驶汽车的安全员，称他在 2018 年的案件中撞死了行人，陪审团建议判处该安全员 2.5 年有期徒刑。就这样，全球首例无人车撞人致死事故尘埃落定，但自动驾驶系统并未因此受到惩罚。尽管汽车安全员有不可推卸的责任，但是 Uber 的自动驾驶算法不负任何责任，这让美国民众产生怀疑：为何 Uber 工程师不需要为软件漏洞负责？

汽车无人驾驶技术的人工智能程序虽然能弥补人类的局限，但追根溯源，无人驾驶汽车的人工智能程序依旧是人类的创造设计，体现的是以人类为主的价值观念，不是人工智能程序，或者说不是人工智能本身依据自身属性做出的行为。尽管汽车无人驾驶技术的人工智能程序代替人做出一定的道德行为，但依旧不能拥有其道德地位。

汽车无人驾驶技术集人类多学科研究成果为一体，是人类文明成果的最新显现，其在社会中的发展和应用，势必会对人类文明的发展产生重要的影响。目前，国内外诸多汽车企业纷纷展开无人驾驶汽车技术实践，如奔驰、宝马、本田、一汽、比亚迪等企业都在进军无人驾驶汽车领域，汽车无人驾驶技术已经在社会中得到初步应用。但是由于汽车无人驾驶技术应用造成种种问题，世界各国都未能真正将汽车无人驾驶技术放开应用，而且业界许多学者对于汽车无人驾驶技术的广泛应用产生深深的担忧。诚然，解决汽车无人驾驶技术的伦理问题，最终仍要靠人，仍要依靠自然科学技术的发展和成熟。

四、智能网联汽车的发展

2014 年 7 月，阿里巴巴集团与上汽集团签署"互联网汽车"战略合作协议，并表示将积极开展在"互联网汽车"和相关应用服务领域的合作，共同打造面向未来的"互联网汽车"及其生态圈。这是"互联网汽车"概念首次在业内正式提出。自 2015 年以来，汽车无疑成了 IT 界的一大焦点，受关注程度几乎超过手机、智能手表等数码产品。"互联网+"时代给汽车产业带来的巨大变革，使汽车企业和互联网企业纷纷积极探索跨界融合之路。

2015 年，中国汽车工业协会对智能网联汽车（Intelligent Connected Vehicle，ICV）的定义为：搭载先进的车载传感器、控制器、执行器等装置，并融合现代通信与网络技术，实现车与 X（人、车、路、云等）的智能信息交换共享，具备复杂的环境感知、智能决策、协同控制和执行等功能，可实现安全、舒适、节能、高效行驶，并最终可替代人来操作的新一代汽车。

智能网联汽车在技术层面包括智能化和网联化两个方面，分别对应着智能汽车和互联网汽车。汽车智能化技术是提高车辆安全性、经济性以及舒适性的主要技术手段之一。汽车网联化则是提供车载在线信息娱乐服务以及车辆全面接入网联环境，进行车、路、人、云等信息交互甚至协同决策与控制的主要实现方式。两者并非各自孤立地存在，而是一个相互促进并互为依托的整体。全面网联化是未来高度智能化的有力支撑，而高度智能化则将使车辆在网联化后得到更大的收益。因此，智能网联汽车可以说是车联网与智能汽车的交集。车联网与智能汽车、智能交通、ADAS 的相互关系如图 5-5 所示。

智能网联汽车可以提供更安全、更舒适、更节能、更环保的驾驶方式和交通出行综合解决方案，是城市智能交通系统的重要组成部分，是构建绿色汽车社会的核心要素，其意义不仅在于产品结构的改变或产品技术的升级，更重要的是将带来未来汽车及相关产业链和价值链体系的重塑，如图 5-6 所示。传统汽车产业价值链聚焦"制造"，而未来汽车产业价值链将得益于新科技革命带来的价值增值，将是"新制造+新服务"的集成。其中，"新制造"将包含低碳化、智能化、信息化相关新技术和智能制造，"新服务"则不仅体现在价值曲线的后端，而且将贯穿于设计研发、采购物流、生产制造、销售及售后服务的各个环节。

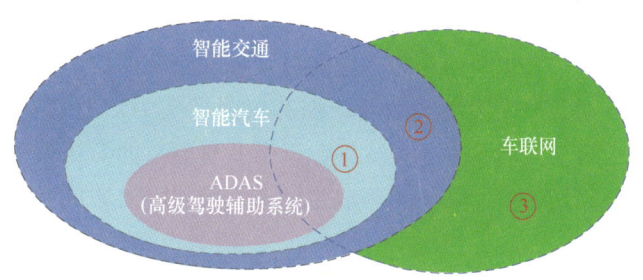

图 5-5　车联网与智能汽车、智能交通、ADAS 的相互关系

①—协同式智能车辆控制（智能网联汽车）　②—协同式智能交通管理与信息服务　③—汽车智能制造、电商及后服务

汽车产业价值链将呈现"总量上升、重心后移"的基本特征和发展趋势。总量上升意味着汽车产业价值体量将整体上扬，比以前创造更大的价值和商机；重心后移则是指汽车产业价值内涵向服务端，尤其是向出行领域深度扩展，并由此带来巨大的发展空间。

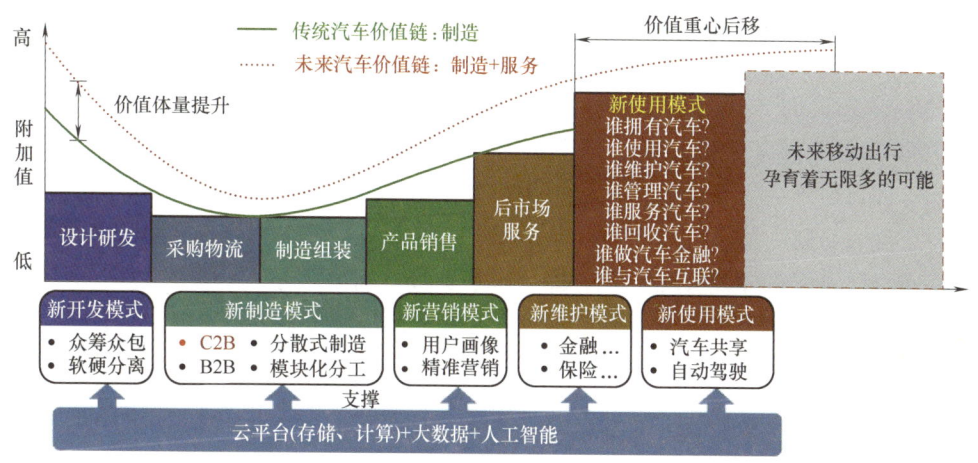

图 5-6　未来汽车及相关产业链和价值链体系的重塑

随着数字经济的加速融入，智能网联汽车已成为汽车产业创新发展的重要方向。在 2022 年世界智能网联汽车大会上，工业和信息化部特别强调"智能网联汽车正处于技术快速演进、产业加速布局关键时期，其蓬勃发展将带动智能交通、智慧能源、智慧城市等领域深刻变革。我们将坚持车、路、云一体化发展路线，强化创新驱动、优化政策供给，加快智能网联汽车产业化进程。"

随着汽车产业智能化进程的提速，权威专家预计 2025 年智能汽车市场渗透率将达到 80%，比 2021 年提高 41.3%，智能汽车保有量将逐年提升，2025 年有望突破 9000 万辆，更高级别自动驾驶汽车也正在逐步走向商用化，到 2030 年实现基于应用场景的规模化量产。目前，干线物流、矿山货运、港口货运、末端配送、环卫清扫等多个应用场景正积极探索自动驾驶的商业化落地。

智能网联汽车是汽车未来发展的一个大趋势。许多国家已出台法规政策支持智能网联汽车的发展，同时各大汽车企业也纷纷加大智能网联汽车的研发投入，抢占未来汽车技术发展的制高点。以奥迪、特斯拉和谷歌分别代表的传统汽车企业，以及新兴汽车企业和互联网企业，在智能网联汽车领域均拥有较强的实力。随着 5G 时代的来临，智能汽车技术不断创新，自动驾驶技术日益成熟，汽车共享等新的商业模式为智能网联汽车带来更广泛的应用前景，因此智能网联汽车将成为最具有发展潜力的风口行业。

第三节　悠悠大道通连九州

一、四通八达的公路交通网

改革开放特别是党的十八大以来，我国公路建设取得了举世瞩目的成就。"十三五"时期，我国交通运输基础设施网络日趋完善，"十纵十横"综合运输大通道基本贯通。到 2021 年年底，全国综合交通网总里程突破 600 万 km，其中高速公路通车里程 16.9 万 km，比 2012 年增长 75.8%，基本覆盖地级行政中心；农村公路总里程 446.6 万 km，比 2011 年的 356.4 万 km，净增 90 多万 km，解决了 1040 个乡镇、10.5 万个建制村通硬化路的难题。全国公路网形成以高速公路为骨架、普通干线为脉络、农村公路为基础的公路网。

到 2030 年，我国将建成布局合理、功能完善、覆盖广泛、安全可靠的国家干线公路网络，实现首都辐射省会、省际多路连通、地市高速通达、县县国道覆盖；到 2035 年，基本建成覆盖广泛、功能完备、集约高效、绿色智能、安全可靠的现代化高质量国家公路网，形成多中心网络化路网格局，实现省际互联互通、城市群间多路连通、城市群之间便捷畅通、地级城市高速畅达、县级节点全面覆盖、沿边沿海公路连续贯通。

以"消除隐患、珍视生命"为主题的公路安全保障工程，集行业之智，举行业之力，以创新之举，尽行业之责，扎实推进、纵深发展，实现道路交通事故从高发到遏制直至逐年下降的工作目标，有效满足人民群众安全放心的出行需求，该工程被广大群众亲切地称为"幸福工程"。

国家高速公路网由 7 条首都放射线、11 条南北纵线、18 条东西横线，以及 6 条地区环线、12 条都市圈环线、30 条城市绕城环线、31 条并行线、163 条联络线组成。普通国道网由 12 条首都放射线、47 条南北纵线、60 条东西横线，以及 182 条联络线组成。截至 2023 年年底，我国的汽车保有量已达到 3.36 亿辆，国家公路网的发展极大地促进了汽车产业的高速发展。

二、中国高速公路"领跑"世界

党的十八大以来，我国公路建设发展取得历史性成就，为加快建设交通强国奠定了坚实基础。截至 2023 年年底，我国公路总里程达到 544.1 万公里，其中高速公路通车里程 18.4 万公里，位居世界第一。

近 10 年来，我国公路设施网络不断完善，路网结构进一步优化。与 2013 年相比，

第五章 车路协同谱新篇

10年增长108.5万公里。京沪、京港澳、沈海、沪昆等国家高速公路主线分段实施扩容升级，国家高速公路六车道以上路段增加1.84万公里。普通国道二级及以上占比、铺装路面占比达80%和99%，较10年前分别提高了10%和13%。

10年来，智慧交通、绿色公路等新理念日益融入公路建设发展，"智慧路""绿色路"不断延伸，成为交通领域中的一大新亮点。近10年来，交通运输部组织实施绿色公路建设，打造30余个试点示范工程，推动公路可持续发展。以推动BIM技术应用为切入点，公路建设持续探索智慧转型，交通运输部制定出台系列政策文件，推动新改建智慧公路超3500km。标准化设计、工厂化生产、装配化施工日渐成为公路建设的标配，建设效率和质量水平进一步提升。

除了硬件设施，公路建设在"软件"方面也持续发力。10年来，各级交通部门深化"放管服"改革，简化审批、助企纾困、完善信用评价、提升综合效能，放管结合、优化服务，营造了良好的市场环境。

三、风景如画的最美中国公路

1. 杭州湾跨海大桥

杭州湾跨海大桥于2003年11月14日开工，2007年6月26日贯通，2008年5月1日启用，是一座横跨中国杭州湾海域的跨海大桥。它北起浙江嘉兴海盐郑家埭，南至宁波慈溪水路湾，全长36km，比连接巴林王国与沙特阿拉伯王国的法赫德国王大桥还长11km，成为继美国的庞恰特雷恩湖桥和青岛胶州湾大桥后，世界第3长的桥梁，如图5-7所示为杭州湾跨海大桥。

杭州湾跨海大桥的两个设计重点是南通航孔桥和北通航孔桥。为使杭州湾跨海大桥具有较强的景观性，北通航孔桥采用钻石形双塔的组合方式，南通航孔桥采用A形单塔的组合方式。通航孔桥的设计主题为"金三角"，意喻杭州湾跨海大桥的建成，将使上海、杭州、宁波3地成为长江三角洲的经济中心，而杭州湾跨海大桥本身将成为杭州湾三角洲网络的"金边"，形成具有本土特色的"金三角"文化区，达到桥型与桥位区地理环境的协调、与当地历史文化的吻合，并能满足工程技术指标的具体要求。

2. 独库公路

独库公路是217国道独山子至库车段。北起新疆石油之城独山子，终点为天山南麓、塔里木盆地北缘的库车市，是一条连接南北疆的公路。这条公路横亘崇山峻岭、穿越深山峡谷，连接诸多少数民族聚居区，全长561km，宛如一条巨龙盘卧天山，使南北疆路程由原来的1000多千米缩短近半，堪称是我国公路建设史上的一座丰碑，如图5-8所示。

独库公路是一条名副其实的景观大道，1/3位于悬崖绝壁，1/5地段处于高山永冻层，跨越天山近10条主要河流，翻越终年积雪的4个冰达坂。沿途人们可欣赏火红干燥的克孜利亚山地景色、神秘险峻的峡谷风景、天山腹地茂密的植被，以及领略游牧风情及浩瀚的草原景色，感受天山大峡谷的神秘。车行其中，让人犹如穿行在高原、雪山、草原之中。

独库公路是一条英雄之路。当年的筑路官兵，硬生生地在坚硬的达坂上凿通隧道，在黄羊都望而却步的达坂上修建通途，进而跨越不可逾越的山峰。在长达9年的修建过程中，有

图 5-7　杭州湾跨海大桥

图 5-8　独库公路

百余名解放军战士因雪崩、泥石流等原因长眠于乔尔玛烈士陵园,成为人们永远不能忘却的英雄!

3. 港珠澳大桥

港珠澳大桥是中国境内一座连接香港、广东珠海和澳门的桥隧工程,如图 5-9 所示。

港珠澳大桥于 2009 年 12 月 15 日动工建设,于 2017 年 7 月 7 日实现主体工程全线贯通。港珠澳大桥东起香港国际机场附近的香港口岸人工岛,向西横跨南海伶仃洋水域接珠海和澳门人工岛,止于珠海洪湾立交,桥隧全长 55km,桥面为双向 6 车道高速公路,工程项目总投资额 1269 亿元。港珠澳大桥因其超大的建筑规模、空前的施工难度和顶尖的建造技术而闻名世界。

港珠澳大桥总体设计理念包括战略性、创新性、功能性、安全性、环保性、文化性和景观性。港珠澳大桥工程具有规模大、工期短,技术新、经验少,工序多、专业广,要求高、难点多的特点,是全球已建最长跨海大桥。港珠澳大桥桥隧建筑风格设计汇聚粤港澳三地文化元素,浓缩粤港澳三地共同的文化记忆,同时寓意粤港澳三地通力合作,共同建设"世纪工程"。

第五章　车路协同谱新篇

图 5-9　港珠澳大桥

4. 盘龙古道

盘龙古道位于海拔 4000 多米的帕米尔高原上，整条道路全长约 80km，真正的盘龙道约 30km。整条道路迂回曲折，大部分弯道都超过 180°，海拔跨度从 4100m 落到 3000m，落差 1100m。在短短的 30 多千米中，有超过 600 多个大弯。

盘龙古道最初只是一条方便牧民出行而修建的公路，如今却成为无数人自驾前来打卡的地方。实际上这条道路名叫"瓦恰公路"，是通往塔县瓦恰乡的两条公路之一。因其宛如盘旋的"神龙"盘卧在大地上一样，所以被称为"盘龙古道"。盘龙古道最精彩、最考验驾驶技术、风光最好的路段便是大盘龙和小盘龙，如图 5-10 和图 5-11 所示。大盘龙相对好一些，虽然弯度很大，但不算密集，很多驾驶人能轻松驾驭。最具挑战的是小盘龙，小盘龙路段道路弯弯曲曲，不但弯度大，而且弯道也比大盘龙的密集，使人不敢有半点分神；在这样的道路上驾驶，即使是有多年驾龄的驾驶人，依然会心情紧张、提心吊胆。不管是大盘龙，还是小盘龙，一路都建有很多观景台，人们可以停车欣赏盘龙古道蜿蜒的走势。站在山顶往下看，黑色的柏油路与灰黄色的山体形成鲜明的对比，再加上周边壮丽的昆仑山脉，一场视觉盛宴让人流连忘返。

图 5-10　大盘龙

图 5-11　小盘龙

125

5. 最美水上公路

（1）**古昭公路**　逢山开隧、遇水架桥，重重险阻"刻画"了一幅水上公路绝美的画卷，那就是古昭公路，如图 5-12 所示。古昭公路作为中国首条水上生态环保公路，位于湖北省兴山县，被誉为"最美水上公路"。这条通车于 2015 年的公路是宜巴高速公路连接兴山县城的重要通道，全长 10.5km，投资 4.4 亿元。为保护生态环境，香溪河特大桥和古夫河特大桥之间长达 4km 左右的路段被设计架在河道中，采用水上架桥方案修建一条"路景相融"的"水上公路"。沿着这条公路行驶，穿山渡水，美不胜收。公路蜿蜒于峡谷溪流之中，两岸风光尽收眼底，不仅能够亲眼见证山美、水美、桥美的人类工程与自然美景和谐统一，还可以由此到达白帝城、长江三峡、昭君故里、神农架、武当山等多个景区，是一条黄金线路。为进一步完善水上公路整体效果，当地交通部门在全路段两侧安装 425 盏路灯，路边栽种 3.75 万棵树木、6.4 万株攀缘植物、1.23 万 m^2 草皮，使这条公路白天青山绿水，夜晚华灯璀璨，恰似银河落山乡。

（2）**永吴公路**　始于江西省永修县城，止于"珍禽王国"吴城镇的永吴公路，如图 5-13 所示，途经著名的鄱阳湖候鸟保护区。2014 年 7 月 26 日，永修县进入汛期，鄱阳湖水位上涨迅猛，持续上涨的水位漫过连接江西省永修县吴城镇的永吴公路大湖池段，此后永吴公路大湖池段被称为"最美水上公路"。永吴公路一头连着江西的"小九寨沟"，一头连着古朴小镇，随着鄱阳湖水位涨退，时隐时现。每年的六七月间，当鄱阳湖迎来丰水期，水位一旦超过 18.67m，永吴公路大湖池路面就会被淹没，形成水中有路、路天一色的浪漫景观。随着这段"水上公路"成为网红路，永吴公路连接的两头也渐渐为人们所熟知。"永"是九江市永修县，虽不及庐山名气之大，但有着"小九寨沟"之称，藏着被誉为"东方亚马逊、南国九寨沟"之称的龙源峡；"吴"则是江西四大古镇之一的吴城镇，是一座因商而兴的千年古镇，当地曾流传"装不尽的吴城，卸不尽的汉口"的俗语；每当"寒露霜降水推车，鱼奔深潭客回家"之时，吴城镇广袤无边的湖滩、草洲就会显露出来。

图 5-12　古昭公路

图 5-13　永吴公路

四、智慧交通大力促进高效运输

道路通，百业兴。纵横交错的交通基础设施，成为我国经济发展的强劲动脉。大力发展的智慧交通不仅能提高行车效率，大大降低安全风险，而且驾车人的体验也更加舒适。

第五章 车路协同谱新篇

1. 公路越来越聪明

智能感知、实时预警、车辆汇流预警、行人过街安全预警、雾区行车引导、智能消冰除雪……每当行驶在与高科技融合的无锡国道、省道干线上时，你会惊喜地发现，路变"聪明"了，也更安全了。

江苏省选取4条有代表性的高速公路和普通国道、省道开展智慧公路试点示范建设，其中省道342无锡段智慧公路是江苏首个面向在用、大流量普通省道智慧公路科技示范工程。以"交通强国""数字交通"等战略为引领，围绕"安全提升、效率提升、服务提升"三大目标，创立"智能感知、智能管控、智能服务"成套技术应用体系，形成全国首个普通省道智慧公路建设技术指南和典型应用场景案例。省道342无锡段智慧公路围绕"智慧"的主题，实现科技创新，系统开展基于5G、机器视觉、车路协同、虚拟仿真等成熟技术集成应用、先进技术示范应用、前瞻技术试点应用以及规划设计技术指南研究。积极攻关技术难点，首次解决道路区域自适应分割、小样本下公路事件检测精度提升等关键问题，实现智能感知、实时预警；首次实现基于实时仿真的低时延、长里程路网监测、动态推演和决策支持，在智慧公路管理和服务应用领域达到领先水平。

2. 高速公路越来越智能

我国首条超级高速公路——杭绍甬高速公路，其杭绍段项目于2024年年初正式建成通车。这是一条科技感极强、运行效率极高的高速公路，技术领跑世界。杭绍甬高速公路全程近161km，连接杭州、绍兴和宁波三大城市，融入许多前沿高新科技，兼具绿色、安全、可靠的优点，以及高度智能化特点。

智能控制服务平台可开展即时的检测及监管，构建路网综合运行监测与预警系统，安全快速。超级高速公路的目标是实现快速通达，为此公路设计将为无人驾驶提供安全的驾驶环境，通过智能化和容错设计，来提升道路系统的安全性，将事故危害程度降到最低，达到全天快速通行和降低事故率的目的。将来极有可能实现不再限速，这对我国未来的交通发展起到了示范作用。通过光伏路面，可实现无线充电，汽车未来的发展方向是电动化，通过太阳能发电、路面光伏发电，插电式充电桩补充电量，为电动车提供充电服务。

这条"超级高速公路"的光伏路面共分为3层：第1层为透光混凝土路面层，具有强度大、透光率高两大特点；第2层为光伏面板，完成光电转化，利用路面空闲时间吸收阳光发电；第3层为绝缘层，既有对光伏面板的物理保护作用，又防水防潮。这种路面技术的创新将为未来新能源汽车的发展提供更广阔的空间。

在四川成都到宜宾路段的成宜高速，正在进行基于智慧高速系统的高精度导航测试。新导航系统的界面不仅呈现从二维变成三维，而且可以达到车道厘米级的精度，并且可以精准感知周边乃至远端车辆的信息。

基于智慧化的新基建赋能，导航和感知更精准。作为国家交通运输领域新型基础设施重点工程之一，2021年，成宜高速开始智慧化改造，在中间隔离带，每隔800m，就设立一根智慧杆柱，如图5-14所示，除了集合各种摄像机等传统视觉监控设备外，还专门安装毫米波雷达作为核心传感器，实现对道路的全天实时精准感知。系统将感知的数据信息接入高速整体监控中心系统，通过大数据、云计算、物联网、人工智能等新一代信息技术迅速处理分析后，将信息发送至车内，实现车内车外的智慧交互。

在新基建赋能下，实现精准感知、精确分析，人、车、路正在实现协同，让行驶在智慧高速公路上的车有了"千里眼"，路也不再是传统意义上的路。新基建赋能，让百姓出行更美好，让交通向着发展绿色化、运行自动化、出行人性化的目标前进，为交通强国建设提供了战略性支撑。

图5-14　智慧高速系统

思考题

1. 新能源汽车的"新"主要体现在哪些方面？
2. 如何界定新能源汽车？新能源汽车具体指哪几类汽车？
3. 汽车产业如何助力实现"双碳"目标？
4. 新能源汽车的未来将会如何发展？
5. 智能汽车的具体含义是什么？
6. 智能汽车有哪些基本组成？各组成有何作用？
7. 中国是如何划分汽车智能化等级的？
8. ADAS与无人驾驶汽车的区别主要有哪些？
9. 为什么说智能网联汽车是汽车未来发展的趋势？
10. 我国公路交通网的发展对汽车工业发展有何意义？
11. 我国的公路建设除了满足交通的需要，还能发挥什么作用？
12. 未来智慧交通围绕"发展绿色化、运行自动化、出行人性化"的发展方向是什么？都有哪些功能的升级？

第六章 / Chapter 6

公众文化大观园

扫码观看本章相关视频

当汽车进入中国人的视野，先后经历了从生产工具—奢侈品—交通工具的角色转换。随着汽车进入千家万户，汽车正逐渐成为人们生活的一部分，影响着人们的思维方式、交流方式及活动方式，提升着人们的生活品位，并改变着人们的生活品质。

第一节　汽车消费面面观

一、购车消费遂人意

当汽车快速进入普通家庭时，汽车由普通人可望而不可即的"奢侈品"变成了大众消费品。众多消费者要亲身体验选车、买车、修车等全过程，人们在汽车消费时面临诸多选择。

1. 各国汽车风格千秋

古人云："橘生淮南则为橘，生于淮北则为枳。"意思是说，同样的水果基因，由于所生长的地方水土不同，会产出截然不同的味道来。汽车作为与人们日常生活紧密联系的消费品，同样也受地域、经济发展、人口状况、消费者用车习惯等的影响。

各国的汽车都具有各自的特色和风格，为不同的消费者购买汽车时提供了多种选择。

英国车表现的稳重、内向、有内涵，具有绅士风范，如劳斯莱斯；德国车显得冷静、深藏不露、技术精湛，很少以外表去"哗众取宠"，如奔驰，如图6-1所示；法国车追求时尚浪漫，充满人文气息，喜欢创新，如雪铁龙、标致；意大利车给人以豪放、性感、洒脱之感，多以性能和外形吸引顾客，如法拉利；美国车凸显豪放、狂野、不拘小节、动力强劲，车厢宽敞，内部设施豪华，外观粗线条，但一般不重视经济性，使用成本较高，如林肯；日本车透出活泼、善变、创新、注意外表、经济实用、性价比高，如丰田、本田；韩国车集欧、美汽车技术于一体，借鉴日本汽车风格，既洒脱稳重又具飘逸感，有一种"骑士"风范，如现代；中国车体现了中庸、稳重、实用的风格，也有进取、追求时尚的元素，如红旗。

图6-1　奔驰

2. 排量大小任君挑选

为满足不同用户的需求，每个汽车公司都有不同排量的汽车。有的用户喜欢购买排量大的车型，这类车开起来动力强劲，但油耗很高；有的用户注重经济实用，买个小排量的车用于代步，省钱又省力。

1.1L以下排量的车，油耗低，外形活泼，购买和养护费用都很便宜，比较适合新手和女性朋友以及创业阶段的年轻人士选购，如奇瑞QQ、SPARK等。1.3L排量的车兼顾节能和动力性，如长安奔奔，如图6-2所示。1.4L排量的车对动力性有一定要求且油耗相对较低，如乐风、标致206等。1.6L排量的轿车在市场上备受青睐，主要是因为该排量车型款式众多、价格跨度大、安全性与经济性兼顾等，如捷达、宝来、高尔夫等。1.8L排量的车型主要集中在一些中高级轿车上，这个级别的车无论从动力性、操控性、安全性，以及外观、配置等各方面都有不俗的表现，公务、家用均可，如骏捷、福克斯、帕萨特等。

3. 两厢三厢求同存异

轿车这个概念是中国人的发明创造。过去，在人们心中"三厢车"才称得上轿车，这与中国人传统意义上的轿子中间高、两头低且意含尊贵不无关系。"两厢车"引入中国时并不为国人所接受，人们总是对"三厢车"情有独钟。

由于中国人对汽车的三厢情结，"三厢车"仍然是我国市场的主流。东风标致在选择307作为重返中国后的首款车型时进行过市场调研，结果显示，超过80%的消费者仍然认同三厢车的造型。基于此，东风标致对307这款经典的两厢车进行了中国式的三厢改造，如图6-3所示。同样的例子还有广州本田的飞度。

图6-2　长安奔奔

图6-3　标致307两厢车和三厢车的对比

随着汽车技术的发展和汽车知识的普及，现在两厢和三厢的概念正在逐渐被淡化。"两厢车"由于占地面积小，停车方便，同时充分融合了乘坐空间最大化的人性化设计理念，因而很适合一般家庭使用。发达国家的"两厢车"比"三厢车"卖得多而且便宜，"两厢车"在国内也正在成为消费新趋势。

4. 汽车颜色彰显个性

在这个个性化的时代，消费者对汽车颜色的选择很有讲究。选择不同颜色的汽车，可以从中感悟到车主的不同个性。有研究表明：选择黑色车的人，性格很严谨，自我克制能力较强；选择红色车的人，是潮流的追随者，他们注重自我，比较在意自己的社会形象；选择黄色车的人，什么事情都喜欢自己做主，这类车主很活跃而且慷慨大方，喜欢挑战；喜欢蓝色车的人，凡事为人着想，头脑灵活，反应敏捷，性格沉着冷静而且容易满足；喜欢绿色车的人，通常比较谨慎，富有观察力和好奇心；喜欢银（灰）色车的人，不喜欢过于刺激的活动，个性好静，凡事都会尽力去做；喜欢白色车的人表现出其超乎常人的适应能力，尤其可与不同性格的人士相处；喜欢香槟色车的人可能有点忧郁倾向。综上所述，选择较浅色车身的人，多半是循规蹈矩、工作欲望强烈的人；选择亮丽颜色车身的人，多半喜欢享受生活中的乐趣。

因为颜色是消费者购买汽车的重要倾向,汽车生产厂商们总是在颜色上下足功夫,使其成为卖点。汽车营销人员会根据购车者职业的不同,向其进行有针对性的推荐。比如,面对医生、教师、公务员这些人士,多推荐白色、银灰色、黑灰、黑蓝、深蓝等色系;对"白领"和自由职业者,则多被推荐奔放、富有激情的红色、黄色、宝石蓝色、紫色等色系。

5. 汽车服务花样繁多

汽车服务行业不仅具有满足生产厂家和消费者市场需求的双重功能,而且担负着通过保持汽车技术状态来节约汽车能源消耗、减少环境污染和提高运行安全性的社会责任。

汽车服务范围涉及汽车消费的各个方面。汽车服务的种类按消费过程可分为购销服务、使用服务和权益服务三大类。购销服务包括整车销售(4S店)、配件销售、二手车交易、金融贷款、广告宣传、购车咨询、汽车展览等;使用服务包括管理代理、燃料供应、维护修理、美容装饰、停车租赁、导航支持、意外救援、防盗安保、驾驶培训、汽车餐厅、汽车旅馆、汽车影院等;权益服务包括法规咨询、检测仲裁、事故分析、保险理赔等。

随着汽车保有量的不断增加、车辆更新速度的加快,汽车消费市场潜力巨大,同时,由于汽车各种新技术的应用及国家政策法规的要求,进一步带动了汽车服务行业的发展。中国现在的汽车后市场大体上可分为汽车金融、汽车租赁、汽车用品、二手车、汽车养护与维修、汽车报废等几类。随着新能源汽车的发展,新能源汽车充电基础设施也被列为汽车后市场行业。在服务内容方面,汽车维修行业和汽车养护行业存在着交叉,没有严格的划分界限。同时,目前国内许多汽车维修及配件行业的业务范围也有向汽车养护拓展的趋势。2022年,中国汽车服务市场规模达到53681亿元,同比增长6.13%,2015—2022年复合增长率为13.3%。其中汽车金融领域市场规模占比最大,占到41.21%。

6. 汽车与直播的金玉相逢

近几年,直播是当下抢眼的风口行业之一,屡屡创造销售奇迹,任何产品似乎与直播联系起来,都能引发市场关注。2020年,汽车行业面临困局,不少汽车品牌的厂商、经销商纷纷转战线上,推出VR看车、直播卖车等新型汽车营销服务。

蔚来汽车公司于2020年2月初就开始直播卖车了。随后,小鹏汽车公司每周二、周三以不同的主题直播云看车;威马汽车公司也加入抖音直播的行列。传统车企也逐渐发力,包括一汽丰田、东风日产、上汽大众、捷达等多个品牌的经销商,均开设了直播间。为吸引更多的人观看直播,直播方邀请品牌专家、汽车知名自媒体、汽车KOL(Key Opinion Leader)等作为直播嘉宾,这种"专业主播+销售顾问"的组合,能让消费者更好且深入地了解想买的汽车。

2020年6月21日,由团车网与阿里巴巴共同举办的"618百城直播团车节",如图6-4所示。在为期一周的时间里,来自83个品牌的主机厂和经销商在全国98个城市与团车网展开联动,吸引约200万人次观看,两天内带货金额近2亿元。

2021年,品牌经销商的月均直播场次增长408%,互动量增长263%,二手车直播场次增长497%,直播已成为品牌推广和营销转化的主流阵地。

直播打破了汽车销售的地域限制,带动盲订和异地买车等现象出现。直播带货的受众大多是新一代青年,汽车企业需要触及和满足新一代消费群体的需求,从而实现内容和服务的支撑。奥迪汽车公司于2020年11月,在广州车展上发布了中国首位虚拟女车主——国漫联盟的白月魁，如图 6-5 所示，她得到了新一代消费群体的广泛关注。

图 6-4 2020 年"618 百城直播团车节"

图 6-5 中国首位虚拟女车主——国漫联盟的白月魁

7. 共享汽车的悄然生长

汽车共享服务源于 20 世纪 80 年代的瑞士，20 世纪 90 年代在欧洲各国、美国和日本等国家萌芽并发展。进入 21 世纪，互联网产业成为经济全球化发展的重要组成部分，共享经济表现突出，共享汽车悄然升起，应运而生。共享汽车不仅为社会提供诸多便利，而且能对节能环保做出重大贡献。

2010 年，国内首家共享汽车平台——"车纷享"公司成立，共享汽车模式开始在中国出现。2015 年被业界定义为中国共享汽车的元年，市场快速发展，深受资本追捧。据行业统计，截至 2019 年 2 月，中国注册的共享汽车企业达到 1000 多家，投入运营的共享汽车数量达到 10 多万辆。其中，活跃在北京的共享汽车企业有 GoFun 出行、Togo 途歌出行、EZZY 租车、Car2Go 等，每家投入的车辆数量均在 1000 辆左右。国家信息中心发布《中国共享经济发展报告（2022）》显示，2021 年共享汽车直接融资规模约 2137 亿元，同比增长约 80.3%。

在共享汽车这个千亿级市场中，中小型企业不断出局，具有核心竞争力的企业持续深化探索，目前已经形成比较稳定的市场格局。得益于新能源汽车时代的到来，共享汽车市场超前发展，不过还有许多路需要探索。从长远角度来看，共享汽车的发展前景与商业机会仍然向好。图 6-6 所示为某品牌共享汽车。

图 6-6 某品牌共享汽车

二、汽车与"衣食住游"

1. 汽车服饰店的兴起

为丰富人们的日常生活，服装业紧跟时代发展的步伐，向汽车业抛出了橄榄枝，汽车业也向服装品牌延伸，汽车与服饰之间的品牌文化联合悄然兴起，共同引领着"车、人、服饰"三位一体的时尚生活。

在大城市的繁华地段，汽车服饰店成为其中一景。法拉利在北京、上海、杭州等地开设了3家精品专卖店，专卖法拉利品牌的商品。在法拉利专卖店里，陈列着上千种商品，其中包括服装系列、皮具、手表、按实物比例制作的汽车模型及其他玩具等，价格则从80元（记事本）到20000元（手工缝制的皮质衣服）不等，为法拉利品牌的客户和车迷们提供丰富多彩的产品。法拉利专卖店不仅是意大利手工精品的卖场，而且体现了法拉利悠久的历史和经典尊贵的品牌文化。

宝马生活方式店陈列的服饰向人们展示了宝马的精良品质和完美的细节。宝马服饰在外观设计上力求与宝马汽车风格一致，采用了绚丽但不失稳重的颜色搭配，其服饰线条也保留着宝马汽车的流线型。车与服饰都体现了宝马的核心价值观——潇洒、优雅、时尚、悠闲、轻松的生活方式。宝马服饰将一些新技术运用到服饰中，不仅增加了服饰的高科技感和现代感，还加强了服装的舒适性和实用性。比如宝马推出的"恒温"面料，具有储存或释放热量的特性：当人的体温升高时，面料吸收热量；体温下降时，面料释放所储存的热能以达到恒温效果。宝马延伸到服饰领域，可向更多消费者推广宝马生活方式和宝马品牌，带给消费者全新的生活体验。

2. "食"的汽车韵味

"民以食为天"。汽车的出现使人们吃的选择范围越来越广，而且还可以吃出汽车的韵味。

随着生活水平的提高，人们已不再满足在城区酒店、餐馆用餐，而是愿意带上家人或朋友到几十里甚至百里外的郊区聚会，致使各地的"农家乐"如火如荼。因为有了车，城郊变得近在咫尺。

把汽车元素"渗入"饮食之中，是汽车文化与饮食文化结合的产物。在北京的一家餐馆里，可以看到一些奇特的菜名："水煮大奔"即为水煮的大片牛肉；"江米轮胎"就是在藕孔中填入江米的藕片；"火爆六环路"是火爆鸭颈，将鸭颈切成6段；"四轮驱动"就是海参加4个猪手，海参趴在中间，把4个猪手连起来；"清蒸别克"是清蒸皖鱼，将做好后的皖鱼修剪成新款别克的形状。特色菜名还有宫爆悍马（宫爆牛蛙）、面的过河（泡菜）、越野者（土豆泥）、红烧林肯（红烧带鱼）、凉拌国产车（凉拌苦瓜）、报废车（回锅肉）、违章停车（芥末墩儿）、平安保险（白菜豆腐汤）等。

在这个以汽车文化为特色的餐厅里，一辆改装过的北京吉普成了收银台。菜馆的墙壁上密密麻麻地贴满了车证，这是菜馆老板几十年来收集的结果。北京侯嘉菜馆如图6-7所示。

随着汽车社会的到来，汽车元素将会更多地融入饮食文化中。

3. "住"的多种选择

第二次世界大战结束之后，世界人口的迁徙有两个动向：一个动向是农村人口迁往城市；

第六章 公众文化大观园

另一个动向就是城市中心区的人口迁往郊区。第一个动向代表整个世界进入城市化的进程。第二个动向表明人们的生活方式发生了变化，使城市越来越"空壳化"，这种变化由汽车起着"桥梁"作用。

汽车的发展改变了城郊格局，加速了卫星城的出现。汽车进入家庭有力地推进了城市的郊区化和郊区的城市化，城市功能因此被重新界定。典型表现是城市圈的形成，即在一个特大中心城市周围有几个大城市，大城市周围是一批中等城市，最外围是大量的小城镇。私家车扩大了人们活动的范围。于是，人们对于住处有了更多的选择。住的地方离工作的地方可以很近，也可以很远，甚至可以不在同一座城市。

图 6-7 北京侯嘉莱馆

"车内是家，车外是整个世界"，这就是房车给人的感觉，如图 6-8 所示。看过电影《不见不散》的人，一定记得葛优驾驶的那辆房车，有厨房、卧室、卫生间，俨然是个流动的家。

图 6-8 房车

家居式旅行房车在国外已经相当普遍，20 世纪 60 年代曾风靡一时。房车一般有驾驶区、工作娱乐区、卧室休息区。3 区分隔，互不干扰。卫生间、浴室、工作台、冰箱、厨房、吧台以及折叠床铺，一应俱全。但房车价格高，大众化推广有待时日。

4. 自驾游的乐园

汽车是现代科技和文明的产物，休闲是几千年来人们一直追求的生活方式。这两个看来好像毫无关系的词，今天却巧妙地结合在了一起，汽车丰富了人们的休闲生活。

近年来，多种休闲轿车，如 RV（Recreation Vehicle）、CRV（City Recreation Vehicle）等在我国的兴起，恰恰证明汽车正在改变人们的休闲方式。因为有了车，人们在周末、节假日的活动更丰富了，本地游、郊区游、外地游渐趋流行。

私家车的增多使得"自驾游"成为一种时尚的旅游休闲方式。美国人最初将周末开车出游称为 Sunday-drive，后来改称为 Drive Travel，自由和个性化使自驾车旅游充满魅力。

"自驾游"的优点在于不需别人的刻意安排，可以在任何地方停留，欣赏自然美景。随车携带物品，可以满足"吃、住、行"的需要，人们能真正体验生活与自然融为一体的感觉，十分惬意。

5. "e 代驾"与"专车"的兴起

（1）**"e 代驾"** "代驾"就是当车主不能自行开车到达目的地时，由专业驾驶人驾驶车主的车将其送至指定地点并收取一定费用的行为。一般在餐饮行业需求较多，车主去饭店聚餐喝酒，酒后因为不能开车，由其他人代为驾驶。

一些传统代驾与酒店保安等进行合作，收费贵、不规范、安全无法保障，容易对用户利益造成损害，也对整个行业的健康发展带来了不利的影响。在移动互联网的大背景下，汽车类 O2O（Online to Offline）蓬勃兴起，"e 代驾"就是基于地理位置的代驾 O2O 公司，其使用人群主要是白领、金领，包括有一定经济实力偏重社交的用户群体，多数是在酒后及时叫代驾，并且多数代驾是在晚间喝酒后才产生的需求。"e 代驾"服务的本质是共享经济模式下，让拥有开车技能的人的碎片时间产生价值。"e 代驾"服务如图 6-9 所示。

a)

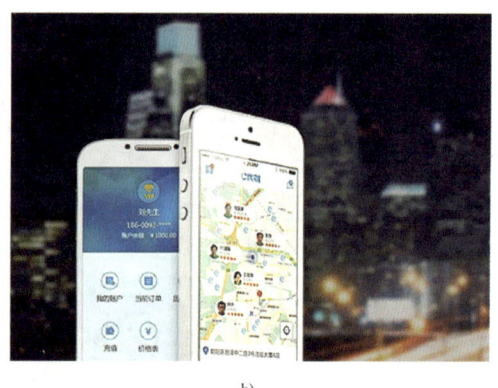
b)

图 6-9 "e 代驾"服务

e 代驾提供的服务包括：酒后代驾、商务代驾、疲劳代驾、长途代驾、代驾保养、代驾洗车、代驾接送人、代泊车、代年检、代充电、"专属司机"等。你能想到的，e 代驾师傅都能做到。e 代驾不只是代驾，更多的是一种生活方式，已逐渐形成更加完善的代驾服务场景。截至 2022 年 2 月，e 代驾全国合作代驾司机 73 万人，已在全国 408 座城市开通代驾服务，用户达 7400 万，累计提供代驾服务超 2.6 亿人次。

（2）**"专车"** "专车"是由打车平台、政府共同认证，用于运送乘客，主要通过手机等移动设备完成订单预约及支付的具有合法运营牌照的营运车辆。从开始打出租车到现在越来越流行的专车，有了打车软件确实方便了很多，而且现在专车新用户的优惠活动让打车的价格显得格外亲民。由于市场的火爆，市面上有多款专车软件。主流的 App 应用有：Uber、神州专车、易到用车等。各家采取的运营模式不尽相同，用户体验也会有一些差别。

目前，专车 App 车辆来源主要有两种：一种是公司自建车队、招募驾驶人自营的方式。这种方式具有较高的可控性，但是投入较大，属于重资产模式，以神州专车为代表。另一种是招募社会车辆加入或者租用汽车租赁公司车辆的经营方式。公司自身没有车辆，只提供平台，属于轻资产模式，以 Uber 为代表。

神州专车由于在汽车租赁行业有多年的积累，自身有较为庞大的车队，这是其进入专车市场的一个非常大的优势。其他公司想在短时间内自建车队基本不可能，一是资金方面的障碍，二是大城市汽车上牌很难。采用自建车队在法律政策上的风险要小一些，因为车辆都是出自正规租赁公司，因而看起来更像是专车市场上的正规军。

三、新媒体的悦动

1. 汽车新媒体

目前汽车新媒体的种类主要包括：问答、百科等微平台，以微信、微博为代表；音频、短视频平台，如抖音、快手、喜马拉雅 FM 等平台；搜索引擎平台，如门户网站、行业信息网站等；自媒体平台，如汽车之家 App、今日头条等。平台多样，受众广泛，可以满足特定消费者的需求，消费者也可以自主选择，并进行有效互动。汽车新媒体分类如图 6-10 所示。

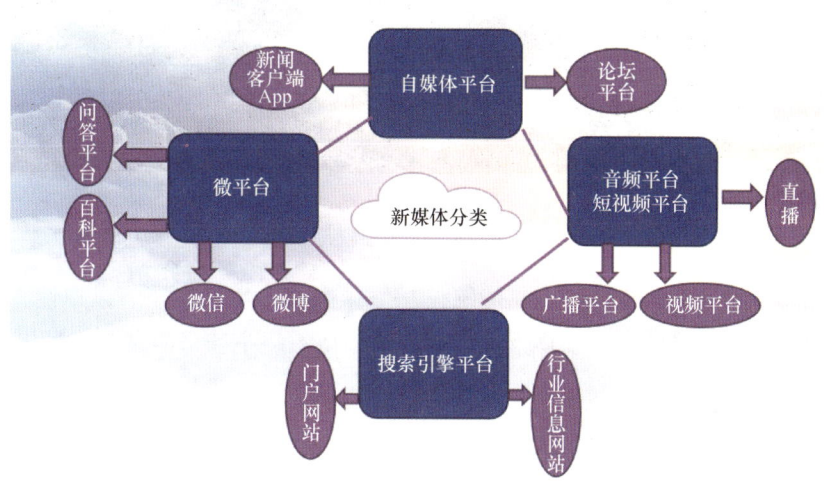

图 6-10　汽车新媒体分类

（1）**微博营销**　微博营销是指企业或非营利组织利用微博新媒体向受众进行营销，通过在微博平台上进行信息快速传播、分享、反馈、互动，从而实现市场调研、产品推介、品牌推广、活动策划、危机公关等的一系列营销行为。微博具有开通率高、用户活跃度高、粉丝数量众多等特点，为汽车信息的传播奠定了良好基础。

据统计，汽车网民微博开通率达 60% 以上。汽车网民对微博的使用频率很高，有近半数的汽车网民会经常登录微博；有 20%～30% 的汽车网民会经常转发或评论微博。有近 75% 的汽车网民表示会关注汽车企业的官方微博；在汽车品牌推出的官方微博中，关于新车发布或上市的最新信息以及汽车日常使用的温馨提示等，都颇受汽车网民的关注。汽车网民对汽车官方微博感兴趣的内容转发或评论的占比超过 80%。

宝马中国、别克将微博营销运用得淋漓尽致，如#别克 GL8 艾维亚云首发#话题页阅读量高达 2.1 亿人次，讨论数达 5.9 万人次。宝马中国、别克将微博作为企业信息的第一发布平台，用户关注度可见一斑。

（2）微信营销 微信已经渗透人们生活的各个方面。目前，汽车企业主要通过线上小程序、微信公众号、朋友圈、微信群进行营销宣传等。微信以其裂变式传播的态势，一传十、十传百、百传千……通过微信生态内部推送消息给海量用户，不断增加用户的黏性和后期体验。微信营销如图 6-11 所示。

图 6-11　微信营销

（3）传统汽车媒体+汽车自媒体 在传统汽车媒体方面，新浪汽车、凤凰网汽车频道、太平洋汽车网等为主力。在汽车自媒体方面，抖音网红博主、小红书博主等自媒体博主，不断为各车企带来全方位的曝光，深度影响对汽车感兴趣的人群。在车展现场，自媒体展区是最热闹的展区之一。为了吸引观众的注意力，自媒体会举行丰富多彩的活动，如关注微博微信领取奖品，发微博积攒抽奖，或者是赛车游戏等互动活动，以此来增加关注量，吸引粉丝。

总体而言，新媒体营销具有广泛互动性的特点，满足需求的传播范围广，速度非常快，宣传力度大；新媒体营销有效降低了营销成本，拓展了广告的创意空间。新媒体时代（如图 6-12 所示）通过互动的即时性，可吸引更多线下的消费者到线上参与互动活动。微博、微信、抖音短视频等是目前最主力的新媒体。新媒体媒介形式如图 6-13 所示。

不过，新媒体营销是把"双刃剑"。俗话说："好事不出门，坏事传千里。"很多突发事件和言论，会被新媒体迅速地放大、扩散，从而产生各种各样的舆论和社会影响。2019 年的奔驰女车主维权事件，到 2021 年的车展现场特斯拉车主维权事件，充分印证了这把"双刃剑"的杀伤力。

图 6-12　新媒体时代

图 6-13　新媒体媒介形式

未来如何运用新媒体营销，做到以消费者需求为导向，提高精准性，达到经济效应、社会效应、文化效应的有机统一，是汽车企业持续面对的挑战。

2. 汽车数字化

（1）**汽车数字化简介**　汽车数字化包括汽车应用场景数字化、汽车服务数字化等，如图 6-14 所示。在汽车制造环节，汽车企业智能工厂正在实现全流程智能制造。例如，吉利工业互联网平台通过构建集资源能效、安全可信、数据智能、智能物联于一体的数字化基座，让企业拥有了数字化转型的一体化基础能力。吉利工业互联网平台已研制出工厂数字化、数字化运营、C2M（Customer to Manufacturer）柔性定制、智慧出行、双碳管理五大解决方案，可全方位助力汽车制造业实现数字化转型。汽车数字化工厂如图 6-15 所示。

图 6-14　汽车数字化

汽车服务方面，近些年，通过在汽车车联网数字化服务及应用等方面的改革与突破，使汽车作为"第三生活空间"的价值得到大力的提升，便捷时尚的驾乘体验、自我认知的实现、人生价值的追求等，将成为数字时代汽车被赋予的新价值。汽车产业服务的数字化变革包括手机、车机终端的联动，如微信车载版、升级版腾讯小场景 2.0、QQ 音乐、喜马拉雅、腾讯新闻等应用场景和服务；汽车直销新零售、汽车服务数字化门店等全产业链环节，如图 6-16 所示。

（2）**汽车数字化营销**　所谓数字化营销即采用数据处理、人工智能等技术，通过对私域流量、八爪鱼等数据池与数据处理工具的深度挖掘和应用，将聚集的流量、贴合的用户触

图 6-15　汽车数字化工厂

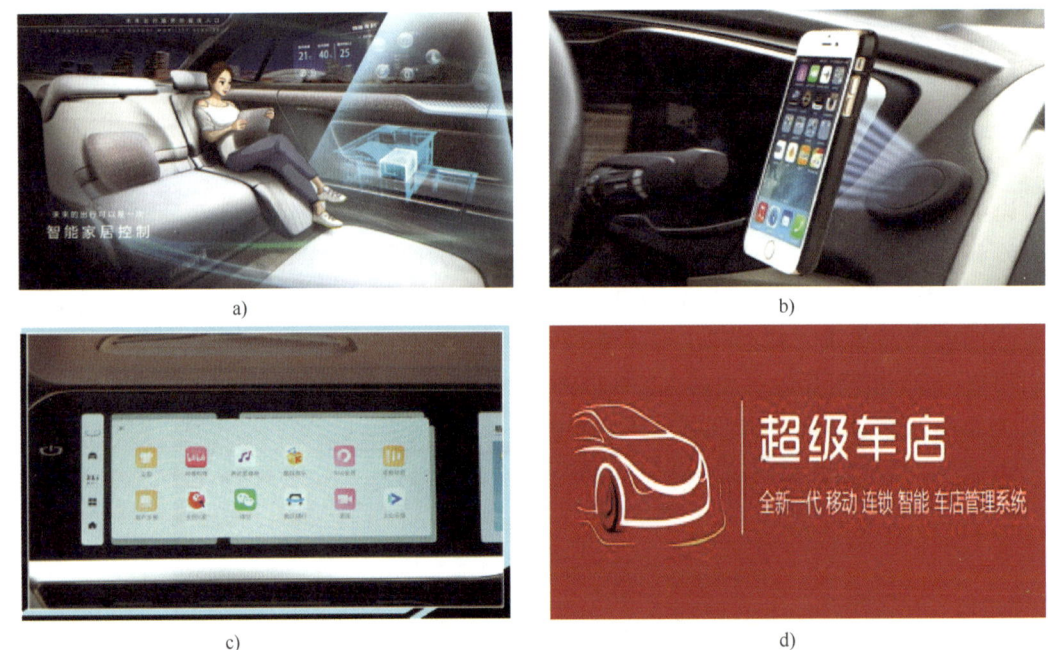

图 6-16　汽车全产业链环节

点、高效的获客手段有机结合，外化为丰富多彩的营销手段，如直播买/卖车、无接触购车，线上展厅、虚拟看车、现场销售、上门试车、网上成交等。

汽车营销的数字化转型，成为车企数字化转型的启动器与破冰器。数字化营销的趋势将使消费者的购买决定处在"微时刻"，把碎片化的故事聚合起来、让品牌跟健康和智能沾边、以视频内容为王，将长视频、短视频、直播三大视频形式进行互融，从而实现媒体和卖场进一步的融合。

汽车企业的线上营销列为店销、分销、直销之后的第4种营销模式。在立体"营销作战"中，数字化营销向传播品牌、直接带货发力，进而联通线上与线下，达到最佳效果。通过数字营销网络体系建设，实现垂直媒体引流、自媒体圈流及营销活动等的导流，可以加快销售引流和销售线索转化。直播带货的形式包括抖音直播、快手直播、企业员工直播等多种方式，以推动线上营销的发展。

无独有偶，汽车节"数字化"引流也是汽车数字化营销的典型营销方式，如图 6-17 所示。2019 年，汽车之家与易车 App 分别同湖南卫视和浙江卫视合作，打造汽车圈的"春晚"，创造了晚会+购车节新模式。两台晚会以大数据技术为支撑，以内容生态和创新营销为要素，通过线上与线下一体化场景构建，带领汽车行业开启转型升级时代的营销新模式。818 全球网上车展、台网联动、车娱融合、移动端的社交平台、电商平台已成为汽车数字化营销的多元化触

图 6-17 汽车节"数字化"引流

点，新品发布、品牌种草、实锤内容成为"数字化"引流获客的主要载体。

互联网时代催生数字营销，使其成为诸多品牌吸引客户、提升品牌力的全新商业模式，成为推动营销创新、提升客户体验的重要手段。对车企而言，数字营销已成为在传统营销之外实现增量的第二战场。然而万变不离其宗，时代在不断变化，机遇与挑战并存，用真正贴合大众内心需求的营销方法，靠产品质量和口碑吸引客户、留住客户才是永恒不变的真理。

第二节　汽车礼仪人人尊

礼仪体现一个人的修养，体现一个民族的素质。穿着打扮有礼仪，谈吐就餐有礼仪，行车走路有礼仪，待人接物有礼仪……日常生活中处处有礼仪。随着汽车逐步融入人们的日常生活中，人们的生活与车的关系越来越密切，与汽车相关的各种礼仪自然就越来越多地受到关注。

一、乘车礼仪

乘车文明从某种程度上体现着人们的生活质量和公德意识。乘车礼仪主要体现在车内座位的排列次序和上下车的次序上。

无论什么场合，位次问题都是非常重要的内容，表达的是尊重和礼节。乘车时的位次安排是有一定的讲究的。

我国自古以来就是礼仪之邦，古代乘车时分上位和下位，上位为尊。后来位次尊卑分为左右，但不同朝代说法不同，唐代、宋代、明代尊左，元代、清代尊右。现在，车内座位的排列次序遵循"方便为上，安全为上，尊重为上"的原则。

（1）**轿车的座位**　轿车的座位，在乘坐双排座轿车时，座次的具体排列因驾驶人的身份不同，分为两种情况。

1）车主亲自驾车。双排 5 座轿车上其他 4 个座位的座次，按礼仪重要程度依次为：副驾驶座、后排右座、后排左座、后排中座。

车主亲自驾车时，若一人乘车，则必须坐在副驾驶座上；若多人乘车，则必须推举一人在副驾驶座上就座，否则就是对主人的失敬。

2）专职驾驶人驾车。双排 5 座轿车上其他 4 个座位的座次，按礼仪重要程度依次为：后排右座、后排左座、后排中座、副驾驶座，如图 6-18 所示。

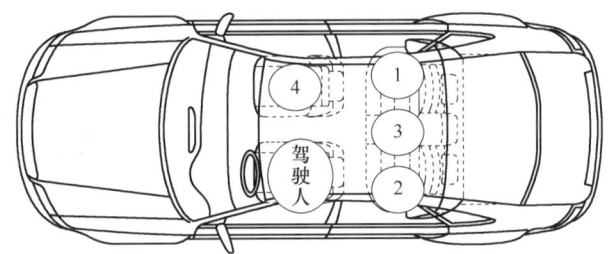

图 6-18 专职驾驶人驾车时轿车座次排列

在公务活动中，副驾驶座被称为"随员座"，一般供秘书、翻译、警卫、陪同等随从人员就座。

（2）微型客车的座位 微型客车俗称"面包车"，一般座位为 3 排，车内的位次是中间为上，前后两端为下，即第 2 排（驾驶人后面的一排）的位置为上，第 3 排次之，最后一排（超过 3 排时）和第 1 排（副驾驶）居末。在同一排的 2（3）个座位中，以右面的座位为尊。也就是说，第 2 排右座是全车中的首席。

（3）旅行车的座位 在接待团体客人时，多用旅行车接送。旅行车一般为多排座位，以驾驶人座后第一排（前排）为尊，后排依次降低。每排右侧为尊，往左侧依次降低。

在汽车礼仪中，不仅座位的位次安排非常重要，上下车的次序也很重要。在同女士、长者、上司或嘉宾乘双排座轿车时，应先主动打开车后排的右侧车门，请女士、长者、上司或嘉宾在右座上就座，然后把车门关上，自己再从车后绕到左侧打开车门，在左座上坐下。到达目的地后，若无专人负责开启车门，则自己应先从左侧车门下车后绕到右侧车门，把车门打开，请女士、长者、上司或嘉宾下车。在通常情况下，应等上司或嘉宾上车后其他人再上车。在上司或嘉宾上车时，应主动为上司或嘉宾打开车门。若是特别尊贵的客人，还应在打开车门的同时，礼节性地用另一只手护住车门的上沿，防止客人上车时碰到头部。下车时，其他人先下车，以便在上司或嘉宾下车时为之提供必要的服务或帮助。

二、行车礼仪

行车礼仪在日常生活中是非常重要的，主要体现在正常行车、超车、会车和让车等几个方面。

1. 正常行车礼仪

在我国，汽车应遵循靠右行驶的原则，各行其道，不随意变更车道。驾驶人要严格遵守交通规则，按照各种交通标志行车；在转弯时，应提前打开转向灯；不要随意按喇叭。喇叭仅仅在需要的时候用短暂而清脆的声音提示他人，不需要用足力气让喇叭爆发最大音量。在街道、安静的小区、校园等场合，不要使用喇叭提醒别人。

异常天气多为路人考虑。雨雪天气要减速慢行。驾驶人在经过水坑的时候，要注意减速、避让，不要把水溅到路人身上。

一个有礼貌的驾驶人在任何时候都会让行人先行，不跟行人抢路。驾驶人应耐心等待行人横穿过马路，即使这时交通灯已经转变为绿色。当在十字路口停车时，驾驶人应将车停得远离人行道，不给行人带来不便。

对新手要多宽容。现在买私家车的人越来越多，新手上路也越来越多。有的人对新手缺乏应有的宽容和理解，嫌新手开得慢，就在后面使劲按喇叭，或者跟得很紧，造成新手非常的紧张。

今天的交通是"饱和交通"，一辆车行驶速度过慢，就很容易形成一个流动的"瓶颈"。因此，要求每位驾驶人在没有任何道路障碍的时候尽量不要压车行驶。当然路况好时，也不要飙车，注意行车安全。

作为驾驶人，要做到不酒后驾车，不疲劳驾驶，开车时不打电话、不吸烟，这些不仅是对自己的生命安全负责，也是对他人的生命安全负责、对社会负责。

2. 超车礼仪

坚持左侧超车。超车时按以下步骤进行：首先，要通过左后视镜观察左后方车道内有无车辆高速接近，并在超车时提前十几秒打开左转向灯；其次，驾车开始向左变道并加速准备超车时，要注意观察前后方车辆以及道路条件是否符合超车要求。晚间超车时应当闪烁两三下远光灯，以告知前面的被超车辆。在与被超车并行时，要双手握紧转向盘，特别是超越大型车辆或被大型车辆超越时，要保持足够的横向安全间距；最后，在超越了被超车辆后，要继续沿超车道行驶一段距离，与被超车辆保持安全距离之后，开启右转向灯，缓缓地回到行车道上。回到行车道后，别忘了关闭转向灯。

如下情况不能超车：行驶在交叉路口、人行道、浸水桥、铁路道口、急转弯、窄道、隧道；掉头、转弯、下坡；风、雨、雪、雾等特殊天气，能见度低于30m以下等。

3. 会车礼仪

会车时要做到"礼让三先"：先让、先慢、先停。尽量避免在窄桥、涵洞、急转弯或有障碍物的路段会车。在路面较窄的道路上会车，要注意周围交通情况的变化，尽量避免本车与对面来车和障碍物或非机动车形成横向"三点一线"的情况。会车时要估计到从对面来车的后部突然出现车辆和行人等情况，并随时做好停车的准备。

夜间行驶时应打开前照灯。如果自己处于头车位置，路面采光不好，可以用远光灯照明。但如果遇到会车情况，应该及时调到近光灯，避免因强光晃眼给对面车辆驾驶人造成驾驶障碍。

4. 让车礼仪

礼让造福，抢行肇祸。让则畅，抢则堵。人让车，让出一份安全；车让人，让出一份文明；车让车，让出一份秩序。礼让行车时，要注意以下原则。

1）让优先通行的车辆。车让车不同于人让人，人让人的自由度大，车让车必须按规定

让，否则极易造成交通失序。

2）让行人。在任何情况下，发现前方有行人时，都应减速礼让行人。在驾车方具有优先通行权时，减速礼让的同时可以鸣喇叭提醒行人避让。在单位院落、居民居住区内，机动车应当低速行驶，避让行人。遇大雨等坏天气，在乡村公路、小巷等狭小道路行车遇行人时，应减速让行人从较好的路面通过。

3）让公交。公交优先已成为现代城市交通发展的重要战略。每一位驾驶人都应有公交优先的意识，自觉让公交先行，以提高道路通行效率。

4）让急者。人生一辈子难免会遇上几件急事。一般驾驶人遇后车闪灯、鸣喇叭欲超车时，应减速让超。

三、停车礼仪

在日常生活中，常有车主为停车的事与他人发生口角，甚至拳脚相加。这都是由于车主不清楚停车礼仪所致。在停车时，要做到"三不堵"，即不堵他人之车、不堵非机动车道、不堵在商店门口和小区出入口。不要把车停在人行通道上，或占用已属于别人的车位，或堵住他车出路。不管车位是否拥挤，都应注意按车位线停车，或者与大家的停车方向保持一致。不管车技如何，尽量与别的车靠近，以此让更多的车主能在这有限的空间内找到停车的车位。如果实在没有车位，而又一定要短暂停留时，可在车上贴个条，写上自己的电话，告知需要挪车时与你电话联系。不要不管不顾地停，因为后果很难预料。夜间停车，应关闭前照灯，以免影响他人。

在夜间或遇风、雨、雪等天气时，如果需停车要打开示宽灯和尾灯，并靠路边停放。如果发生故障需要停车，还应在车后摆好三角停车标志牌，夜间开小灯或尾灯。

第三节 汽车运动燃激情

国际和国内各式各样的汽车比赛、竞争、训练、培训，以及带有竞技性质的汽车旅游、探险、娱乐和表演活动统称为汽车运动，它是世界范围内一项影响较大的体育运动。多姿多彩的汽车运动不仅使汽车这一冷冰冰的钢铁机器充满生机，而且汽车运动的激烈、惊险、热情、刺激使亿万车迷为之疯狂。汽车运动的发展促进了汽车技术的日新月异，是汽车厂商展现技术实力的重要舞台，同时也是助力汽车品牌形象树立和强化的手段。

一、汽车运动的起源

汽车运动是使用汽车在封闭场地内、道路上或野外进行速度、驾驶技术和车辆性能比赛的一项运动。在国外，汽车运动的发展几乎与汽车技术的发展同步。19世纪80年代，欧洲大陆出现了汽车的雏形，汽车运动就随着汽车工业的发展而兴起。起初，汽车比赛的目的是检验车辆的性能，宣传参赛汽车的安全性和可靠性。

世界上最早的车赛是在1887年4月20日由法国《汽车》杂志社主办的，参赛的只有一名选手，名叫乔尔基·布顿，他驾驶一辆4人座的蒸汽机汽车从巴黎沿塞纳河畔跑到了努伊伊。

世界上最早采用汽油机汽车进行的长距离公路赛，是在1895年6月11日由法国汽车俱乐部和《鲁普·奇杰·鲁纳尔》报联合举办的，路程为从巴黎到波尔多往返，全程长达1178km。此次比赛共有23辆车参赛，跑完全程的有8辆汽油机汽车和1辆蒸汽机汽车。

在以后的车赛中，为安全起见，汽车比赛逐渐改为在封闭的赛场和跑道上进行，成为现在常见的汽车场地赛。最早的汽车跑道赛于1896年在美国的普罗维登斯举行。法国的勒芒市在1905年举行了第一次真正意义上的场地汽车大奖赛。从此，汽车大奖赛成为世界体育舞台上一项非常重要的赛事，小城勒芒也因此闻名于世。20世纪初的汽车比赛如图6-19所示。

图6-19　20世纪初的汽车比赛

二、汽车运动的组织

1904年6月20日，由法国、英国、德国和比利时等欧洲国家发起，在巴黎成立了国际汽车联合会（法文Federation Internationale de l'Automobile，FIA），简称"国际汽联"，它的总部设在法国巴黎。国际汽联以推动汽车工业发展为宗旨，其最高权力机构是世界汽车旅游理事会和世界汽车运动理事会。两个理事会的主席均由国际汽联主席担任。两个理事会分别另设一名执行主席，其成员由会员代表大会选举产生的来自不同国家的21名委员组成。

世界汽车旅游理事会主要致力于为汽车使用者解决问题；世界汽车运动理事会（Federation of International of Sport Automobile，FISA）主要负责统筹世界各国汽车运动组织，为所有不同种类的赛车运动制定规则，协调安排世界范围内的各项汽车比赛。两理事会分别设立若干个特别委员会，它们在各自负责的范围内开展工作。其中较有影响的委员会有：赛道及安全委员会、一级方程式赛车委员会、拉力赛委员会、卡丁车委员会、汽车旅游委员会和制造厂商委员会等。国际汽车联合会每年根据各国的申请，在世界上约80个国家和地区安排包括世界锦标赛、世界杯赛、世界大奖赛和地区赛在内的近800场各类国际汽车比赛。

中国汽车运动联合会（简称中国汽联）是全国性体育社团，是中华全国体育总会团体会员。其前身为中国摩托运动协会，1975年成立于北京，1983年加入国际汽车联合会。1993年5月，汽车运动项目从中国摩托运动协会分离，单独组成"中国汽车运动联合会"，其最高权力机构是全国理事会，实行会员选举制。其主要任务是负责全国汽车运动的业务管理，组织国内外汽车比赛和体育探险活动，指导群众性体育活动，培训运动员、教练员和裁判员，参加国际交往和技术交流，是中国境内汽车运动唯一的全国性组织。中国汽联主办的主要比赛项目有全国汽车拉力锦标赛、全国汽车场地锦标赛、全国汽车短道拉力锦标赛、全国汽车场地越野锦标赛和全国卡丁车锦标赛等国内重大赛事；承办和主办的各种国际大型汽车比赛有一级方程式世界锦标赛中国大奖赛、世界拉力锦标赛中国拉力赛、亚太拉力锦标赛中国拉力赛、长距离越野拉力赛、国际汽车街道赛等。

三、汽车运动的分类

自20世纪50年代开始，世界汽车工业飞速发展，推动了汽车运动的水平不断提高。一直以来，汽车比赛始终围绕普通交通车和特制赛车两大类车型发展。国际上统一的竞赛项目有方程式汽车赛、拉力赛、越野赛、耐力赛、创纪录赛、直线竞速赛、场地赛、驾驶技巧赛、爬坡赛和卡丁车赛等。国际汽车联合会对在世界范围内开展广泛、影响较大的项目设立世界锦标赛。汽车运动主要分为场地赛（比赛场地是封闭的）和非场地赛。场地赛包括方程式比赛和非方程式比赛，由FIA制定技术规则的方程式比赛有F1、F3000、F3。非方程式比赛包括汽车耐力赛、漂移赛、短道拉力赛、场地越野赛、直线竞速赛等，主要拼耐力和速度。非场地赛主要包括汽车拉力赛、汽车越野赛、汽车登山赛、汽车沙滩赛、汽车泥地赛等，由于没有固定场地，汽车在山地、沙漠、戈壁进行比赛，路况很复杂。

1. 方程式汽车赛

方程式汽车赛（Formula）属于汽车场地赛的一种，如图6-20所示。20世纪初汽车场地赛刚兴起时，人们对比赛没有任何限制，比赛的输赢在很大程度上取决于汽车自身的性能。到了20世纪30年代，为了规范汽车比赛并使比赛的胜负不再由发动机的功率，而是由车手的技术来决定，开始规定发动机的类型和气缸容量，于是有了方程式的概念。所谓方程式赛车，是指按照国际汽车联合会规定标准制造的赛车。这些标准对方程式赛车的车长、车宽、轮距、车重、发动机的功率、排量、是否用增压器以及轮胎的尺寸等

图6-20　方程式汽车赛

技术参数都做了严格的规定。拟生产方程式赛车的厂家，首先要通过FIA的认可，在确信有足够的技术生产实力后才能够生产方程式赛车。方程式赛车是生产厂家创造力、想象力、技术水平和经济实力的象征，其价值不亚于一架小型飞机。

方程式汽车赛有3个级别：一级方程式车赛、F3000方程式车赛和三级方程式车赛。

（1）**一级方程式车赛**　一级方程式车赛（F1/Formula 1）是方程式汽车赛中最高级别的比赛，一级方程式赛车如图6-21所示。现代世界一级方程式锦标赛是于1950年在英国银石赛车场开始的，现在每年举行16场比赛，由国际汽车联合会安排比赛。现有参赛车队均为一级方程式车队协会的成员，车手必须持有由国际汽车联合会签发的"超级驾驶执照"，每年全世界持有这种执照的车手不超过100人。

目前，F1每场比赛最多只有20位车手上场，每年规划有16~17站的比赛，通常在3月中开赛，10月底结束赛季。比赛设车手奖和车队奖。每场比赛的全程距离大约为305km，所用时间不超过2h。每场比赛取前6名，车手获得分数依次为10、6、4、3、2和1。在每一赛季结束后，将车手在全年16场比赛中的比赛成绩相加得出总积分，得分最高者为当年

世界冠军。车队世界冠军的计分方法与车手计分方法相同。

比赛使用4轮外露的单座赛车，由底盘、发动机、变速系统、轮胎和空气动力装置等构成，最小质量为600kg。底盘是以航天飞机的构造科学为基本理论依据，用碳化纤维制造的。发动机依不同时期的比赛规则而变化。自1995年开始，规定使用气缸容积为3.0L的自然吸气式汽油发动机，气缸数目最多12个，输出功率为478kW。

图 6-21　一级方程式赛车

变速器设有6~7个档位，并采用半自动变速系统。使用的轮胎采用特殊合成橡胶制造，分干地用轮胎与湿地用轮胎两种，以便于在不同气候下使用。赛车的车身呈流线型，在其前、后部设有扰流装置和翼子板，在运动中利用空气动力学的原理产生下压力量，增加轮胎的附着力，使赛车紧贴地面运动。F1比赛过程中要进入维修站换轮胎和加油，此过程要由21个人来完成，一般可以在7s内完成更换轮胎和加60L油。

2002年，我国建设了一个国际最高级别的F1赛车场——上海国际赛车场，投资26亿元人民币，获得国际汽车联合会授予赛道最高级别认证。赛道总长度为5451.24m，赛道整体呈现为空心的汉字"上"，被吉尼斯认定为最大的汉字型跑道，整个赛场看台可同时容纳约15万观众。

目前，世界上约有20多支实力雄厚的一级方程式汽车赛车队，大多属于英、法、意3国，其中著名车队有法拉利、麦克拉伦、威廉姆斯、莲花等。F1车赛举办50多年来，共举行过1000多场比赛，只有几十位车手曾经享有世界冠军的无上荣耀。而德国车手舒马赫以优异的技巧、过人的胆识与反应，不断挑战地表速度的极限，7度荣获F1的总冠军，被誉为"一代车神"，如图6-22所示。

（2）F3000方程式车赛（F3000/Formula 3000）F3000方程式车赛使用的赛车是4轮外露的单座位纯跑道用方程式赛车，装备8缸、排量为3L的自然吸气式汽油发动机，输出功率约350kW。

（3）三级方程式车赛（F3/Formula 3）　三级方程式车赛使用的赛车是4轮外露的单座位纯跑道用方程式赛车，外形与F1赛车类似，但体积较小，最小质量为455kg，配备4缸、排量为2L的自然吸气式汽油发动机，输出功率约125kW。

图 6-22　"一代车神"舒马赫

值得一提的是，近年来随着可持速发展和绿色环保理念的不断深入，2014年国际汽车联合会举办了一项全新的世界电动方程式比赛，即国际汽联电动方程式锦标赛（FIA Formula E Championship，FE），比赛在北京奥林匹克公园拉开帷幕，如图6-23所示。目前，整个赛车世界都在向电动方向发展。举办电动方程式赛车的初衷是为了推动清洁能源汽车的可持续发展，同时促进相关电池储能、电动机、变速器、电子控制、快充技术、安全保证、动能回收等方面的技术进步，并且为治理城市污染、创造清洁环境提供解决思路。

图6-23　国际汽联电动方程式锦标赛

2. 卡丁车赛

卡丁车赛（Karting）是汽车场地比赛项目的一种，分方程式卡丁车，国际A、B、C、E级和普及级6类，共12个级别。

按国际汽车运动规则的定义，卡丁车是"有车厢或无车厢的微型汽车，它4轮独立悬挂，持久地接触地面，后两轮驱动，前两轮导向。"卡丁车的结构简单，由钢管式车架、4个小车轮、转向系统、脚蹬（离合器、节气门、制动）、风冷或水冷发动机、传动链保护罩、车手座位、前后保险杠及保护套等组成，如图6-24所示。它的车身距地面只有4cm，车手全身裸露在外，最高时速可达130km，但驾车者的体感速度是实际速度的2~3倍，更感刺激。卡丁车在弯道上的横向加速度很大，仅次于方程式赛车。它是靠惯性发动的，比赛时，运动员推车飞奔，起动之后一跃而上，这在汽车比赛中可算是独此一家。

卡丁车运动于1940年在东欧开始出现并逐渐推广，20世纪50年代末才在欧美普及并迅猛发展，当时这种运动称之为"高卡（GO KART）"，如图6-25所示。后来，人们已不再满足于用卡丁车仅进行休闲娱乐，于是以竞速比赛为主要形式的卡丁车竞技活动广泛地开展了起来，但组织形式十分松散，车辆规格和比赛规则也不统一。为使该项运动健康发展和统一标准便于管辖，以便在全世界推广卡丁车运动，1962年国际汽车联合会时任主席巴莱斯特倡议成立了国际汽车联合会卡丁车委员会，负责在世界范围内普及、促进卡丁车运动发展，监督实施统一的规则和技术标准。经过16年的演变，在1978年，卡丁车委员会经改组成立了国际汽车联合会新的卡丁车委员会，当时会员只有15人。从那时起，卡丁车运动有了很大的改变，形成了现代卡丁车运动，使卡丁车进入了一个新的发展时期，并使其成为培养现代方程式赛车车手的基础和桥梁。

图 6-24　卡丁车　　　　　　　　　　图 6-25　卡丁车运动

卡丁车是世界方程式赛车的最初级形式，由于许多著名的 F1 赛手都是从卡丁车运动起步的，因此卡丁车被视为"F1"的摇篮。巴西的塞纳、德国的舒马赫等 45 位著名赛手均是从卡丁车赛事中脱颖而出的。

3. 拉力赛

拉力赛（Rally）亦称"多日赛"，是汽车道路比赛项目之一。拉力赛始于 1911 年，当年在摩纳哥的蒙特卡罗举行的长途汽车比赛上，组织者首次将"Rally"作为长途汽车比赛的名称，并沿用至今。拉力赛在有路基的土路、沙砾路或柏油路上进行，是在一个国家内或者跨越数国举行的既检验车辆性能和质量、又考验驾驶技术的长途驾驶比赛。

比赛在规定的日期内分若干阶段进行，每阶段内设置由行驶路段连接的数个测试速度的赛段交替进行，每个赛段的长度不超过 30km。比赛采用单个发车方法，每个车组由 1 名驾驶员和 1 名副驾驶员（领航员）组成。以每个车组完成全部特殊路段比赛的时间和在行驶路段所受处罚时间累计计算最终成绩，用时短者名次列前。比赛对行驶路段的行驶时间有严格限制，车组必须按规定的时间依次到每个时间控制点报到，迟到或早到都会受到处罚。

参赛车辆必须使用在国际汽车联合会注册、年产量超过 5000 辆的标准 4 座小客车和旅行车，并按比赛规则改装，发动机最大输出功率不准超过 220kW。国际汽车拉力赛每年设有世界拉力锦标赛（14 站）、欧洲拉力锦标赛（11 站）、亚洲拉力锦标赛（6 站）、非洲拉力锦标赛（5 站）和中东拉力锦标赛（6 站）等诸多大型赛事。著名的拉力赛有：世界越野拉力锦标赛、达喀尔拉力赛和环塔拉力赛。

我国著名的环塔拉力赛创办于 2004 年，每年 5 月初在塔克拉玛干沙漠、罗布泊、古尔班通古特沙漠、库姆塔格沙漠地区等区域进行比赛，是一项不断向艰苦的自然环境、人类体能极限和赛车技术性能发起挑战的运动。

环塔拉力赛的全称为环塔克拉玛干汽车摩托车越野拉力赛，暨中国越野系列赛新疆站，为每年举行的国家 A 级体育运动比赛项目。2011 年起，环塔拉力赛正式升级成为国际级赛事，是亚洲第一、国内最大的汽车、摩托车、卡车同场竞技的品牌越野国际赛事。

4. 越野赛

越野赛（Rally Cross）是汽车道路比赛项目之一，是在一个国家的公路和自然道路上举行的允许对该国进行考察的汽车比赛。途经几个国家，总长度超过 10000km 或跨洲的比赛称为马拉松越野赛。除国际汽车联合会特别批准外，越野赛的赛程不得超过 15 天，比赛必须在白天进行，采用单车发车方式。比赛每经过 10 个阶段后至少休息 18h。每阶段的行驶距离自定，但每个阶段最大长度，越野赛规定不超过 350km，马拉松越野赛规定不超过 800km。必须使用在国际汽车联合会注册的全轮驱动汽车参赛。

1996 年，国际汽车联合会首次对越野赛实行世界杯赛制，其中较著名的比赛有巴黎至达喀尔越野赛、突尼斯国际汽车赛、巴黎至莫斯科至北京马拉松汽车越野赛和阿拉伯联合酋长国沙漠挑战赛等。

5. 世界房车锦标赛（WTCC）

世界房车锦标赛（World Touring Car Championship，WTCC）是一项由国际汽车联合会举办的年度系列场地房车比赛。第一届于 1987 年举办，后因财政问题一直停办，直至 2005 年复办至今。世界房车锦标赛采用分站赛的形式，每个分站比赛分排位赛和正式比赛两部分。正式比赛分两回合进行，每回合有约 50km（每回合 8 圈）的比赛距离，并颁发冠军车手和冠军车厂两个奖项。参赛的车辆为 Super 2000 级别，必须以量产房车为基础，发动机排量不能超过 2L，采用自然吸气方式，功率在 250~270kW 之间。

6. 勒芒 24h 汽车耐力锦标赛

勒芒 24h 汽车耐力锦标赛与世界一级方程式锦标赛（F1）、世界汽车拉力锦标赛并称为世界最著名和最艰苦的三大汽车赛事。勒芒 24h 汽车耐力锦标赛由 3 位车手轮流驾驶同一辆赛车，在一条封闭赛道上连续奔跑 24h，完成里程最多的车手即可赢得冠军。

勒芒是法国的一座商业小城，自 1923 年开始每年的 6 月都要举行汽车耐力锦标赛。这一赛事是对汽车的性能和赛车手的耐力极限的考验，被称为"车坛马拉松"。勒芒全程跑道 13.5km，赛车在跑道上最高时速可达 370km，一般出发 50 辆车，能跑完的不到半数。因为速度快，稍有闪失就可能酿成大祸。许多汽车厂都将此赛事看作是新车测试性能和耐力的比赛。

四、中国大学生方程式汽车大赛

中国大学生方程式汽车大赛（Formula Student China，中国 FSC）是一项由高等院校汽车工程或汽车相关专业在校学生组队参加的汽车设计与制造比赛，如图 6-26 所示。各参赛车队按照赛事规则和赛车制造标准，在一年的时间内自行设计和制造出一辆在加速、制动、操控性等方面具有优异表现的小型单人座休闲赛车，能够成功完成全部或部分赛事环节的比赛。

图 6-26 中国大学生方程式汽车大赛

中国 FSC 秉持"中国创造 擎动未来"的远大理想，立足于中国汽车工程教育和汽车产业的现实基础，吸收借鉴其他国家相关赛事的成功经验，打造一个新型的培养中国未来汽车产业领导者和工程师的交流盛会，并成为与国际青年汽车工程师交流的平台。中国 FSC 致力于为国内优秀汽车人才的培养和选拔搭建公共平台，通过全方位考核，提高学生们的设计、制造、成本控制、商业营销、沟通与协调5个方面的综合能力，全面提升汽车专业学生的综合素质，为中国汽车产业的发展进行长期的人才积蓄，促进中国汽车工业从"制造大国"向"产业强国"的战略方向迈进。

中国大学生方程式汽车大赛始于2010年，当时的赛车统一使用燃油发动机，到2013年，中国大学生方程式汽车大赛参赛车分为燃油组和电动组。

比赛通过一系列静态和动态的项目来评判参赛汽车的优劣。这些项目包括：技术检验、成本分析、市场陈述、工程设计、单项性能测试、耐久测试、燃油经济性。通过给这些项目打分来评判汽车的性能，总分1000分。

"2015昆仑润滑油杯中国大学生方程式汽车大赛油车赛"如图6-27所示，比赛在湖北襄阳梦想方程式赛车场隆重举行。本届大赛参赛高校70余所，共计1559名同学，各路赛车高手轮番炫秀车技，上演了一场速度与激情的精彩大戏。这是第6届比赛，在4天的比赛日内展开设计（150分）、制造成本分析（100分）、营销报告（75分）、直线加速（75分）、8字绕环（50分）、高速避障（150分）、耐久赛（300分）、燃油经济性

图6-27　2015昆仑润滑油杯中国大学生方程式汽车大赛油车赛

（100分）8个项目共1000分的角逐。湖北汽车工业学院huat车队以880.11的总成绩名列大赛榜首，厦门理工学院以847.7的总成绩获得亚军，湖南大学以840.69分的总成绩获得季军。

2010年，第1届赛事共有20所高校车队参与，当年获得冠军、亚军、季军的分别是北京理工大学、华南理工大学、西华大学。2011年，第2届赛事获得冠军、亚军、季军的分别是北京理工大学、德国慕尼黑工业大学、厦门理工学院。2012年，第3届赛事获得冠军、亚军、季军的分别是湖北汽车工业学院、同济大学、广西工学院-鹿山学院。2013年，第4届赛事获得冠军、亚军、季军的分别是厦门理工学院、哈尔滨工业大学（威海）、湖南大学。2014年，第5届赛事获得冠军、亚军、季军的分别是湖南大学、北京理工大学、厦门理工学院。2022年，第14届赛事获得冠军、亚军、季军的分别是吉林大学、湖北汽车工业学院、柳州工学院。

第四节　汽车展览呈异彩

汽车承载着人们太多的梦想，而车展是让我们距离梦想最近的地方。通过车展，人们可以更清晰地认识、了解和热爱汽车；通过车展，人们还可以看到汽车行业发展的前景和未来走向。因而汽车展览越来越受到人们的关注。

一、车展概况

汽车展览会（Auto Show）简称车展，不仅是汽车这一交通工具的专业展览，更是汽车制造商宣传企业品牌，展示最新汽车科技，发布新车信息的最佳场所。通常来讲，大多数车展是每年或每两年举行一次。有些车展的影响力很大，对世界汽车工业的发展起到了推动和促进作用，如国际著名的五大车展，而有些车展则更具本土特色，成为当地车迷和购车者的汽车盛会，如世界各国独具特色的地方车展。

最早的车展可以追溯到一个多世纪前。19 世纪后期，汽车产生初期，西欧国家进行了汽车大赛，参加比赛的汽车装饰得富丽堂皇，很多人为了参观而集中，并展示各式各样的汽车。1894 年 12 月 11 日，在巴黎香榭丽舍大街产业宫举办的"世界自行车汽车博览会"，开创了世界汽车展览行业的先河。当时，各国汽车制造商缺乏对汽车展览的认识，只有英国、法国等国家的 9 家汽车公司携带 20 多款新车参加展出，展品有自行车、摩托车、蒸汽机汽车和汽油机汽车，没想到参观者络绎不绝，纷纷询问各款汽车的性能和售价。历时 15 天的博览会给汽车销售创造了无限商机，参会的各家汽车公司都接到了不少汽车订单，从而使新兴的汽车展览行业引起各界人士的高度关注。

20 世纪以来，欧美各国的汽车展览行业方兴未艾，伦敦、纽约和柏林等城市先后成功举办了世界汽车展览，各国汽车制造商争先恐后地携带新款车型参加展出，借此提高企业品牌知名度，抢占国际汽车市场份额，加快了汽车国际化的进程。

二、国际著名车展

车展是展示汽车企业品牌文化、最新研发成果的一个平台。衡量某一车展是否为国际一流的主要依据是：参展商的规模和级别，汽车展品的档次，首次亮相的新车与概念车的多少，展出面积，配套设施的先进性、完备性，主办方的服务质量，国内外媒体宣传报道数量，观众数量和专业水平等。德国法兰克福车展、法国巴黎国际汽车展、瑞士日内瓦车展、北美国际汽车展和日本东京车展被誉为当今国际五大车展。

1. 德国法兰克福车展

法兰克福车展的前身为柏林车展，创办于 1897 年，1951 年移到法兰克福举办，每年一届，轿车和商用车轮换展出。法兰克福车展是世界上规模最大的车展，有"汽车奥运会"之称。后来法兰克福车展改为每两年举办一次，一般安排在 9 月中旬开展，为期两周左右。参展的商家主要来自欧洲国家、美国和日本，尤其以欧洲国家的汽车商居多。法兰克福地处德国，唱主角的自然是德国企业，这似乎与底特律车展、东京车展的地域性同出一辙。德国是现代汽车的发祥地，是奔驰汽车公司、大众汽车公司、奥迪汽车公司等老牌公司的发源地，法兰克福车展正是它们一展身手的好机会。2021 年，法兰克福车展不仅更名为国际汽车及智慧出行博览会（IAA Mobility），如图 6-28 所示，举办地也发生了变化，慕尼黑接替法兰克福成为主办城市，举办时间由法兰克福车展的 13 天，缩减为 9 月 6 日—12 日的 7 天时间。此次更名，标志着德国的车展不再是简单地展示新车型，而是展示与汽车有关的相关领域，包括出行、科技等诸多领域，即"出行方式展会"。此次车展的主题是"通往碳中和的移动之路",反映出人们接受信息的方式和城市移动方式的现实变化。

图 6-28　2021 年国际汽车及智慧出行博览会

2. 法国巴黎国际汽车展

享誉全球的巴黎国际汽车展,自 1898 年创办以来,直至 1976 年每年一届,以后每两年一届,是世界第二大汽车展。巴黎车展的展览时间一般在 9、10 月间,与德国法兰克福车展交替举办,展览地点位于巴黎市区,共有 8 个展馆,展出的车辆主要有轿车、跑车、商用车、特种车、改装车、古董车、电动车及汽车零部件等。近几年,在德国法兰克福车展和法国巴黎车展期间,还有当地具有特色的日用百货展览也参与其中。巴黎车展是国际车展中商业味最浓的一个。

作为浪漫之都的巴黎,它的车展如同时装展,总能给人争奇斗艳的感觉。法国的汽车设计一向以新颖独特著称于世,富于浪漫和充满想象力的法国人,总是在追求别具一格的车型、风一般的速度和最舒适的车内享受。这些法国人的嗜好,都在巴黎车展中显露无遗,使巴黎车展始终围绕着"新"字做文章。与此同时,巴黎车展也是概念车云集的海洋,各款稀奇古怪的概念车常常使观众眼前一亮。

3. 瑞士日内瓦车展

日内瓦车展创办于 1924 年,举办地在瑞士的日内瓦,是欧洲唯一每年度举办的大型车展。日内瓦车展每年 3 月举行,是各大汽车商首次推出新产品的最主要的展出平台,素有"国际汽车潮流风向标"之称。日内瓦车展在展览面积 7 万多平方米的室内展馆举行,面积虽然不大,却是生产豪华轿车的世界著名汽车生产厂家的必争之地。在五大车展中,瑞士是唯一一个没有汽车工业的国家,但却承办着世界上最知名的车展之一,它每年总能吸引 30 个国家 900 多辆汽车参展,是世界上举足轻重的车展之一。车展期间,日内瓦大小宾馆均告客满。由于人数众多,许多人不得不住到洛桑、苏黎世、伯尔尼等城市甚至邻近的法国,因此给这些地方带来不菲的旅游收入。

4. 北美国际汽车展

一年一度的北美国际汽车展的前身是原美国底特律国际汽车展览会，至今已有百年的历史，是美国创办历史最长的车展之一，由底特律汽车经销商协会主办。

1900年11月，纽约美国汽车俱乐部召开了第一届世界汽车博览会，1907年转迁到底特律汽车城，当时会场设在贝乐斯啤酒花园，小小的展示区中参加的厂商只有17家，车辆不过33辆。1957年，欧洲车厂终于远渡重洋而来，车展上首次出现了沃尔沃、奔驰、保时捷的身影，获得了美国民众的高度重视，底特律车展的"王旗"正式竖起。从1965年起，展览移师科博（Cobo）会议展览中心。1989年，底特律车展更名为北美国际汽车展，每年1月办展。北美国际汽车展每年总能出现40~50辆新车。众多人被吸引到车展的原因，除了对汽车感兴趣外，还因为车展办得像个大的假日集会，吃喝玩乐，热闹非凡。车展每年为底特律带来可观的经济效益，年均在4亿美元以上。出于多种原因的考虑，展会组织者2018年提出，从2020年开始，北美车展将从寒冷的1月改为更舒适的6月举办，将车展变身为城市户外嘉年华，从而吸引观众及参展商。2022年，北美国际车展因特殊原因在连续两年取消后，终于重新回归，于9月14日~25日在底特律市亨廷顿会展中心举办，如图6-29所示。不得不说，本届北美国际车展的举办颇为不易。与往年相比规模大幅缩水，首发车型仅有10余款，共有30多个主流品牌参展，但车展本身颇有革新之处，启用了全新标识，整体以代表清洁的蓝绿色为主，昭示着展会重点是电动汽车及未来科技。

图6-29　2022年北美国际车展

5. 日本东京车展

日本东京车展创办于20世纪40年代，每年10月底举行，单数年为轿车展，双数年为商用车展。展馆位于东京附近的千叶县幕张展览中心，是目前世界上最新、条件最好的展示中心之一。

东京车展是五大车展中历史最短的，被誉为"亚洲汽车风向标"。东京车展是亚洲最大的国际车展，第一次车展始于1954年。东京对于世界汽车市场有较深的影响，对于亚洲汽车市场有着重要的意义，与其他西方大型车展相比，日本车展更具有东方风韵。日本厂商参展的造型小巧精美、内饰高档的车总能成为车展的主角。东京车展具有鲜明的特点：除日本车商出产的五花八门、千姿百态的小型汽车外,各式各样的汽车电子设备和技术也是展会的一大亮点。

三、国内著名车展

近年来,国内举行的车展有很多,几乎每个省份每年都要举行一定规模的车展。另外,各汽车厂家还在全国各地举行不定期的巡展,其中最有影响力的车展要数北京车展和上海车展。北京车展和上海车展是国内规模较大、影响力较大的车展,均为两年一届,两地间隔举行。因此,这两个车展,不仅是车界的盛会,也反映出汽车制造、消费的变化。车展的变化,折射出进入汽车社会的进程。每一年的车展都能给人们带来一些新鲜而又别样的感觉。

1. 北京国际汽车展览会

北京国际汽车展览会(AutoChina)创办于1990年,是全球汽车业界在中国每两年一次的重要展示活动,也是中国最具权威性、最有影响力的国际汽车展览会,该展览会每逢双数年4月间在北京中国国际展览中心定期举办。依托中国巨大的汽车消费市场和快速发展的中国汽车工业,北京国际汽车展览会在展览规模、国际化水准、展品质量,以及在全球的影响力逐届提高,受到中外汽车界、新闻界和社会各界的高度关注和积极参与。诸多国际知名汽车公司将北京国际汽车展览会列为全球最重要的国际级车展,中国本土汽车企业也将北京国际汽车展览会作为展示自主知识品牌、推出最新科技成果的首选平台。北京国际汽车展览会始终坚持"展品精、品牌全、国际化"的办展理念和特色,结合地缘区域特有的政治、文化因素和人文色彩,形成极具特质的汽车文化氛围,造就北京国际汽车展览会的独特魅力。北京国际汽车展览会已超越一个展会的原本意义,成为中国汽车行业具有国际影响力的象征符号。2020年9月26日,第16届北京国际汽车展览会在中国国际展览中心盛大开幕,如图6-30所示,是2020年唯一的A+世界顶级车展。

图 6-30　2020(第16届)北京国际汽车展览会

2. 上海国际汽车展览会

上海国际汽车展览会（Auto Shanghai）创办于 1985 年，两年举办一届，逢单数年举办，是中国最早的专业国际汽车展览会。2004 年 6 月，上海国际汽车展览会通过国际博览联盟（Union des Foires Internationales，UFI）的认证，成为中国第一个经 UFI 认可的汽车展。伴随着中国及国际汽车工业的发展，经过多年积累，上海国际汽车展览会已成为中国最权威、国际上最具影响力的汽车大展之一。以"拥抱汽车行业新时代"为主题的 2023 年第 20 届上海国际汽车工业展览会（以下简称 2023 年上海车展）如图 6-31 所示，于 4 月 18 日—27 日在国家会展中心（上海）举行。作为上海的一张靓丽的城市名片，2023 年上海车展再度成为全球汽车厂商倾情参与的行业盛会，全球车企齐聚上海，展会为助力提振市场信心、推动汽车消费，为产业释放更多活力。作为 2023 年全球第一场 A 级车展，2023 年上海车展备受全球汽车行业瞩目，共吸引 1000 余家知名汽车展商倾情参与，包含海内外主流汽车品牌、豪华品牌、新能源品牌以及摩托车品牌企业；展出总面积 36 万 m^2，其中汽车科技与供应链展区展出净面积超过 3 万 m^2；整车展区展出车辆 1413 台；全球首发车 93 台（其中跨国公司全球首发车 28 台）、概念车 64 台；新能源车型 271 个（其中中国车企新能源车型 186 个），新能源展车 513 台；海内外观众 90.6 万人次。作为世界汽车行业沟通交流最重要的平台之一，上海车展始终秉承"技术引领"，成为全球汽车行业的"风向标"。这是一届具有里程碑意义的国际车展，它完成了"引领行业发展"的重要升级，为各方呈现出一场代表世界顶级水平的精彩汽车盛宴。

图 6-31　2023 年第 20 届上海国际汽车工业展览会

四、汽车模特

1886 年，德国人卡尔·本茨和戴姆勒发明汽车以后，汽车模特一词不知不觉地便和汽车联系在一起。在当代各类广告视觉印象评比中，与模特有关的广告印象率高达 85%，居第一位，说明模特和名车的组合也是合理的，这是商业社会发展的一种进步。模特和汽车的组合，逐渐成为一种时尚，一种全新的促销手段。

汽车模特作为一个新兴行业，以其鲜明的行业特征融入社会，成为汽车文化的一部分。在北京举办的首届国际汽车博览会上，汽车模特的概念就由西方引入中国，汽车模特从此为我国汽车博览会增添了一道亮丽的风景，如图 6-32 所示。

汽车模特表现的是人与车之间的关系，展示汽车的文化，其中包括市场定位、消费对象、汽车品牌及性能的推广等，表现出不同环境中人与车、车与自然的关系，达到人体美与汽车美的完美结合。不同的车有着不同的风格和品位，汽车模特应有与之相应的气质、姿态，才能将汽车的内涵表现出来。例如，一部跑车需要树立一个热情奔放、充满活力的形象；一部豪华轿车则以高贵、典雅的形象为佳；而概念车则以抽象、前卫

图 6-32　汽车模特

的形象较为合适；家庭用车以温馨、浪漫形象为主角；旅行车以自然、休闲形象为重点。模特通过气质、装束、造型、语言、表演、创意及汽车知识表现等方面来体现汽车的品位和用途。

是汽车衬托模特，还是模特代表汽车，这并不重要，重要的是人们将汽车人性化，把车和人非常完美地融合在一起，这才能体现车展的真正内涵。

第五节　汽车馆藏含情怀

一、汽车博物馆

1. 奔驰汽车博物馆

德国是著名的汽车大国，德国汽车博物馆当然是全面了解德国汽车发展史的首选去处。在德国境内汽车博物馆的数量惊人，共有 170 多家，每年能吸引数十万参观者。

梅赛德斯-奔驰汽车博物馆于 2006 年 5 月 20 日正式向世界各地游人开放，这是世界上唯一能够展现 120 年汽车历史的博物馆，其展览概念非常独特：在展览面积为 16500m^2 的 9 层建筑物中，两条参观路线可以引领参观者领略包括 160 辆展车在内的 1500 多件展品的风采。博物馆与梅赛德斯-奔驰总厂近在咫尺，成为连接"传统"与"现代"的纽带。该博物馆已经成为斯图加特的标志性建筑，为斯图加特增添了一抹亮色，并成为当地最著名的旅游景点，如图 6-33 所示。

2. 宝马汽车博物馆

位于德国慕尼黑的宝马总部办公楼和宝马汽车博物馆建于 1971～1973 年，由维也纳著名的建筑设计师卡尔·施旺哲（Karl Schwanzer）设计。22 层高的宝马总部办公楼的每一层都是在地面建成，再像搭积木似的一层一层地拼装起来。因为它的楼体是优美的 4 个圆柱形，所以这个办公楼一直被人们称为"四气缸大厦"。旁边那座 19m 高的碗形建筑物就是宝马汽车博物馆，如图 6-34 所示，碗底直径 20m，碗口直径 41m，巨大的屋顶完全由碗壁支撑，博物馆内部展厅是由柱子支撑螺旋上升的，整个屋顶上描着宝马醒目的蓝白标志，从屋顶俯视蔚为壮观。

图6-33　梅赛德斯-奔驰汽车博物馆

图6-34　宝马汽车博物馆

3. 丰田汽车博物馆

丰田汽车博物馆（Toyota Museum）是一座综合性的展馆，如图6-35所示，1989年4月正式对外开放，坐落于日本名古屋东郊爱知县长久手町。博物馆陈列了来自日本及其他各国制造生产的120多辆名牌汽车。不仅如此，还通过各个时期的汽车生产线模型，系统地介绍汽车的发展史。

图6-35　丰田汽车博物馆

博物馆正门口停放着一辆1963年生产的丰田FB80型公交车，曾经是日本国内的主要公交车型。博物馆共分日本展厅、欧美展厅，以及于1999年4月开放的新馆3个部分。

人们在日本展厅里可以感受到汽车制造者在实现汽车大众化、满足多元化需求、开发未来汽车等方面所做出的不懈努力，以及日本汽车工业所经历的艰苦发展历程。欧美展厅中则汇集了来自全世界的著名汽车，有象征地位和身价的豪华老爷车，也有追求速度的跑车等。

丰田博物馆新馆分为3层。1层为服务区，3层设有美术馆和图书馆，2层则是这个馆中最重要的部分，当中分6个展区，展示40辆车（其中31辆实物，9件模型），近2000件日本不同历史时期的代表性商品，集中介绍1945～1975年的汽车发展与人们日常生活之间的关系，并回顾从明治末期至昭和初期的历史变迁。其目的在于：让人们通过汽车这面镜子，观察围绕汽车的近代日本社会发展史和生活文化史。

4. 上海汽车博物馆

上海汽车博物馆是中国首个专业汽车博物馆，展示汽车诞生以来的近70辆经典车型，时间跨度逾百年。上海汽车博物馆位于上海国际汽车城的汽车博览公园内，由历史馆、技术馆、品牌馆、古董车馆和临展馆5个部分组成。

上海汽车博物馆是上海市重点文化工程之一。博物馆通过介绍汽车发展历程，来展示珍贵的历史车辆、人物传奇和技术沿革，占地11700m^2，建筑面积27985m^2，建筑高度32.45m，项目总投资约4亿元人民币。上海汽车博物馆成为首家汇集汽车历史、人物、技术、创意的大众文化传播机构，是上海国际汽车城科教博览与文化旅游功能的标志项目、国内外汽车厂商展示品牌文化的开放交流平台,也是上海城市形象的新亮点,如图 6-36 所示。

5. 北京汽车博物馆

北京汽车博物馆位于北京市丰台区,毗邻丰台科技园区,是北京国际汽车博览中心的标志性建筑和核心设施,建筑面积约 4.9 万 m^2,2010 年完成场馆建设,2011 年正式对公众开放,如图 6-37 所示。汽车博物馆 3~5 层的展览陈设由历史、技术和未来 3 个主线构成,设置创造馆、进步馆、未来馆 3 个展馆和中国汽车工业经典藏品车展。博物馆内部项目设置富有创新性,着重突出知识性、参与性和娱乐性,通过静态与动态、平面与立体、音响与影像等多样形式,以视觉、听觉、触觉等参与方式达到教育启发的目的,使观众了解近代汽车的历史与变迁,体会汽车科技、汽车文化的特质与内涵。特别是对广大的青少年提供了科普教育、环境教育、激发创造力与进取心的展示空间。

图 6-36 上海汽车博物馆

图 6-37 北京汽车博物馆

二、汽车收藏

随着汽车越来越多地进入寻常百姓家庭,以汽车文化为主题的收藏悄然兴起,成为当今人们收藏的又一热点。汽车收藏范围广泛,凡与汽车相关的纪念品、宣传品和文化用品等,均受到"车迷"的青睐。

1. 老爷车收藏

"老爷车"一词,最早出现在 1973 年英国出版的一本《名人与老爷车》杂志上,尽管它的直译应该是"经典的古老汽车",但由于"老爷车"强烈的拟人色彩,此名称很快得到各国汽车界人士的认可,并迅速传播。

最初的老爷车收藏者大多出于个人爱好,空闲时间开上老爷车出游是当时有钱人流行的生活方式之一。现在,汽车市场的迅猛发展让收藏老爷车产生了经济回报,越来越多的人开始在老爷车市场淘金。根据国际老爷车联合会(Fédération Internationable des Véhicules Anciens,FIVA)的最新统计,欧盟每年老爷车产业市场有 160 亿欧元,从业企业 9000 多家,员工总数 5.5 万人。每年从欧盟出口的老爷车销售额达到 33.5 亿欧元。

随着汽车收藏的升温,很多国家早已拥有权威的老爷车协会,有成熟的交易平台,还有专门的老爷车价值评估机构,以及专门介绍、传播老爷车知识的相关机构。老爷车在很多国家是合法上路的,一般两年检测一次,通过检测就可以拿到牌照。老爷车收藏者们既可以挂上名正言顺的老爷车牌照四处行走,又可以到专门的老爷车鉴定机构去了解任何一辆老爷车的价值和价格。老爷车的价格,主要是由生产年份、生产量、当时的市场定位、现存量、保养原装程度和文件是否完整、有没有正式上牌照等因素而定。

在我国，虽然老爷车收藏刚刚起步，属于初级阶段，但已经拥有为数不少的老爷车迷。河北省承德市的雒文有是我国收藏老爷车的先行者，目前他收藏了100余辆古朴典雅的老爷车，这些车都来源于国内，主要是新中国成立初期的老车和第二次世界大战期间的老车，其中包括世界上仅有的一辆长10.08m的大红旗，如图6-38所示。我国目前的老爷车收藏处于自发状态，存在无法上牌照、缺乏鉴定机构等问题。

2. 汽车模型收藏

汽车模型（简称"车模"）是汽车收藏中人数和种类最多的一种。依照真实汽车的样式，按一定的比例微缩制成车模，仿真性强，样式别具一格，特别是一些进口的汽车模型，甚至连极微小的部件也能仿制得十分精致，如图6-39所示。大多数车模以仿制各种世界名车和老爷车为主，既有很高的观赏性，又有很好的收藏价值。通过收藏汽车模型不仅可以修身养性，提高生活品位，缓解工作压力，增加乐趣，又能增长汽车方面的知识。

图6-38　雒文有和他收藏的超长红旗车

图6-39　汽车模型

车模的起源要追溯到1914年。作为一种新奇的营销手段，美国福特汽车公司在福特T型车面世的同时，推出世界上第一批汽车模型，以后各大汽车生产厂家争相效仿，一时间风靡全球，从此车模开始进入人们的生活。

为了真实再现原车的诱人魅力，一般都采用较大比例制作车模，常见的有1∶10、1∶12、1∶16、1∶18、1∶24、1∶32、1∶43等。车模比例不同，其仿真程度有较大差别。1∶43的车模相对于1∶18的车模来说，在细节上要省略许多。通常1∶18的车模的行李舱、发动机舱、天窗和前后车门都能打开，转向盘、轮胎等都能转动，而1∶43的车模大多都是整体封闭式的。

汽车模型分为仿真汽车模型和竞赛汽车模型。仿真汽车模型一般没有动力装置，不能自行运动，主要用于观赏和收藏；竞赛汽车模型装有动力装置及制动装置，可以自行运动，有的还可以通过遥控等方式进行操纵，主要用于参加汽车模型竞速比赛。

在我国，专业从事仿真车模制造起步于20世纪90年代中后期，目前主要分布于沿海发达地区及北京、上海等大城市。95%以上的制造商都是国外著名品牌在中国设立的独资生产企业，产品主要销往世界各地，内销的仿真车模较少。近年来，我国的汽车工业发展迅猛，人们对汽车关注程度与日俱增，同时对汽车文化的兴趣越来越浓厚，特别是国内外汽车厂商合作生产下线的新车型层出不穷，各款限量开发制造的新型车模型也孕育而生，并作为汽厂家馈赠贵宾和促销宣传的必备佳品流行于市，由此仿真模型车收藏逐渐在各地成为一种新的时尚。

3. 汽车邮票收藏

一枚邮票，从图案的内容、意义和审美，到它的设计、制版技术、印刷过程等方面，无不体现着人类智慧的结晶。汽车和邮票的结合，成为邮票王国中的一朵奇葩，深受集邮爱好者的追捧。汽车邮票的发展几乎与汽车的发展同步。汽车邮票这一方寸小纸展示着庞大的汽车世界，从一个侧面反映出汽车发展的历史进程，极具收藏价值。

1901年5月1日，美国为纪念"新二十世纪泛美博览会"的召开发行了一套名为《电动汽车》的邮票。邮票图案为在泛美博览会上展出的一台电动汽车，从此拉开了汽车驶入方寸之地的序幕。

截至目前，全世界已有100多个国家和地区发行5000多种以汽车为内容的普通、纪念、特种、航空等各种邮票。1936年，中华邮政为纪念中国邮政创办40周年发行了一套纪念邮票，该套邮票的第2枚图案中有两辆用于邮政运输的汽车，这是我国第一枚有关汽车题材的邮票。新中国成立后，1956年建成长春第一汽车制造厂，并于当年7月生产了第一辆国产汽车。为展现我国在汽车制造方面的成就，1957年5月1日原邮电部发行了《我国自制汽车出厂纪念》纪念邮票2枚，分别以长春第一汽车制造厂厂房外景和该厂汽车总装配车间景象为主图。1996年7月15日发行的《中国汽车》特种邮票是迄今为止唯一的一套全部以国产汽车为主图的邮票，可谓人见人爱，如图6-40所示。这套邮票展示了"红旗轿车""东风中型载货汽车""解放轻型载货汽车"和"北京轻型越野汽车"4种国产汽车的英姿，而且每一枚邮票都以汽车的整体外观形象为全图，主题突出，视觉冲击力强烈。

图6-40　汽车邮票

4. 汽车报纸、杂志及广告收藏

如今在城市的大街小巷，报纸、杂志亭星罗棋布。受"汽车热"的影响，各种汽车报纸、杂志十分走俏，其中不乏众多收藏爱好者求购的精品。他们不仅收藏各类公开发行的汽车报纸、杂志，甚至连各大汽车制造厂自办的内部汽车报纸、杂志也列入收藏范围。不少收藏者的藏品日趋高档化，以精品和豪华类汽车报纸、杂志为主。这些报纸、杂志主要包括4个方面：一是汽车综合信息方面的，如《汽车之友》（见图6-41）《车王》《车迷》《汽车周报》等，从宏观上了解汽车行业发展的趋势；二是汽车生产制造方面的，如《北汽报》《汽车工人报》《东风汽车报》《黄河》《跃进》等，通过这些报纸、杂志了解汽车研制和生产的最新信息；三是汽车销售方面的，如《车市情报》《汽车天地》《大众汽车》等，以了解汽车市场上的最新行情；四是各地交管部门主办的各种交通安全类报纸、杂志，如《中国交通安全报》《交通管理报》《红绿灯下》《驾驶园》《现代交通管理》等，这类报纸、杂志最受车迷青睐，他们既可及时了解最新的交通法规，又能从大量案例中吸取教训。

在各类广告中，汽车广告占有相当大的比例，不但花样繁多，而且印刷精美，受到许多汽车收藏爱好者的青睐。特别是在参加各种汽车博览会、逛汽车市场、看名车展览时，要几张漂亮的汽车广告招贴画挂在自己的卧室、客厅里，成为不少家庭中的一种文化时尚。特别是那些印有世界名车和影视明星的大幅汽车广告招贴画，尤其受到年轻人的喜爱。

图 6-41 《汽车之友》杂志

5. 另类收藏

有些汽车爱好者爱车达到痴迷的程度，凡是与汽车有关的物品都视为自己的收藏范围，包括有汽车图案的挂历、台历、钱币、书签、扇子、卡通画、火花、纪念册，以及停车证、汽车驾驶人专用地图、汽车说明书、汽车书籍、汽车 CD 盘等，甚至还有的车迷收藏过期汽车尾气合格证、年审证、临时牌照、绿色环保标志，可谓五花八门。

汽车文化已成为人们现实生活中的一个重要组成部分，别具特色的汽车收藏，会给人们带来更多的情趣。

第六节　汽车名城显生机

一、美日汽车名城

1. 美国底特律

底特律（Detroit）是美国第五大城市，如图 6-42 所示，位于密歇根州东南部的底特律河畔，是世界闻名的汽车城。底特律面积 1.04 万 km^2。此地原为印第安人住地，1796 年归属美国。

1899 年，第一座汽车制造厂建立。从 1914 年亨利·福特引进汽车生产线后，至今已发展成世界最大的汽车工业中心。汽车制造业为城市工业的核心部门，与汽车制造业有关的钢铁、仪表、塑料、玻璃，以及轮胎、发动机等零部件生产也相当发达，专业化、集约化程度很高。市内有福特、通用、克莱斯勒和阿美利加 4 家美国大汽车制造公司的总部及其所属企业。全城约有 91%的人靠汽车工业为生。底特律号称"世界汽车之都"。

第六章 公众文化大观园

图 6-42 底特律

图 6-43 丰田市

2. 日本丰田市

丰田市（Toyota City）位于爱知县中央的西三河地区，如图 6-43 所示，面积 5150km^2。因丰田市是丰田汽车公司的所在地，便成了日本闻名于世的汽车城，有"东洋底特律"之称。

在丰田市，丰田汽车公司拥有 10 座汽车厂，可生产几十个系列的汽车，还有 1240 家配套协作厂。超过 60%的丰田市民是丰田汽车公司的雇员及其家属，每个职工平均年产值为 13 万美元。丰田市的出口港是名古屋，建有世界第一、最高容量为 5 万辆的丰田汽车专用码头。

二、欧洲汽车名城

1. 德国斯图加特

斯图加特（Stuttgart）位于内卡河中游河谷地带，是巴符州首府，如图 6-44 所示，面积 207km^2。美丽的斯图加特是著名的戴姆勒-奔驰汽车公司所在地，是一座"奔驰汽车城"。奔驰和保时捷公司的总部都设在这里。

奔驰汽车制造业是斯图加特的主体工业，在斯图加特几乎家家都有奔驰车。斯图加特每年要接待几十万来自世界各地的汽车用户、汽车商和参观旅游的人。参观奔驰、保时捷博物馆和奔驰汽车制造厂是游客游览斯图加特的重要内容。现在，它已成为德国人均收入最高、失业率最低的城市之一。

2. 德国沃尔夫斯堡

沃尔夫斯堡（Wolfsburg）也称狼堡，位于德国下萨克森州，总面积 310km^2，如图 6-45 所示。欧洲最大的汽车制造厂商——大众集团总部就坐落于此。

自从大众集团 1934 年成立以来，带动了沃尔夫斯堡的发展。1938 年，该市作为德国当时现代化的汽车城而兴建起来，开始逐步成为德国北部的工业重镇和欧洲最大的汽车制造中心。现在沃尔夫斯堡市民中的 40%都在大众汽车厂工作。

3. 意大利都灵

都灵（Turin）位于意大利西北部，是皮埃蒙特大区的首府，也是意大利的第四大城市。都灵是意大利最大的汽车集团菲亚特公司总部所在地，是世界著名的汽车工业城，如图 6-46 所示。

图 6-44 德国斯图加特

图 6-45 德国沃尔夫斯堡

图 6-46 意大利都灵

1899 年，菲亚特公司在都灵创立，成为意大利第一个汽车公司，2021 年产量为 67 万辆。都灵的汽车工业十分发达，其以世界先进水平的技术和设备生产各类汽车零部件。该市仅汽车配件行业的年产值相当于 1500 亿元人民币。

4. 英国伯明翰

伯明翰（Birmingham）位于英格兰中部亚拉巴马州，是仅次于伦敦的英国第二大城市。该市市区面积 $256km^2$，如图 6-47 所示。伯明翰是利兰（Leyland）汽车公司所在地。

自 1166 年英王恩准开埠经商后，伯明翰先以制铁冶炼为主，迅速成为冶金行业的重镇。1880 年建立第一座高炉，钢铁工业兴起，带动了其他工业的发展。现如今伯明翰是英国的汽车城，世界各大汽车生产厂商都在这里设立了公司，使它的工业产值占全英国工业产值的 1/5，并享有"世界车间"之美称。

5. 法国布洛涅-比杨古

布洛涅-比杨古（Boulogne Billancourt）位于法国巴黎西南，地处塞纳河河曲的布洛涅森林之南。世界十大汽车公司之一雷诺汽车公司就设在此地，是世界著名的汽车城，如图 6-48 所示。

图 6-47 英国伯明翰

图 6-48 法国布洛涅-比杨古

雷诺汽车公司创立于 1898 年，创始人是路易·雷诺。而今的雷诺汽车公司已被收为国有，是法国最大的国有企业，也是世界上以生产各类型汽车为主，涉足发动机、农业机械、自动化设备、机床、电子业和塑料橡胶业的工业集团。

三、中国汽车名城

1. 吉林长春

吉林省长春市素有"汽车城"之称，这里曾诞生了新中国第一个汽车制造厂（简称"一汽"）和第一辆汽车，被誉为新中国汽车工业的摇篮。这座见证新中国汽车工业成长的城市已发展为中国最大的汽车基地之一，为振兴民族汽车工业不断贡献着力量。

中国"一汽"1953年成立，是由苏联援建的。1956年中国第一辆解放牌汽车下线；1958年第一辆东风牌轿车研制成功，同年第一辆红旗牌高级轿车下线。已形成重、中、轻、轿、客、微六大整车系列，550多个品种；除一汽外，长春还汇聚了德国大众、美国通用、日本丰田和马自达等国际汽车巨头。在国际排名前6位的零部件企业中，已经有电装、江森、德尔福等5家企业在长春设厂，全市规模以上汽车零部件企业达到416家。汽车工业是长春市的支柱产业。中国第一汽车集团公司厂区如图6-49所示。

图6-49 中国第一汽车集团公司厂区

2. 湖北十堰

湖北省十堰市位于湖北省西北部，是中国第二汽车制造厂（简称"二汽"，后更名为"东风汽车公司"）的所在地。20世纪60年代，国家在继长春"一汽"之后在十堰兴建"二汽"，十堰因此从昔日的鄂西北边陲小镇建设成为闻名遐迩的现代化汽车城，如图6-50所示。二汽建设采取"聚宝"的方式，由全国各地包建汽车专业厂。二汽是我国独立自主建造的汽车制造厂。

十堰因车而建，因车而兴，是中国规模最大的汽车工业基地之一，拥有中国第1、世界第3的商用车基地——东风商用车公司。十堰是东风汽车的摇篮，是东风汽车公司的发源地，拥有诸多实力雄厚的大型汽配

图6-50 十堰汽车城

企业、全国最具实力的汽车技术研究院和中国最大汽车配件交易市场，是名副其实的世界级"卡车制造中心"、中国商用车之都。在十堰，活跃着因东风而建的500多家汽车及零部件生产企业，汽车工业存量资产已过千亿元，具备年产百万辆汽车的生产能力，总产值占全市工业总产值的80%以上。十堰将朝着建设"国际商用车之都"的道路迈进。

3. 上海安亭

2001年9月28日，上海市政府根据"统一规划、分步建设、滚动发展"的原则，在上海嘉定区安亭镇全面启动建设"上海国际汽车城"。中国汽车工业三大集团之一的上海汽车集团坐落于此。

上海国际汽车城毗邻江苏、浙江两省，位于长江三角洲的核心，总体规划由德国AS&P公司承担设计，规划占地面积100km^2，包括汽车贸易区、汽车研发区、汽车制造区、安亭新镇区、赛车区、汽车教育区等功能区，如图6-51所示。现已建成的重要功能性项目有：上海国际汽车城大厦、上海国际汽车城零部件配套工业园区、颖奕安亭高尔夫俱乐部、汽车展示贸易街、上海汽车会展中心、上海汽车博物馆、安亭新镇（一期）、上海国际赛车场、

上海汽车博览公园、同济大学嘉定校区、上海二手车交易市场、国家机动车产品质量监督检验中心（上海）等。

图 6-51　上海国际汽车城

思考题

1. 在购买汽车时，该如何选择发动机排量？
2. 两厢车、三厢车各有何特点？您倾向于购买哪种类型的车？
3. 如何理解房车"车内是家，车外是整个世界"这句话？
4. 阐述车内座位次序的排列应遵循的原则。
5. 什么是方程式赛车？方程式汽车赛有哪些级别？
6. 为什么说"卡丁车是F1车手的摇篮"？
7. 谈谈你对车展的认识。
8. 在中国和美国，被称为汽车城的是哪些城市？
9. 宝马汽车博物馆有什么特点？

第七章 / Chapter 7

驰骋车轮观中国

扫码观看本章相关视频

第一节　中国车企之风采

一、共和国之子——中国一汽

总部位于吉林省长春市的中国第一汽车集团公司（简称中国一汽或一汽），前身为第一汽车制造厂，当年毛泽东主席亲自题写厂名，如图 7-1 所示。成立于 1953 年的一汽，开创了中国汽车工业的历史，新中国的第一辆解放牌卡车、第一辆东风牌小轿车和第一辆红旗牌高级轿车均诞生于此。经历 70 余年的发展，中国一汽已成为国有特大型汽车企业集团，拥有东北、华北、华东、华南、西南五大生产基地，并布局全球化研发机构，有员工 12.8 万人，累计产销汽车超过 5000 万辆。中国一汽位居 2022 年《财富》世界 500 强企业第 79 位。

图 7-1　毛泽东主席题写：第一汽车制造厂奠基纪念

新中国成立不久，作为国家"一五计划"苏联援建项目之一的第一个汽车制造厂于 1953 年 7 月 15 日在长春市孟家屯破土动工。奠基近 3 年后的 1956 年 7 月 13 日，第一辆"解放"牌卡车装配成功，如图 7-2 所示，从此结束了中国不能制造汽车的历史，为中国汽车工业的发展拉开了序幕。

一汽的创业期和成长期起于 1956 年、终于 1978 年年末。其间，有过制造国产轿车的创举，如出产"东风"牌、"红旗"牌轿车，第一辆东风牌轿车如图 7-3 所示，也经历过大的挫折等。经历过曲折发展之后，一汽拨乱反正、重整旗鼓、建立"大庆式"企业，各项经济指标全面恢复。一汽的建设成果是既出汽车，又出人才，在一汽成长和培养的一大批干部和技术骨干输送到全国汽车、机械企业，为国家工业发展做出重大贡献。郭力、饶斌、孟少农等中国汽车工业的创始人都在一汽工作生活过，在这里开启了他们的汽车人生。

乘着中国改革开放的春风，我国最早的汽车合资公司之一"一汽—大众汽车有限公司"

图7-2　第一辆"解放"牌卡车装配成功

图7-3　第一辆东风牌轿车

于1991年2月正式成立，一汽从此开启了进军合资生产轿车的进程。同年12月，第一辆捷达A2轿车组装下线，如图7-4所示。豪华品牌国产轿车的生产成功则是始于1999年引进的第二代奥迪A6下线，如图7-5所示。

图7-4　第一辆捷达A2轿车下线

图7-5　第二代奥迪A6下线

作为中国汽车工业的排头兵，一汽始终肩负着发展民族汽车工业的使命。70余年的征程，经历了建厂创业、产品换型和工厂改造、发展轻型车和轿车的3次大规模发展阶段，以"树立民族汽车品牌"为己任，积淀"勇力潮头，永争第一"的企业先进文化，建立现代企业制度，构建立足东北、辐射全国、面向海外的开放式发展格局，覆盖卡车、轿车、轻微型车、客车的多品种宽系列产品，拥有解放、红旗、奔腾、夏利、威志等自主品牌，以及大众、奥迪、丰田、马自达等合资合作品牌。

寓意中国一汽鹰击长空、展翅翱翔的产品视觉识别系统的核心要素：一汽解放牌车标，如图7-6所示，以"1"字为视觉中心，由"汽"字构成展翅的鹰形，形成雄鹰翱翔在蔚蓝天空的视觉效果。"国之至尊"的贯通式旗标是红旗车系全新的车标，创意来源于迎风飘扬的红旗，如图7-7所示，象征奋进向上的红旗精神。

图7-6　一汽解放牌车标

图7-7　红旗汽车标志

二、军车的摇篮——东风汽车公司

总部设在湖北省武汉市的东风汽车集团有限公司（简称东风汽车公司或东风公司）是另一个国有特大型汽车企业集团。其前身是第二汽车制造厂（简称二汽），于1969年在湖北省十堰市兴建。经过50多年的发展，如今东风汽车公司已成为业内产业链最齐全、产品系列最丰富的汽车企业。其国内事业遍布全国20多个城市，并在瑞典建有海外研发基地，产品销往全球80多个国家，有员工13.1万人。东风汽车公司位居2022年《财富》世界500强企业第122位。

第二汽车制造厂选址在中国的中西部湖北省十堰市，符合当年中央决定在"大三线"构建完整军事工业体系的要求。1969年前后，鄂西北山区迎来了来自长春、上海、武汉等全国各地的大批建设者，有工人、干部、知识分子，还有解放军官兵和民工队伍，各地企业对口包建二汽。成千上万的建设者们克服重重困难，在基本生活物质条件奇缺的情况下，开山辟地建厂房，开荒种地产粮食和蔬菜，挥洒血汗艰苦创业，创立了"芦席棚精神"和"干打垒精神"，创业精神感人至深、可歌可泣，如图7-8所示。经过20年建设，在十堰建成了一座现代化的汽车城，世人为之赞叹。

图 7-8　在芦席棚、干打垒厂房生产

被誉为"功臣车"的 EQ240 2.5t 越野车于1975年6月作为二汽第一个基本车型定型投产；由军用改民用的东风5t载货车于1978年7月首次批量生产；10万辆汽车的生产能力于1985年建成，由此二汽跻身于世界三大卡车生产厂家的行列。

为满足企业拓展发展空间和国际化发展的需要，二汽于1992年正式更名为"东风汽车公司"，并将事业发展从湖北十堰基地，向外拓展到湖北襄阳、武汉，以及广东地区，公司总部于2003年9月迁往湖北省武汉市，如图7-9所示。公司产品从中型载货汽车，拓展到轻型车、重型车，以及轿车，大力发展汽车零部件事业。如今，公司产品涵盖全系列商用车、乘用车、军车、新能源汽车、关键汽车总成和零部件、汽车装备、出行服务、汽车金融等。公司除拥有分布在全国20多个城市的国内事业部外，还与10多家国际整车和零部件企业开展合作。公司旗下拥有东风、华神、猛士、风神、风行等自主品牌，以及日产、本田、东风悦达起亚、雪铁龙、标致等合资品牌。

提升企业软实力是东风汽车公司的不懈追求，构建以"和"文化、"润"计划和《商德公约》的"三位一体"企业文化体系，"关怀每一个人，关爱每一部车"的经营哲理深入人心。寓意"双燕舞东风，东风送春暖"的东风汽车公司的品牌 Logo 如图 7-10 所示，让一双飞燕尾羽凌空，带着东风汽车公司"让汽车驱动梦想"的使命，建设永续发展的百年东风。

图 7-9　东风汽车公司位于湖北省武汉市的总部

图 7-10　东风汽车公司的品牌 Logo

三、中国汽车工业先行者——北汽集团

总部位于北京的北京汽车集团有限公司（简称北汽集团），初创于 1958 年，现已发展成长为中国汽车行业的骨干企业，产业链涵盖整车及零部件研发制造、汽车服务贸易、综合出行服务、金融与投资等业务，年营业收入超 5000 亿元。公司位居 2022 年《财富》世界 500 强企业第 162 位。

中国首辆独立自主研制的"井冈山"牌轿车诞生于 1958 年，那是北京第一汽车附件厂历经 40 天艰苦奋战而制造出来的，如图 7-11 所示。随后，公司更名为北京汽车制造厂，载入史册成为永恒记忆的厂名"北京汽车制造厂"由朱德同志题写。

中国第一代轻型越野车 BJ212（图 7-12）和第一代轻型载货车 BJ130 均是由北汽集团先后自主研制生产的，之后该集团成立了中国汽车工业第一家整车制造合资公司——北京吉普汽车有限公司，生产 BJ2021 切诺基汽车。北京现代汽车有限公司则是在中国加入 WTO 以后成立的合资公司，生产北京现代乘用车，随后又成立了北京奔驰汽车有限公司，生产北京奔驰乘用车。在对外开放、转换机制、吸收外资、引进技术和运用社会资本方面，北汽集团走在全国汽车行业前列，为中国汽车工业发展做出积极贡献。

图 7-11　"井冈山"轿车在中南海

图 7-12　中国第一代轻型越野车 BJ212

目前，北汽集团旗下拥有北京汽车、北汽越野车、昌河汽车、北汽新能源、北汽福田、北京现代、北京奔驰等知名企业与研发机构。以北京为中心，北汽集团建立了分布全国 10 余省市的自主品牌乘用车整车基地、自主品牌商用车整车基地、新能源整车基地、合资品牌乘用车基地等。北汽集团的研发体系布局到全球，在 30 多个国家和地区建立整车及散件组装工厂，市场遍布全球 80 余个国家和地区。

象征中国北京和代表北汽集团的品牌标识如图 7-13 所示，凸显公司地域属性与身份象征；"欢呼雀跃的人形"与"两扇打开的大门"，形同"北"字造型，表明北汽集团"以人为本"永远不变的核心，同时融入北汽集团更加市场化、集团化、国际化的发展格局。"行有道，达天下"体现出北汽集团的企业品牌理念，"成就美好生活"蕴含北汽集团的百年愿景。

图 7-13　象征中国北京和代表北汽集团的品牌标识

四、国产汽车的骄傲——吉利汽车

总部设在杭州的浙江吉利控股集团有限公司（简称吉利集团），始建于 1986 年，如图 7-14 所示，1997 年进入汽车行业。吉利集团的业务涵盖汽车及上下游产业链、智能出行服务、绿色运力、数字科技等，员工 12 万人。公司连续 11 年入列《财富》世界 500 强企业，是全球汽车品牌组合价值排名前 10 中唯一的中国汽车集团。

图 7-14　吉利集团

作为最早的民营汽车公司，吉利集团创业初期从拆解和复制汽车开始。"汽车无非就是 4 个轮子，加 1 个沙发！"的豪言壮语出自公司创始人李书福之口，掷地有声的"狂言"让他在汽车领域闯出一片天地。吉利旗下的第一台量产车吉利豪情于 1998 年的 8 月 8 日正式下线，从此开启了中国民营企业造轿车的先河。质量不尽如人意的第一批 100 台豪情汽车，使吉利踏上了近 10 年的艰难发展之路。

吉利集团于 2001 年取得轿车"准生证"，之后公司开启了汽车出口海外、赴港上市、海外收购等一系列进程；不仅与英国锰铜集团签署协议，合资在上海生产上海英伦 TX4 经典商务车，还成功收购全球第二大自动变速器公司——澳大利亚 DSI；通过花重金收购瑞典汽车品牌沃尔沃，突破了发动机、变速器的技术壁垒。不仅如此，戴姆勒公司 9.69% 的股权以及 smart 汽车 50% 的股份均被收入吉利集团囊中。

采用欧洲标准设计的吉利帝豪牌汽车彰显了吉利集团的自主研发能力，公司创新与变革能力不可小觑。吉利在产品上不再满足模仿和跟跑，以自己的方式突破技术壁垒，站上了世界汽车的舞台。博瑞汽车的正式发布标志着吉利集团开始冲击中高端市场；入围"中国心"2015年度十佳发动机，表现出吉利集团在核心技术上的进步。吉利创造了首个销量累计超过1000万辆的中国乘用车品牌，作为民族汽车品牌代表的吉利集团承载着中国汽车工业的希望和未来。

吉利集团旗下拥有吉利、领克、极氪、几何、沃尔沃、极星、路特斯、英伦电动汽车、远程新能源商用车、雷达新能源汽车、曹操出行等品牌。公司以汽车产业电动化和智能化转型为核心，在新能源科技、共享出行、车联网、智能驾驶、车载芯片等前沿技术领域，打造科技护城河，做强科技生态圈。

"因快乐而伟大"是吉利品牌的价值主张。由6颗蓝黑宝石组成的吉利品牌标志如图7-15所示。蓝黑宝石代表蓝色天空与辽阔的大地，将星光银、深空灰和地球蓝融汇其中，以延展的宇宙为设计源点，展示吉利汽车从品牌3.0时代的蓝天大地，升级为对广袤宇宙的追求。

图7-15 吉利品牌标志

五、新能源汽车领导者——比亚迪汽车公司

诞生在深圳的比亚迪股份有限公司（简称比亚迪）成立于1995年，业务横跨汽车、轨道交通、新能源和电子四大产业。在成为全球第二大充电电池生产商的2003年，组建比亚迪汽车公司。比亚迪汽车公司遵循自主研发、自主生产、自主品牌的发展路线，保持电池技术的领先优势，执着制造新能源汽车的赛道，汲取国际潮流的设计理念与中国文化审美观念的有机融合，产品颇受市场欢迎，一举成为全球新能源汽车的销售冠军，于2022年6月成为首个跻身股价市值万亿元俱乐部的汽车自主品牌。公司首次入榜2022年《财富》世界500强企业，位列第436位。

比亚迪正式进军汽车行业，成为继吉利之后第二家民营轿车生产企业是从收购西安的秦川汽车公司开始的。利用"自主知识产权"的响亮名号和对秦川汽车公司的收购行为，比亚迪有了相对于其他新手企业的先发优势。比亚迪旗下的第一款车型F3于2005年腾空出世，如图7-16所示。凭借着时尚的外观、丰富的配置，以及亲民的价格优势，上市之初比亚迪F3就得到消费者的喜欢；随后，比亚迪推出的F6、F0等系列燃油车都取得了较好的市场业绩。

比亚迪"龙头企业"品牌形象的建立，得益于2008年比亚迪推出的国内首款量产插电式混合动力车型，即比亚迪秦的到来，如图7-17所示。在市场上同样获得不同凡响的还有宋、唐等诸多新能源车型。"王朝系列"车型的诞生，让比亚迪自2015年起多次斩获全球新能源乘用车年度销量冠军。

随着环保要求的不断提升，减少燃油汽车带来的污染，比亚迪敢为人先于2022年4月宣布彻底停产燃油车型，将专注于纯电动和插电式混合动力汽车的生产，比亚迪成为全球首

图 7-16　比亚迪 F3

图 7-17　比亚迪秦

个正式宣布停产燃油汽车的车企。

"王朝系列"车型的推出，开启了比亚迪用中国历史朝代命名车型的时代。已经面世了秦、汉、唐、宋、元 5 个系列车型，如图 7-18 所示为比亚迪"王朝系列"品牌，融通古今的商标设计，对中国人而言具有很高的辨识度和认可度。彰显民族文化自信的比亚迪，出口汽车上的所有按键都用汉字，这不得不令人敬佩。

图 7-18　比亚迪"王朝系列"品牌

六、国产汽车之光——长城汽车

总部位于河北省保定市的长城汽车股份有限公司（简称长城汽车公司）创立于 1984 年，是国内首家在香港上市的汽车公司，入列中国民营企业上市公司 10 强，连续多年入选中国企业 500 强，享有"优秀民族汽车品牌"的美誉。

作为汽车制造的初创公司，长城汽车公司走过了步履维艰的前半程，从拆解模仿汽车开始，靠着"每天进步一点点"的精神，艰苦奋斗，终于在 1996 年第一辆长城皮卡问世，如图 7-19 所示，之后该公司把自己的定位产品——皮卡做到极致，一步一步走上自主制造汽车的道路。凭借着相对出色的品质和适宜的价格直接让长城皮卡坐上中国皮卡市场的头把交椅，从此开启了长城汽车产销的新篇章。

图 7-19　长城皮卡

追求稳健经营、坚持不断创新是公司不断发展的推动力。长城汽车公司于 2003 年成功在香港 H 股上市，成为国内首家在 H 股上市的民营汽车公司。此后连续多年稳居国内、出口汽车销量第一位。全球化布局成为长城汽车公司新的发展理念，由此搭建起全球化生产、研发、销售体系。旗下产品已出口到 170 多个国家和地区，海外销售网络超过 700 家，构建以宝鼎总部为核心，覆盖欧洲、亚洲、北美洲的科学研究与试验发展布局。

长城旗下拥有长城皮卡、哈弗、魏牌、欧拉及坦克五大品牌，如图 7-20 所示，以及面向纯电豪华市场的沙龙机甲科技品牌。基于"柠檬、坦克、咖啡智能"三大技术品牌，长城汽车公司打造了汽车研发、设计、生产，以及汽车生活的全产业链与价值创新技术体系。以"绿智潮玩嗨世界"为使命愿景，长城汽车构建一套集绿色碳中和、认知智能化、全球潮牌潮品、共玩众智众创于一体的出行新生态。

图 7-20　长城旗下五大品牌

第二节　车企文化谱新篇

经历了 70 余年的艰苦创业，我国的汽车产业自 1953 年创建第一汽车制造厂开始，从无到有、从小到大、从弱到强、从量到质都发生了翻天覆地的变化。我国已经发展成为全世界第一大汽车产销国。产业发展过程中凝聚的厚重人文精神和丰富的企业文化是企业乃至社会发展的宝贵财富和不竭源泉。

一、企业文化蕴含动力

1. 企业文化的概念

文化建设无疑在企业创建与发展过程中占据重要地位，是企业建设不可或缺的部分。企业文化建设与员工的工作、生活息息相关，存在于工作、生活中的每一处。

企业文化是在一定的条件下，企业生产经营和管理活动中所创造的具有该企业特色的精神财富和物质形态。它包括企业愿景、文化观念、价值观念、企业精神、道德规范、行为准则、历史传统、企业制度、文化环境、企业产品等。其中价值观念是企业文化的核心。企业文化所涉及的价值观念不是泛指企业管理中的各种文化现象，而是企业或企业中的员工在从事经营活动中所秉持的价值理念。

2. 企业文化的精神价值

企业需要在时代变迁与社会发展的大环境中不断地改革创新，在自身的发展道路上形成具有独特见解、独具一格且群体认可的企业文化。借助群体的力量，企业不断地深化、完善企业文化，扩大其影响力与号召力，凝聚全体员工的力量，增强企业职工的归属感，从而促进企业和谐发展。

企业文化在企业中的作用是十分重要的。它能激发员工的使命感，全体员工围绕企业的工作目标和方向，形成企业不断发展或前进的不竭动力。它能凝聚员工的归属感，通过企业价值观的提炼和传播,让一群来自不同地方的人共同追求同一个梦想。它能增强员工的责任感,在明确责任意识、危机意识和团队意识的前提下,大家清楚地认识到企业是全体员工共同的企业。它能赋予员工的荣誉感,每个人都要在自己的工作岗位上,多做贡献、多出成绩、多追求荣誉感。它能实现员工的成就感,一个企业的繁荣昌盛关系到每一个员工的生存。企业繁荣了,员工就能引以为荣,会更积极地努力进取。企业荣耀越高,员工成就感就越大,荣誉感越强。

3. 企业文化的推动力

对于全体员工的思想引领是企业文化不可或缺的导向作用。企业文化是企业价值观的总体表现,企业的价值标杆与办事准则,可以通过文化特征准则对员工进行约束,在思想上规范其行为准则。以企业文化为基础,促进企业员工的团结友爱、互帮互助的"大家庭"氛围,使企业员工对企业产生认同感且有一定的依赖性。

企业发展的助推剂来自良好的企业文化。企业文化能有效地提升企业在市场中的地位与竞争力,活跃全体员工的工作与生活氛围,激励员工的创新发展意识,团结一切可以团结的力量,提升企业的向心力与凝聚力,企业上下同心形成企业的发展核心。企业文化的传播与企业发展相融合,是企业发展的精神食粮。

企业文化可以塑造和展示企业形象,是企业的精神所在。企业形象是企业文化的外在表象,企业优良的制度文化和员工高满意度,必将生产出优质的产品。与客户进行良好的沟通,客户的满意度才能更高,企业才能有机会对外展现产品或企业文化。

企业文化可以完善企业的管理理念。在企业文化的熏陶之下,企业自上而下形成良好的、自觉的工作氛围,企业的管理更加人性化、科学化。在企业文化建设中秉承求实进取、不断创新的基本原则,以科学技术进步推动企业管理水平的提高,发展符合企业特色的文化精神建设,实现企业的持续发展。

二、车企文化的精神家园

在汽车企业的创业、建设和发展历程中,形成了很多优秀的企业文化,激励着一代又一代汽车人艰苦创业、无私奉献。正是汽车人克服重重困难、不断努力,才有了中国汽车产业今天的辉煌。这些优秀的文化值得我们学习、宣传和传承。

1. 创业精神

1949年,毛泽东主席在出访苏联参观李哈乔夫汽车厂时说:"我们也要有这样的工厂。"1953年6月9日,中共中央下发了《中共中央关于力争三年建设长春汽车厂的指示》。同年6月下旬,毛泽东主席题写了"第一汽车制造厂奠基纪念"。一汽人用4次创业谱写了共和国"汽车长子"的成长篇章。

第1次创业:3年建厂,孕育了一汽人的创业精神。1953年7月15日,当镌刻着毛主席题词的白玉基石植入充满创业激情的热土时,我国汽车工业从这里起步。一汽人风霜雨雪、披星戴月、头顶蓝天、脚踏荒原,3年完成建筑面积702480m^2,铺设各种管道86290m、电缆47178m,安装设备7552台,制造工装2万多套。一个年产3万辆的现代化汽车厂拔地而起。一汽的第一代创业者一边建设、一边学习,以自力更生、艰苦创业的实干精神,一丝不苟、精雕细刻的严谨精神，不为名利、顾全大局的奉献精神，为厂争名、为国争光的进取精神，实现了中国汽车的从无到有。第一家汽车厂、第一辆载重车、第一辆轿车，一汽创业所形成的创业精神，给一汽乃至中国汽车工业发展奠定了重要基础。

第 2 次创业：换型改造，培育了"争第一、创新业"的企业精神。改革开放，国门打开，面对世界汽车工业新技术的挑战，一汽人果断打破了原有的局面，于 1983 年 7 月打响了"换型改造"的攻坚战；用自筹的 4.4 亿元资金，完成了国外专家断言要 22 亿元才能换型的改造工程，走出了一条"自主开发、自筹资金、自主建设，不停产改造老企业、发展新产品"的路子。1987 年 1 月 1 日，具有 20 世纪 80 年代国际先进水平的第二代解放牌汽车 CA141 实现垂直转产。面对汽车销售困难，资金严重短缺的局面，一汽人没有被吓倒，承包奖下降了，浮动工资不涨了，职工的干劲反而更高了。为解决换型资金不足，工厂发行 5000 万元集资债券被争购一空。"厂兴我荣，厂衰我耻"成为员工战胜困难的强大精神力量，展现万众一心的集体意识，培育了"争第一、创新业"的企业精神。一汽人以"手把红旗不放，站在排头不让"的劲头，以"用第一的质量造名牌汽车，把第一的服务送广大用户"的质量追求，使产品一步跨越 30 年。

第 3 次创业：上轻轿，体制、产品和市场转变，圆了轿车梦。面对外国品牌汽车蜂拥而至的残酷现实，一汽人勇敢担起"发展轻轿、挡住进口"的责任，本着边建设、边组装、边国产化的原则，实施 3 万辆轿车先导工程建设。1990 年 4 月，一汽奥迪轿车驶下装配线，导出了资金，导出了管理，导出了人才。1991 年 2 月，一汽—大众公司成立，使一汽的轿车产品进入规模生产的新时期。坚持"民族品牌、开放发展"方针，自主开发系列产品，一汽人的轿车梦成为现实。1991 年以来，完成具有世界制造工艺水平的解放卡车基地、经济型轿车基地、轻微型车基地、新能源客车基地等自主基地的建设。"解放""红旗""夏利""奔腾""威志"等自主品牌的产品链得到拓展。重型柴油机、电控共轨、V12 缸发动机、AMT 变速器等核心技术研发取得新突破。

第 4 次创业：干自主，形成"争第一、创新业、担责任"的核心价值观。2008 年 6 月，一汽召开第 6 轮战略研讨会，确立"力争用 3 年时间使自主战线经营面貌明显改观，使自主产品竞争力明显改观"的近期目标，明确争做有国际竞争力的大企业集团，建设"自主一汽、实力一汽、和谐一汽"的长期奋斗目标。在自主事业中，一汽人拿出创业的激情、换型的干劲、上轿车的紧迫感，用行动践行做强做大一汽自主事业的庄严承诺。2009 年 7 月，一汽召开第 7 轮战略研讨会，完善行动目标，弄清实现产品竞争力明显改观的路线图，为一汽自主事业赢来新的发展高潮。

回顾历史，一汽从建厂开始，就把自己的发展和进步同国家和民族的命运紧紧联系在一起，一代又一代一汽人用创造一个又一个"第一"的坚韧奋斗，不负祖国和人民的重托，无愧"共和国长子"的使命，勇于担负中央企业应尽的政治、经济、社会责任，昂扬争创中国汽车行业全优第一。

2. 三线精神

三线精神是奉献精神、芦席棚精神、马灯精神、吃苦精神等精神的集合。

1) 到艰苦地方去奉献一生的奉献精神。20 世纪 60 年代，位于鄂西北的十堰还是一个穷乡僻壤的山间小镇。在党中央的战略决策下，大批的中华好儿女响应号召，在"备战备荒为人民""好人好马上三线"口号的感召下，来到鄂西北的十堰山沟。他们中有从国外学成归来的专家，有刚毕业的大学生，有在上海、长春、武汉等大城市出生、长大的技术员和工人，还有部队复员的解放军战士；他们有的拖家带口，有的暂别妻儿，还有的是朝气蓬勃的未婚青年。他们怀着建设三线的豪情壮志，为了国防战备，为了早日建好三线，凭着高度的爱国精神和大无畏的英雄气概，在偏远的崇山峻岭、蛮荒野洞中，搭芦席棚、建干打垒厂房、睡油毛毡工棚；他们先生产、后生活，许多机器设备都是人拉肩扛进现场，昼夜奋战安装的；他们含辛茹苦、流血流汗，硬是从人拉肩扛开始，在偏远的鄂西北山区要建设一个现代化的汽车厂。

2）艰难岁月铸就生活赞歌的芦席棚精神。芦席棚就是用胳膊粗的树干或竹竿做框架，围上芦苇席盖上油毛毡，外面下大雨里面下小雨，能遮眼不能御寒的棚子。那几年的十堰山沟里，所谓的厂房、住宅、医院、学校大多是用芦苇席围成的，先期进山的二汽人大部分住过芦席棚。在用芦苇席、油毛毡盖的厂房里生产，在芦席棚里生活，自己种菜、养鸡、养鸭。就是在这样艰苦的生活条件、落后的生产手段下，二汽人却生产出引以为傲的25Y——2.5t军用越野车。

3）照亮东风人创业路的马灯精神。马灯，一种可以手提的、能防风雨的煤油灯，骑马夜行时能挂在马身上，因此而得名。20世纪60年代，操着不同方言的数十万建设者拥入曾经寂静的十堰小山沟，没有路、没有自来水，也没有电是三线建设者遇到的难题。一到晚上，工地上到处是点亮的马灯，建设者靠马灯的亮光修筑道路、平整场地或搭建厂房；生活区的芦席棚里，也是靠马灯照明。建设者通过艰苦创业、勇于创造、激情奉献，硬是一锤一斧、一砖一瓦建立起现代汽车城，并由此铸就了十堰汽车城的灵魂与基因血脉，开创了"中国式的汽车工业发展道路"，创造了中国现代化建设的奇迹，取得了彪炳史册的辉煌成就。

4）英雄群体深山创造奇迹的吃苦精神。青年突击队是二汽能够在那样艰苦的环境中建设发展的一批重要力量。青年突击队队员充满朝气和活力，肯学习、能吃苦、积极上进、无私奉献；每当二汽遇到困难时，青年突击队总是挺身而出，迎难而上；在基建任务最重的时候，冲在前面开山建厂、铺路架桥、防洪抢险、攻关调试的也是青年突击队，如图7-21所示；在二汽建设发展的每一个重要关口，日夜奋战在最重、最脏、

图7-21　青年突击队开山建厂

最累、最苦、最险的地方的还是青年突击队。他们出现在哪里，那里的困难就会迎刃而解，那里就充满欢笑和歌声。二汽建设当之无愧的英雄群体非青年突击队莫属。据不完全统计，当年二汽共成立了133个青年突击队，有青年突击队队员4493名。

与青年突击队相提并论的另一个特殊群体是铁姑娘连队。在二汽建设的十堰深山沟里，

人们经常看到一大批十几岁、二十几岁姑娘们的身影,那就是"铁姑娘连队",实际上是由二汽职工家属组成的"五七家属连",有3000人之多。在工地上,她们与砖、瓦、灰、砂、石等建筑材料打交道,从事装卸、运输、清理施工现场、搬运仓库材料等繁重的体力劳动,如图7-22所示;在十几米甚至更高的厂房上,她们高空电焊、安装电气设施等;在厂房钢屋架上,她们刷油漆,与男职工一样整天一身汗水一身油污。她们开着"蹦蹦翻斗车",操作着混凝土搅拌机、卷扬机、发电机等,处处留下足迹。日复一日,年复一年,她们为二汽建设做出了不可磨灭的贡献,其中还诞生了党的"九大"代表、"十一大"代表和"全国三八红旗手"。

图7-22 "铁姑娘连队"在抬厂房的钢架

在50多年的发展历程中,一个个英雄的群像将二汽人、十堰人自力更生、艰苦奋斗、奋发图强的优良品质展现得淋漓尽致。老一辈创业者留下的自强不息、吃苦耐劳、集体主义精神,构成了丰富厚重的汽车工业的精神财富。三线精神在实现中华民族伟大复兴、奔向国强民富的道路上,仍然具有不可或缺的时代意义。

3. 工匠精神

纵观千古传世之作,无不得益于工匠的呕心沥血、匠心独运。我国的万里长城,虽历经千百年风霜雨雪仍岿然屹立便是典型一例。我国的汽车工业同样拥有无数的能工巧匠、技术专家,他们付出了智慧和心血,铸就了中国汽车工业不朽的丰碑。

(1)工匠铸就英雄车 二汽生产的1000辆5t载重车和1000辆2.5t越野车,在对越自卫反击战中屡立战功,被战士们誉为"功臣车""英雄车"。当年,一辆EQ240汽车不慎从山崖上摔下,导致驾驶室严重变形,可就是这样一辆重度摔伤的车,仍然完成了抢运任务。1985年11月2日,老山前线一级战斗英雄史光柱慕名专程来到二汽,抚摸立下战功的"功臣车",激动地题词:"东风载我上前线,凯旋回敬造车人!"

东风汽车在历次大阅兵中都交出了傲人的成绩。1984年10月1日国庆35周年阅兵式在北京天安门广场隆重举行。东风军车48辆分为3个方队,分别是2.5t越野车、3.5t越野车和采用二汽发动机的轮式装甲车,被称为"信得过的钢驹铁马",如图7-23所示。

(2)匠心练就"中国心" 将一件事情做到极致,胜过做一万件平庸的事,这被称为匠心精神,长城汽车公司一直坚守着这种精神。由此,几十年间,以"每天进步一点点"和

图 7-23 阅兵式上的汽车风采

"专注、专业、专家"的企业品牌理念,长城汽车公司秉承初心、坚守匠心,潜心研发自主品牌汽车。

从一个名不见经传的乡镇企业成长为中国汽车企业的领军者,长城汽车公司背后的秘密就是坚持做好每件事。在技术上,长城汽车公司坚持"过度投入",注重有效研发,追求行业领先,为持续的自主创新奠定坚实的基础。构建以中国为核心,涵盖欧洲、亚洲、北美洲等全球研发布局,开展新能源与智能化汽车研发。长城汽车公司拥有国内先进的汽车综合试验场,具有研发、试制、试验、造型、数据五大功能的哈弗技术中心,实现整车及零部件的研发布局,研发实力实现质的飞跃。

任何成就都不是一蹴而就的,需要持之以恒,而一旦"内功"积聚到一定力道,就会强势迸发,特别是在市场波动之时,"内功"才会突显。功夫不负匠心之人,长城汽车 GW4C20B 2.0T 汽油机成功入围 2019 年的"中国心"、2019 年度十佳发动机名单,为中国汽车品牌构建核心技术之路添砖加瓦。

(3) 匠人铸造精品车 "精于工,匠于心,品于行",所谓的匠人风范莫过于对所从事的工作锲而不舍,对质量的要求不断提升,精益求精,追求完美,打造极致。汽车的制造工艺相当复杂,长安汽车始终秉承工匠精神,不断改进制造工艺和产品性能,精益求精、不懈创新,努力推进中国制造的"品质革命",给消费者带来高品质的产品体验。精益求精的匠心追求和匠人专业态度铸就了大国制造、民族精工品质的代名词"Made in China"(中国制造)。

作为最早的民族工业企业之一的长安汽车公司,拥有 150 余年的历史底蕴、35 年造车积累,在全球有 19 个生产基地、36 个整车及发动机工厂,还是第一家产销量累计突破 1000 万辆的中国品牌车企。长安汽车公司秉承"为老百姓造好车,造精品车"的精工品质理念,号称世界一流现代化"智造工厂"的长安汽车公司两江基地新工厂的建成,更是标志着长安汽车公司的产能和全球研发实力的进一步提升,为长安汽车公司实现"打造世界一流汽车企业"这一宏伟愿景提供了坚实基础。

4. 民族精神

（1）敢作敢为的民族汽车企业　自改革开放以来，我国逐步实现大国崛起、民族振兴，背后是靠着一代代敢为奋斗者的努力。2022年开年之际，吉利品牌CMA高端系列"中国星"推出时代肖像人物记录视频短片——"敢为，做时代的中国星"，向大众传递"敢为"精神，让大众感知时代之声。

视频短片呈现的5位"敢为先锋"，既有奥运冠军、登山运动家，又有医生、汽车人，都是在各自领域做出巨大贡献的佼佼者。片尾，吉利汽车人出场的自我独白，讲述了吉利汽车人一往无前、不断突破的敢为精神，阐释了民族汽车行业的坚守与创新。

吉利汽车公司从弱到强，从技术"卡脖子"，到实现动力产品和技术向海外双输出的高端品牌，一直在突破传统、突破自我、不断创新。吉利汽车人从乡村走向世界，自1997年进入汽车产业的几十年造车历程，依靠的就是全体吉利人的"敢为"精神。

（2）浓郁的民族情怀　以"秦、汉、唐、宋、元"命名车型，让人眼前一亮，而且内心感到温暖，这就是比亚迪汽车公司的杰作，用"王朝系列"命名并配合龙元素造型，体现出满满的"中国风"。比亚迪汽车公司的民族情怀透出极为浓厚的民族文化气息，我国的老百姓欣然接受。比亚迪汽车公司从技术优先，到侧重外形，再到追求内在与外在的统一，其设计理念逐渐变化，不断满足消费者的新需求。经19年的磨砺，在艰难的创新之路上成就了比亚迪的自主品牌。

初创时期的比亚迪汽车公司并不被人关注，一个民营企业要想在汽车行业站稳脚跟却非易事。可比亚迪人凭着愚公移山、笨鸟先飞的吃苦精神，经过多年努力硬是闯出了一条自主科研创新之路，成为全球汽车产业链中的后起之秀。比亚迪人审时度势，摸清了中国及世界汽车发展的脉络，抓住机遇，果断出击，加大科研创新力度，加强知识产权和专利保护，让比亚迪汽车公司在汽车市场中游刃有余，特别是在新能源汽车方面独树一帜。一年一小步，三年一台阶，比亚迪汽车公司的汽车产业呈阶梯式稳步发展。

（3）卡塔尔旋起中国风　2022年，卡塔尔举办了世界杯足球赛，"中国制造"成就了一道道靓丽的风景线。特别地，在卡塔尔首都多哈的街头，在各比赛场馆、市区道路上穿梭的中国宇通新能源客车备受来自世界各地球迷的广泛关注。

由888辆宇通牌纯电动客车组成的车队，开启了国产新能源汽车服务国际大型赛事活动的新篇章。为了适应卡塔尔炎热、多风沙的气候条件，以及当地驾驶人的驾驶习惯，宇通汽车公司做足了"功课"。在车辆空调系统、整车隔热装置、电池安全技术、泥沙防护等方面进行了专项技术改造，提升了车辆与道路、气候的适应性，以及整车的可靠性，保证车辆能长期服务于当地的路网交通。

在全球运行的宇通新能源客车超过17万辆。为全球绿色转型，宇通汽车公司贡献着自己的力量。从"新能源整车产品供应商"向"一体化解决方案提供商"迈进，宇通客车已经成为中国新能源汽车走出国门的一张亮丽名片。

5. 创新精神

（1）奇瑞的自主创新　要想在国际市场上有一席之地，就需要摆脱对外国技术的依赖，不被别人牵着鼻子走，靠的是自主创新，走属于自己的路。奇瑞汽车公司（简称奇瑞）实现了自己的愿望。

自主创新是奇瑞战略发展中不断进取的动力来源。奇瑞努力成为技术型的企业,致力于堪当民族汽车企业大任,走出独特的成功之路。奇瑞组建了汽车工程研究院、汽车试验技术中心等多家研究院所,有一支强大的研发团队,并与国内多家院校、科研机构开展技术合作,拥有大批整车开发和关键零部件的核心技术,其中不乏尖端技术。奇瑞还充分整合全球资源,开展深度、广泛的国际合作。

奇瑞经过不断地开拓进取,终于成为我国第一个整车和发动机出口的汽车企业。虽道阻且长,可奇瑞人不畏艰难险阻、勇往直前的创新创业精神,激励着全体员工团结一心,奇瑞正朝着现代化国际型企业的方向迈进。

(2)吉利的自我超越 为掌握核心技术,吉利不惜斥巨额资金投入研发,倾力打造的雷神智擎混动系统,在热效率、节油率等关键技术上全面超越日系混动系统;在全球"芯片荒"不断蔓延的情形下,吉利于2021年12月正式发布7nm制程车规级SOC(System on a Chip)芯片"龙鹰一号",开启了中国汽车"芯"时代。

不仅如此,吉利是唯一具有CMA(Compact Modular Architecture)、BMA(B-segment Modular Architecture)、SPA(Scalable Product Architecture)、SEA(Sustainable Experience Architecture)四大世界级模块化架构的中国车企,架构造车将确保吉利的产品始终保持全球领先。基于CMA架构的吉利"中国星"系列,是吉利最优技术的集合,全面超越强势合资品牌产品,让高端产品大众化成为现实。

随着时代的进步,唯有敢做敢当,不断超越自己,才能处于行业标杆地位。吉利汽车公司能从一个名不见经传的民营车企发展成为大国汽车品牌,其精神内核是不断的自我超越。

(3)比亚迪的敢为天下先 根据公司战略发展需要,比亚迪于2022年4月3日正式宣布:停止燃油汽车的整车生产。这意味着所属汽车制造公司将专注于纯电动和插电式混合动力汽车业务。比亚迪正式官宣停止燃油车生产属全球首家汽车企业,在汽车产业中"一石激起千层浪"。

世界能源日趋紧张,油价居高不下,对市场敏感的比亚迪人多年前就觉察到燃油车的危机,预判世界燃油车的出路,看准了中国新兴市场的发展趋势。比亚迪人果断放弃燃油车全力进军新能源汽车市场,体现了比亚迪人的前瞻性和战略眼光,展现了博大的胸怀和为国争光的雄心。

位于中国新能源汽车市场第1的比亚迪,做到了世界新能源汽车企业的前3,跟跑、并排跑的时代成为过去,取而代之的是领跑。比亚迪人认准目标,砥砺前行,排除干扰,坚持进军新能源汽车市场的决心和梦想,使比亚迪不仅是中国的比亚迪,而且是世界的比亚迪,更开辟了中国人在全球汽车市场的一片沃土江山。

比亚迪的全产业供应链不依赖于世界强权,完全自主可控。比亚迪人的信念,以及敢为天下先的精神值得赞扬,国人为之感到骄傲,相信未来的比亚迪会成为响当当的世界汽车品牌。

三、企业精神文化的传承

企业文化是企业所创造的独具特色的精神财富,是多代人历经创业和发展的历史积淀。

第七章 驰骋车轮观中国

众多英模、先进人物的事迹鼓励着一代又一代人,继承前人的精神,创造出新的业绩。这些优秀的企业文化值得不断总结、提炼、宣传、继承,将文化变为企业的共同认知、统一意识、规章制度和激励机制,在企业的发展战略、工作标准、员工培养等方面不断地融入和落地实施,促进企业稳步良性发展。

创业精神、三线精神、工匠精神、民族精神、创新精神是我国汽车产业几十年发展的文化沉淀;艰苦奋斗、自力更生、拼搏创业、无私奉献、敢作敢为的精神,同样成为能够传递正能量的宝贵精神财富,蕴含着社会主义核心价值观,需要我们持续提倡和发扬光大。

第三节 汽车改变中国

一、汽车为中国经济插上翅膀

汽车产业的发展直接关系到一个国家的整体实力,是综合国力的直接体现,甚至代表着一个国家制造业的整体水平和科研创新能力。汽车消费的拉动作用范围大、层次多,与社会生产和人民生活关系密切,可以产生突破一点、收获一片的效果。汽车制造自身就有一个庞大的产业链,包括汽车上游产业的设计、制造、装备、零部件等产业,下游产业的销售、维修美容、金融保险、石化、物流、广告等产业,而相关联的产业更是多达156个,汽车产业的带动效应是显而易见的。汽车产业具有稳定经济、增强国力的重要战略作用,因此,改革开放以来,我国政府出台了很多政策和措施,最大力度地鼓励和扶持汽车产业的发展。

从国际上来看,纵观世界经济强国,大多是汽车工业大国,如美国、日本、法国、德国等汽车工业发达国家,其汽车工业产值占国内生产总值(Gross Domestic Product,GDP)的比例均在10%以上。根据测算,中国私家汽车每增加1万辆,将使GDP增加88.8亿元,钢产量增加14.1万t,生铁产量增加12.3万t,原油产量增加2万t,玻璃产量增加16.7万重量箱,合成橡胶产量增加0.1万t,公路里程增加428.8km。自2009年以来中国汽车产业占GDP的比重大于8%,如果加上对其上下游行业的带动,汽车行业对国民经济的拉动作用将远远超过10%,毫无疑问是国民经济的支柱性产业。

从我国的区域经济来看,一汽集团、上海汽车集团、东风汽车集团等企业所在地,均是以汽车产业为支柱产业,其汽车工业产值在本市生产总值和国内生产总值中都占有相当大的比例。以东风汽车的发源地十堰市为例,当年因为国家三线建设的战略,将二汽建在鄂西北山区的十堰市,十堰市因车而建,因车而兴,汽车产业的产值占全市GDP的70%左右,而湖北省的汉(武汉市)、襄(襄阳市)、随(随州市)、十(十堰市)汽车走廊均是从十堰市延伸出去的。可以说今天的湖北汽车产业的发展,与当年二汽在十堰市的落地是密不可分的。可见,汽车产业对地方经济的促进是不可低估的。

我国的汽车产业自1956年第一汽车制造厂出车开始,1971年汽车产量达到十万量级,

1992年汽车产量达到百万量级，2009年汽车产量达到千万量级。2009年，我国成为全世界产销量最大的国家，并且这一地位一直保持到现在。2023年汽车销量为3009.4万辆，汽车产业的总收入达到11万亿元，占当年GDP的比重接近10%，首次超过房地产，成为中国第一经济支柱。由此可见，汽车产业对国民经济的贡献是非常巨大的。2003—2022年中国汽车销量变化如图7-24所示。

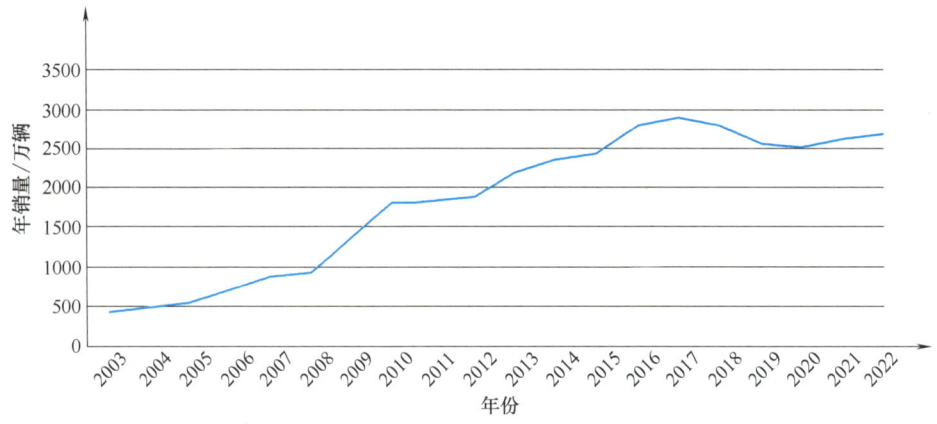

图7-24　2003—2022年中国汽车销量变化

二、汽车引领国内消费升级

1. 出行方式的升级

随着居民经济收入的不断提高，购车已经成为千家万户的消费行为，有车有房是很多人的生活追求。因此，近些年国内每年汽车销量都在2500万辆以上，汽车已经大规模进入寻常百姓家。截至2022年中国汽车保有量达到3.19亿辆，千人汽车的拥有量达到226辆，位居世界前16名。

人们的出行方式由原来的自行车、摩托车更换为汽车。因为拥有汽车，人们的出行半径得到较大延伸，长距离的代步、购物、娱乐、旅游等成为可能，汽车给人们的生活带来极大的便利性和舒适性。

2. 汽车消费的升级

随着汽车产品的功能、车型、品质的不断迭代，人们对汽车的需求也在不断更新。经典大方的轿车转变为豪爽大气的多功能SUV，SUV既可城市代步，又可城外旅行；手控操作的汽车转变为智能驾驶的汽车，科技感十足；传统品质的燃油汽车转变为现代科技的新能源汽车，实现了绿色环保出行。

2011年，全球销售的电动汽车大约5.5万辆，10年后的2021年，这一数字已经增至700万辆。中国的新能源汽车销量从2013年的1.8万辆增加到2022年的688.7万辆，如图7-25所示，此销量已占全世界新能源汽车销量的半壁江山。

消费者需求特征发生多角度的变化，使汽车有了多重特征，比如基本功能的代步工具，某种身份的象征，时尚的符号，更是个人兴趣爱好的体现。汽车厂家为了适应消费者的需要

开发出各种车型，轿车、SUV（Sport Utility Vehicle）、MPV（Multi-Purpose Vehicle）、跑车、房车、越野车等，消费者的购车消费也随之不断升级。

图 7-25 2013—2022 年中国的新能源汽车销量及增长率

3. 生活品质的升级

自轿车大规模进入家庭之后，人们的生活方式发生了巨大变化。例如，驾车外出品尝美食，远距离参加娱乐活动，远程走亲访友，自驾旅游体验一路上的风景。2020 年，全国自驾游占国内出游的比例为 77.8%，全年自驾游规模已经达到 22.4 亿人次。可见消费者对自驾旅游的强劲需求。

房车旅游近年来悄然兴起，全国房车的保有量已达到 350 万辆，越来越多的人愿意选择这种更加自由、更亲近自然的旅游形式，各省也在加大房车营地的建设，迎接各地的房车旅游者。

汽车未来的生态正在向绿色、开放、共享的方向发展，个性化、智能化、数字化，以及绿色低碳是汽车服务的发展趋势。汽车产业的每一个主体都在探索消费升级所带来的变化，以及可能会出现的新需求。只有发展全新的消费业态，才能持续提高汽车的消费水平，最终实现汽车整体消费的融合发展。

思考题

1. 为什么说一汽集团始终肩负着发展民族汽车工业的使命，表现在哪些方面？
2. 为什么东风汽车公司建设在湖北省十堰市的深山里？这有着怎样的决策考量？
3. 从吉利汽车公司的发展之路说明中国民营汽车企业的成长环境。
4. 比亚迪的"王朝系列"品牌为什么有比较高的认知度？
5. 老一辈汽车人的三线精神是指什么？这些汽车人在生活条件十分艰苦的环境中创业，是怎样的精神品质支撑着他们？
6. 你认为中国要从汽车大国变为汽车强国，创新精神要体现在哪些方面？
7. 为什么说汽车产业是国家的支柱性产业？对国家经济有哪些贡献？
8. 汽车消费的升级包括哪些？这将给汽车工业带来怎样的转变？

第八章 / **Chapter 8**

汽车社会铸文明

扫码观看本章相关视频

第八章 汽车社会铸文明

中国的汽车文化正在被汽车消费者、商业界及学术界等多方关注，逐渐形成自己的鲜明特色。成长中的中国汽车文化正在深远地影响着国人的汽车消费、生活方式及社会文明等方方面面，进而影响工业经济的发展和人们的现代生活。

第一节 阔步迈向"汽车社会"

汽车是20世纪地平线上最重要的人文景观，汽车对国民经济的拉动作用之大，波及行业和产业面之宽，提供新科技应用平台之广，改变人类生存方式之深远，让其他很多产业都难以望其项背。中国迈向"汽车社会"这一历史进程将不可逆转地到来。

一、人车路的交响曲

驾驶人大多清楚地记得他们拥有第一辆汽车时那种满足的心情，也不会忘记第一次手握转向盘，脚踩踏板，伴着发动机的轰鸣，战战兢兢地开车上路的感觉。汽车的发明改变了千百万人的生活，注入速度、自由与机会的神奇力量。汽车的普及，汽车化的进程，更使人心情激荡，热情澎湃。

事实上，在人们轻松自如地操纵转向盘的同时，汽车也操纵着人们的生活方式。汽车逐步建立自己的王国，成为社会机体的一个重要部分，任何废黜这个工业系统的企图都会使社会"失血"，甚至连它自己的"头痛脑热"都会使社会震颤。人们越来越抱怨它，因为越来越离不开它。

在改变人类生存方式的过程中，汽车以自己的特性奠定了在现代社会中的重要地位。汽车是人们仅次于住房的大宗购买项目，也是人们既实用又必需的重要商品。人们对汽车的追求和依赖，奠定了汽车工业作为支柱产业的地位，带动了相关工业的发展，因为汽车需要自己的基础行业，包括机械、能源、材料、电力、计算机、环境工程等，涉及诸多工业部门和技术系统。汽车生产要大量耗用钢铁、橡胶、塑料、电子装备、机床、输送设备、油漆及装饰材料，汽车使用要耗费无数的汽油、柴油，这为制造、销售及相关行业提供了大量工作机会。在美国，每7个工人中就有一人直接或间接地在汽车行业工作。

2022年，全球汽车保有量已超14亿辆。截至2023年2月，世界人口接近80亿人，就是说每5.5人拥有一辆汽车。在美国，平均每千人拥有汽车数为837辆；日本平均每千人拥有汽车数为629辆；汽车已经成为发达社会最普遍的私人交通工具。2023年年末，中国人口总数为14.1亿（不包括香港、澳门特别行政区和台湾省），约占世界总人口的18%。中国汽车保有量逾3.36亿辆（不含三轮汽车和低速汽车），平均每千人拥有汽车数为238辆。

中国的改革开放，极大地促进了中国经济的快速发展。人们的吃、穿、住、行都得到了改善和提高，中国正朝着全面实现工业化的目标稳步迈进。改革开放推动着汽车市场的繁荣，车市与股市、房市并驾齐驱，车市受到普通民众的青睐。遍布全国各地的汽车4S店更贴近老百姓，各种各样的车展吸引各方人士，车展规模不断升级。中国顶级的车展就数北京国际汽车展和上海国际汽车展了。2023 年 4 月 18 日，以"拥抱汽车行业新时代"为主题的第 20 届上海国际汽车工业展览会在国家会展中心（上海）举办，吸引了 20 个国家和地区 1000 家中外汽车展商参展；展出总面积超过 36 万 m^2；展出整车 1413 辆，其中全球首发车 157 辆，新能源车 271 辆（其中中国车企新能源车 186 辆），概念车 64 辆，全球首发车 28 辆。车展期间，共举行 151 场新闻发布会，举办 20 余场交流活动，13000 余名记者竞相报道车展盛况。本届车展共吸引参观者 90.6 万人次。

2007 年中国的汽车产量为 888 万辆，成为第三大汽车生产国。中国汽车年总产量突破 100 万辆是在 1992 年，到 2000 年汽车年总产量达到 200 万辆，增长 100 万辆用了 8 年。进入 21 世纪，我国汽车年总产量迅猛增加，2002 年突破 300 万辆，2003 年突破 400 万辆，2004 年突破 500 万辆。这几年，100 万辆的增长幅度不超过 1 年。可以说，中国汽车产业开始爆发性增长。2009 年，中国的汽车产销量突破 1000 万辆大关，产销汽车超 1300 万辆，成为第一大汽车产销国。2014 年，汽车产销量超 2300 万辆。5 年时间汽车年产销量增加 1000 万辆。世界汽车总产量突破 1000 万辆是在 1950 年，美国和日本则分别于 1956 年和 1980 年突破 1000 万辆，迄今为止，全球仅有中国、美国和日本 3 国是产量过千万辆的汽车大国。2022 年，中国汽车产销量分别为 2702.1 万辆和 2686.4 万辆，中国已成为世界第一大汽车生产国和第一大汽车市场。

中国经济的快速发展也促进了公路建设发展和公路运输的增长。2022 年年底，全国公路通车里程 535 万 km，其中高速公路 17.7 万 km；完成营业性客运量 154.28 亿人，拥有营运车辆 1435.77 万辆，全年旅客周转量 10228.71 亿人公里，网约车日均订单达 2000 余万单。可见，我国的公路运输量已经占有举足轻重的地位，汽车已成为最基本的城市交通方式。在日常交通中，汽车承载大部分客流。基于这种交通工具的社区及城市模式，决定和影响着人们的生存方式。

图 8-1　道路交通枢纽

我国道路基础设施建设迅速发展，道路交通枢纽，如图 8-1 所示。我国的公路建设用 10 多年时间就走过了西方发达国家几十年的发展里程。一个干支衔接、布局合理、四通八达的中国公路网初步形成。

二、我国全面进入"汽车社会"

沿着人类生存的共同轨迹，遵循不以人的意志为转移的社会进步规律，中国人在解决温饱、满足一般家庭所需之后，人们的消费结构在升级，进入以住房、汽车为代表的改善生活质量的消费时代。

1982 年，我国政府提出"汽车工业应该有个大的发展"，当年全国生产汽车约 20 万辆，汽车保有量为 215 万辆。那时就有人提出"中国是世界上最大的汽车潜在市场"，看似有些遥远的事情，今天却成为事实。早年，汽车作为"生产资料"的概念在人们心中根深蒂固，而作为"官车"的轿车,平民百姓不可触及。未曾想到,若干年后,普通民众也能拥有一辆轿车。2000年,全国私人轿车为300万辆,平均每百户家庭拥有1辆私人轿车;2022年全国私人轿车为1.69亿辆,平均每百户家庭拥有43.5辆私人轿车。2022年中国汽车保有量愈3.19亿辆,约为1982年的148倍。

轿车的快速发展,民众汽车消费对社会的影响,远远超出了汽车产业本身。汽车的广泛应用不仅会扩大人们的活动半径,加快社会活动节奏,而且会改变人们的时间观、空间观。在这个过程中,人们的生产和出行方式、居住选择、城市和乡村结构、生活方式、休闲方式、消费结构、商业模式、城市面貌会随之改变,进而影响就业结构、社会关系、沟通方式、活动节奏,以及知识结构、文化习俗等,使大家享受到先进的汽车文明,轻松享受汽车移动生活。有车族的家庭生活、有车族的休闲生活如图8-2、图8-3所示。

图8-2 有车族的家庭生活

图8-3 有车族的休闲生活

以北京为例,新中国成立初期,北京只有机动车2300辆;1966年,发展到2.8万辆;1978年,机动车拥有量也只有7.7万辆;经过改革开放10多年的发展,到1997年2月,北京市的机动车突破100万辆,这一过程整整经历了48年;从1997年2月至2003年8月,短短6年半时间,北京的机动车保有量就完成第2个100万辆的增长,增长之快超乎想象;从第2个100万辆到第3个300万辆,北京仅仅用了3年零9个月。截至2022年年末,北京市机动车保有量712.8万辆,其中私人汽车532.6万辆,新能源汽车保有量66.2万辆。

2022年,中国人均GDP达到85698元,汽车消费步步登高,尤其是轿车消费已进入大众化阶段。仅就拥有汽车驾驶证的人来说,其人数不断增长,2006年为15700余万人。2022年年末,拥有汽车驾驶证的人数为4.63亿人;有驾驶培训学校10374所,每年培训学员3000余万人。图8-4所示为某驾校学员学车场景。

图8-4 某驾校学员学车场景

经过上百年的发展,汽车逐渐进入大众消费领域,成为人们的日常交通工具。我国进入大众汽车消费时代,是时代的伟大进步。一个从汽车工业向汽车产业进而向汽车社会转变的过程正迎面走来。这个变化如此迅速,而且又影响和改变着亿万人的生活。漠视它、抵触它都无济于事,需要客观认识汽车社会。一般认为,汽车社会主要有以下几个标准:一是汽车普及率比较高;二是要有完善的交通设施;三是要有完备的道路交通法规;四是要有较高的汽车文明。

有人曾把"汽车社会"解释为：只有当社会围绕着汽车这一现代工业产品，形成一整套经济、文化、生活体系时，才算进入了汽车社会。虽然这个解释不一定权威、精准，但有一点被认同，就是汽车社会不仅与宏观数据有关，而且与大众生活方式有关。汽车社会的前提是大众普遍的汽车消费。

在进入"汽车社会"时，相应的社会问题伴随着汽车社会的形成而出现，交通、安全、环保、能源四大问题显得更尖锐。人们无法回避问题的存在，需要的是努力寻求解决问题的办法。

第二节　汽车社会面临的问题

任何事物都有两面性，汽车也不例外。在早期汽车数量少、使用时间短、应用范围窄时，人们更多注意其优点；在汽车数量多、使用时间长而应用广泛时，缺点就显露出来了。汽车对社会的负面影响可以归结为过多的汽车会使人类生存和发展的环境恶化。

一、能源问题

1. 汽车的石油消耗

我国是一个能源生产大国，同样是一个能源消费大国。我国已成为世界第二大能源消费市场。今后20年里，我国还将成为世界上建设规模最大的市场。随着我国工业化进程的加快，能耗必将大为增加，一次性能源的产能与供需缺口扩大。2022年，我国机动车消耗的石油为7.1亿t，约占全国总石油消费的1/3。目前，我国机动车消耗了全国石油总产量的85%，每天的石油消耗是550万桶原油。汽车已成为石油消耗增长的主要因素，使我国能源短缺的矛盾更加突出。

由于国内的石油储藏量和开采量有限，新增的石油需求将越来越多地依赖进口。2002年中国石油表观消费量（当年生产量+净进口量）为2.24亿t，2013年为4.9亿t，2022年为7.19亿t。2002年石油对外依存度仅为31%，2013年则达到57%，2021年则高达73%；2022年全年进口原油5.08亿t，石油储备约为70天，中国为全球第二大原油消费国和最大的原油进口国。

2. 全球石油可采储量

据现有资料统计，全球石油可采储量的38%分布于中东地区，17.3%和16.5%分布于俄罗斯和北美地区，欧洲地区最少，不足4%。此外，全球有待发现的经济可采石油资源，也主要分布于中东地区，所占比例约为30.5%，其次分布在俄罗斯、北美、中南美洲和非洲地区，均在10%以上，而亚太和欧洲地区分别占5.5%和3.9%。截至2021年年底，全球石油探明储量为2362.3亿t，储量寿命为53.5年。未来20年世界石油资源增长主要来自中东、俄罗斯-中亚、南美、北非等4个地区。2022年世界主要产油国储量排名见表8-1。

表 8-1　2022 年世界主要产油国储量排名

国　　家	储量/亿桶	排　　名	国　　家	储量/亿桶	排　　名
委内瑞拉	3040	1	俄罗斯	1070	6
沙特阿拉伯	2980	2	科威特	1020	7
加拿大	1700	3	阿联酋	978	8
伊朗	1560	4	美国	689	9
伊拉克	1450	5	利比亚	484	10

3. 全球 3 次石油危机

（1）第 1 次石油危机（1973 年）　1973 年 10 月第 4 次中东战争爆发，为打击以色列及其支持者，石油输出国组织的阿拉伯成员国于当年 12 月宣布收回石油标价权，并将其原油价格从每桶 3.011 美元提高到 10.651 美元，使油价猛然上涨两倍多，从而触发了第二次世界大战之后最严重的全球经济危机。持续 3 年的石油危机对发达国家的经济造成严重的冲击。在这场危机中，美国的工业生产下降了 14%，日本的工业生产下降了 20% 以上，所有的工业化国家的经济增长都明显放慢。

（2）第 2 次石油危机（1978 年）　1978 年年底，世界第二大石油出口国伊朗的政局发生剧烈变化，伊朗亲美的温和派国王巴列维下台，引发第 2 次石油危机。此时又爆发"两伊"战争，全球石油产量受到影响，从每天 580 万桶骤降到 100 万桶以下。随着产量的剧减，油价在 1979 年开始暴涨，从每桶 13 美元猛增至 1980 年的 34 美元。这种状态持续了半年多，此次危机成为 20 世纪 70 年代末西方经济全面衰退的一个主要原因。

（3）第 3 次石油危机（1990 年）　1990 年 8 月初伊拉克攻占科威特以后，伊拉克遭受国际经济制裁，使其原油供应中断，国际油价因而急升至 42 美元的高点。美国、英国经济加速陷入衰退，全球 GDP 增长率在 1991 年跌破 2%。国际能源机构启动紧急计划，每天将 250 万桶的储备原油投放市场，以沙特阿拉伯为首的欧佩克也迅速增加产量，很快稳定世界石油价格。此外，2003 年国际油价曾暴涨过，原因是以色列与巴勒斯坦发生暴力冲突，中东局势紧张，造成油价暴涨。

从以上几次石油危机中可以看出，石油价格影响着经济发展，如图 8-5 所示。国际石油价格发生了很大的变化：2002 年每桶石油均价为 24 美元，2003 年为 31.5 美元，2004 年为 41.5 美元，2005 年为 56.7 美元，2006 年为 66.2 美元，2007 年截至 10 月，每桶石油均价为 72.5 美元。2008 年每桶石油均价突破 110 美元。2008 年 5 月 21 日，美国纽约市场油价已高达每桶 133 美元。

图 8-5　石油价格影响着经济发展

由于前 3 次石油危机发生时我国石油能够自给自足，甚至能净出口，因此没有对我国构成真正的威胁。但我国是一个石油缺乏的国家。2022 年年底，我国石油探明储量为 256 亿桶，仅占世界储量的 1.1%。自 20 世纪 90 年代初我国就成为石油纯进口国，储采比一直维持在 14~16 范围内。而现在，我国已成为世界石油第二大消费国，对进口石油的依存度在不断上升。所以，对我国来说，第 4 次石油危机才是中国政府面临的第一次石油危机"大考"。

4. 国家的石油安全

在现代文明社会中，一切现代物质文明在较大程度上都依赖于能源。石油、天然气等是重要的能源资源。中东、俄罗斯及其他欧佩克国家是石油生产的集中地，而西欧、北美和亚洲国家则是石油消费集中地。在当今国际舞台上，石油领域的竞争已超出纯商业范围，成为大国之间经济、军事、政治斗争的武器。

从近几十年来国际关系的现实可以看到，石油资源和水资源是国家之间发生战争和冲突的主要因素，特别是谋求对石油资源的控制成为国际斗争的焦点之一。在过去半个世纪中，仅仅由水引发的冲突就达到 500 多起，其中 20 余起演变为武装冲突。随着石油资源的日益紧缺，能源对经济发展的制约作用将更加突出，以各种形式出现的全球能源争夺战将愈演愈烈。

图 8-6 某加油站汽车排队加油

随着我国汽车工业的快速增长，我国的石油供应时有紧张。图 8-6 所示为 2015 年我国某城市加油站因油品要涨价车主连夜排队加油的场面。为了保证国内的石油供应，我国已花巨大的人力、物力、财力在全球五大洲四大洋到处寻找石油来源。目前，中国石油市场已基本与国际接轨，随着石油价格的不断飙涨，必然再次引起与石油相关产品的价格上涨，进而造成中国工业化成本直接或间接地提高，特别是给汽车制造业、交通运输等相关产业带来程度不同的冲击和影响。对我国来说，能源如此紧张已提到危及国家安全的战略高度，为加强能源决策和统筹协调，国务院于 2010 年 1 月 27 日成立国家能源委员会。

二、交通问题

1. 汽车安全问题

交通事故已经成为世界性公害，令管理者十分头疼，也令交通参与者心惊胆战。资料表明，自从有机动车道路交通事故以来，全世界已有 3200 余万人死于道路交通事故，接近第二次世界大战的死亡人数。现在全球每年约有 120 万人死于道路交通伤害，受伤 5000 万人，每天车祸死亡 3000 多人，道路交通伤害排在全球第 10 位死亡原因；每年造成 5180 亿美元损失，多数国家道路交通伤害所造成的经济损失约占其国内生产总值的 1%~2%。

在我国，随着经济繁荣与消费结构升级，人们的出行次数和汽车保有量急剧增加，导致道路交通事故频发。我国的万车死亡率是 6.2，日本的万车死亡率是 0.77，英国的万车死亡率是 1.1，加拿大的万车死亡率是 1.2，澳大利亚的万车死亡率是 1.17，法国的万车死亡率是 1.59，美国的万车死亡率是 1.77。我国的交通事故致死率为 27.3%，居世界首位；美国的交通事故致死率为 1.3%；日本的交通事故致死率为 0.9%。根据世界卫生组织的数据，2022 年全球每天死于交通事故的人数约为 3700 人，其中超过 90% 的死亡发生在发展中国家。

导致汽车交通事故的原因十分复杂，人、车、设施（路）是影响汽车行驶安全三几大因素，如图8-7所示。

（1）机动车驾驶人交通安全意识薄弱 机动车驾驶人违法违规行为是交通事故的主要原因，超速行驶、占道行驶、无证驾驶、酒后驾驶、疲劳驾驶等原因造成的交通死亡事故占比突出。据国家公安部发布的统计数据：2004年，因机动车驾驶人超速造成交通死亡18410人，占死亡总数的17.2%；因不按规定让行造成死亡8576人，占8%；因违法占道行驶造成5594人死亡，占5.2%；因酒后驾驶造成4658人死亡，占4.4%；因违法

图8-7 人、车、设施（路）是影响汽车行驶安全的三大因素

超车造成4554人死亡，占4.3%；因疲劳驾驶造成3056人死亡，占2.9%。其中，交通事故死亡人数中有一半以上系因无证驾驶、低龄驾驶所致，造成交通肇事案大幅上升。2022年，我国因交通事故死亡61703人，受伤250723人，差不多每7分钟车祸死亡1人，每1分半钟车祸受伤1人。

（2）汽车本身的安全性能也是影响交通安全的一个重要因素 2003年在交通事故死亡人数总体下降的情况下，因汽车机械故障导致的交通事故死亡人数却有所上升。据统计，2003年，因汽车机械故障造成的死亡人数为4527人，比2002年多死亡377人，上升幅度为9.1%。汽车机械故障主要是制动失效和制动不良，此两项分别造成1389人和1972人死亡。2022年全国交通事故的主要原因是制动系统和转向系统故障。

（3）交通管理体制存在缺陷 交通安全是一项复杂的系统工程，需要多部门协调配合、社会各界通力合作，进行综合治理。部门利益、条块分割是交通管理过程中存在的突出问题。交通安全保障包括应考虑道路环境对交通安全的作用及人、车、道路环境三者之间的相互联系与互动关系；加强道路的安全设计、建设和维护，提高车辆的主动和被动安全性能，加强运输车辆的日常安全管理，规范汽车运输企业、汽车修理企业的安全认证和行为等，共同努力来减少和预防交通事故，形成动态的交通管理模式。

安全和谐，意味着从安全技术、安全产品、安全环境，到安全意识、安全行为、安全管理，以及安全汽车消费，形成汽车生产、使用和管理链条的"大安全"，缔造更加畅行无忧的安全中国。这也是我国建立和谐社会的重要组成部分。

2. 城市交通越来越拥堵

我国许多大城市交通情况欠佳，机动车平均车速很低。原本便于出行的代步工具却成为制造交通堵塞的"移动路障"。汽车交通堵塞如图8-8所示。2022年，北京中心城区工作日高峰时段交通综合出行时间指数4.04min/km，地面公交出行时间指数为3.24min/km，小汽车出行时间指数为2.42min/km，公交准点到站率约为59.3%，道路交通指数4.65（轻度拥堵）。

中国这样一个人口众多、公共资源相对紧张的国家，大多数城市道路建设滞后，公共交

通体系欠完善，停车场成为稀缺资源。道路的建设总是赶不上汽车业的迅猛发展，即使现在因汽车工业的快速扩张而立即修路架桥、建停车场，那也是一项长期巨大的系统工程。目前，在我国近700个中小城市中，道路总长不足20万km，却要容纳全国90%以上的机动车辆，支撑起80%以上经济社会的运行，负荷之重，可想而知。因此，要满足国家经济建设发展和人们日益增长的物质文化需求，就要加速基础设施建设。

图8-8　汽车交通堵塞

三、环境污染问题

1. 洛杉矶型烟雾

由汽车、工厂等污染源排入大气的碳氢化合物（HC）和氮氧化物（NO_x）等一次污染物，在大气环境中受强烈的太阳紫外线照射后发生光化学反应而产生二次污染物，这种由一次污染物和二次污染物的混合物所形成的烟雾现象就是光化学烟雾。20世纪40年代，因为在美国加利福尼亚州洛杉矶首先发现光化学烟雾，所以也称为"洛杉矶型烟雾"，如图8-9所示。

图8-9　洛杉矶型烟雾

人和动物受到光化学烟雾的主要伤害是眼睛和黏膜受刺激、头痛、呼吸障碍、慢性呼吸道疾病恶化、儿童肺功能异常等。光化学烟雾不仅有害于人们的健康，而且对植物的危害也很严重，植物的叶片上出现红褐色斑点。光化学烟雾还会使橡胶制品老化龟裂，使建筑物腐蚀损坏。

由于汽车数量猛增，在北美、日本、澳大利亚和欧洲部分地区也曾先后出现过这种光化学烟雾。1943年以后，洛杉矶烟雾更加肆虐，以致远离城市100km以外的海拔2000m的高山上的大片松林因此枯死，柑橘减产。仅1950—1951年，美国因大气污染造成的损失就达15亿美元。1955年，因呼吸系统衰竭死亡的65岁以上的老人达400多人。经过反复的调查研究，直到1958年才发现，这一事件是由于洛杉矶市拥有的250万辆汽车排气污染造成的，这些汽车每天消耗约1600t汽油，向大气排放1000多吨碳氢化合物和400多吨氮氧化物。

1971年，日本东京发生较严重的光化学烟雾事件，使一些学生中毒昏倒。东京发生的光化学烟雾整整持续了一个夏季。

1997年3月7日，法国首都巴黎上空也蒙上了一层灰色的雾。到10日，空气中二氧化氮含量超过300μg/m³，巴黎市政府决定拉响大气污染警报，要求汽车按紧急情况下单双号行驶规定，限制汽车进入巴黎城。

1997年7月22日开始，智利首都圣地亚哥的空气中氮氧化物含量严重超标。市政府发出紧急通知，规定20万辆汽车停止行驶，中小学校停止上课，劝阻居民不要外出。有的居民不得不外出时，要戴防毒面具。

北京和南宁分别于1998年和2001年发生过光化学烟雾现象。有的地方同时兼有光化学烟雾和硫酸烟雾，危害严重。我国甘肃省兰州市在20世纪70年代中期也出现过光化学烟雾，汽车在白天行驶还得开灯。

2. 中国的汽车污染

随着汽车保有量的增加，人们司空见惯的交通堵塞已对中国社会造成危害，而环境危害更显示其致命杀手的作用。汽车有害气体排放物是人们熟知的一氧化碳、碳氢化合物和氮氧化合物，以及柴油机排放的碳微粒（碳烟）PM。2003年，我国机动车碳氢化合物、一氧化碳和氮氧化物排放量是1995年相应污染物排放总量的2.51、2.05和3.01倍。2004年，中国机动车的排放水平是美国的4~6倍。2005年，中国机动车尾气排放在城市大气污染中的分担率已达到79%左右。汽车尾气排放已成为很多城市大气环境的主要污染源。2022年，全国汽车排放一氧化碳（CO）3467.1万t，碳氢化合物（HC）441.2万t，氮氧化合物（NO_x）637.5万t，颗粒物（PM）62.1万t。工业污染正让位于汽车带来的烟雾污染，城市污染也从煤烟型污染向汽车尾气型污染转化。

我国有一些河流受到污染，水污染一般只是一个区域，而空气污染却不论区域，无法回避。有的大城市的空气，不太适合人类呼吸。市民户外健身、散步、休闲娱乐，已经受到空气污染的影响。为倡导绿色、环保、低碳的生活方式，2020年9月中国明确提出"双碳"目标，即2030年前实现"碳达峰"与2060年前实现"碳中和"。

汽车对环境的污染除有害气体排放和噪声、振动以及汽车扬起的灰尘外，还包括从汽车制造、使用、直到报废处理等带来的环境污染。此外，还包括固体废弃物、橡胶微粒、有害液体渗漏进入环境等污染。

四、生存空间问题

汽车虽是人类使用的特殊工具，但汽车消费则是一个全社会的过程，其中要占用大量的公共资源。完善的汽车交通系统建设方便人们的出行，但是它要占用太多的土地和空间。现在世界上大多数国家适宜人类居住的土地面积有限（少数国家例外），汽车交通系统的大发展恰恰需要占据土地的很大份额，已经造成喧宾夺主的形势。

以德国为例，20世纪末德国人口约8000万，汽车保有量4000万辆。据统计，为修建道路和停车场使用的土地面积为11000km²，是住房建筑使用面积的4倍。如

图8-10 城市鸟瞰照片

果看看城市的鸟瞰照片，就可以看到两种显著特征：城市由3部分构成——绿地+道路+住

房，如图 8-10 所示。按上述数据计算，每辆汽车占用土地面积是 275m²。汽车占据的生存空间极大，对人口众多的发展中国家的威胁是深远的。

我国的可耕土地有限，要养活人民，还要用来支持以私家车为中心的交通系统，负担不轻。一辆静态下的轿车所占空间大约相当于一辆轻型客车，所占面积约为自行车的 4.5 倍；在动态情况下，通行中的一辆轿车所占空间又相当于一辆中型客车，所占面积约为自行车的 14 倍。然而乘载人数仅是城市中巴车的 1/6、城市中型客车的 1/10、城市大型通道车的 1/20。从某种意义上说，汽车的便利与舒适会影响其他交通参与人的出行。汽车在便捷的同时，其劣势也是显而易见的。2021 年我国城市人均道路面积 18.8m²，北京人均道路占有面积仅为 7.7m²，而发达国家城市中人均道路占有面积最低的东京也有 10.7m²，纽约、伦敦等城市人均道路占有面积约 12m²，而巴黎甚至达 28m²。我国其他许多城市人均道路占有面积比北京还低，如上海只有 4.8m²。过去 10 年，城市道路长度增加 2.1 倍，人均道路面积增加 1.7 倍，但与此同时，机动车保有量增加了 4.6 倍，私家车保有量增加 9 倍，日均机动车出行增加了 24 倍。由此可知，城市道路等基础设施建设跟不上交通需求增长速度，而且现状是城市可利用的土地规模有限，单纯靠新建城市道路无法缓解交通出行压力。城市土地稀缺，道路以土地为基础，土地有限，而汽车可以无限。

汽车交通除占据巨大的土地资源之外，还极大地消耗着诸多宝贵而有限的资源，包括制造汽车的各种原料、材料，其中还有巨大的浪费。任何一种地球资源实际上都是有限的，其中绝大部分都是不可再生的。

五、汽车文明的缺失

驾车的文明是汽车文化成熟后的外在表现之一。对于发达国家来说，人、汽车与局限的空间、紧缺的资源之间的合作，是在汽车出现后经过多年的博弈与磨合才沉淀成一种文化的。

在部分城市汽车文明和交通道德的缺失，进一步加剧交通拥堵和交通事故。图 8-11 所示为一些典型的不文明汽车行为。因为乱停车，拥挤的人行道更加阻塞；抢占了行人和自行车道的司机，却在不停地按着喇叭叫行人让路；正常前行中，突然有辆车从旁边的转弯车道冲过来，硬要加塞钻到你前面；一场大雨后，轿车飞驰而过将积水溅至行人身

图 8-11 典型的不文明汽车行为

上；乱开、乱停，车和人抢道等不文明的现象时有发生。人与人之间的争斗，也通过马路纠纷被过度放大，在拥堵的街道上，偶尔会上演一幕以汽车为主角的闹剧。

城市交通拥堵，很容易使某些人引发一种所谓的"汽车病"。他们怨恨无视交通规则的行人，抱怨见空就钻的新手，讨厌趁着拥堵乱塞广告的宣传员，埋怨那些兢兢业业维持交通秩序、却导致自己寸步难行的交警。有的"有车族"因为拥有汽车而性格大变，变得自私

第八章　汽车社会铸文明

和狭隘,在马路上不顾及行人的事情常有发生,没有耐心等待行人穿过马路,家属区内将车乱停滥放、毫无顾忌地鸣笛,"防盗报警器"声响此起彼伏。中国的汽车消费者自觉顾及汽车对于环境造成危害的认识程度还大有提升的空间。

现代人的"汽车病"表现尤为突出的是"路怒症"(road rage)。"路怒症"一词源于20世纪80年代的美国,被收入新版牛津词语大辞典,用以形容在交通阻塞情况下开车压力与挫折所导致的愤怒情绪,是指汽车或其他机动车的驾驶人员有攻击性或愤怒的行为。此类行为包括:开车时情绪不稳定,做不文明手势,说脏话,过度按喇叭或用前照灯闪,突然加速或紧急制动,突然变更车道或并线(如图8-12所示),故意不让其他车辆并线,被"别"之后一定要还回去,开车时向其他车扔东西,停下车准备打人等。医学界把"路怒症"归类为阵发型暴怒障碍。"路怒"是心理疾病,既不利于驾驶人的身心健康,又危害他人与自身的人身安全,由此引起的攻击性驾驶行为是严重的交通违法行为,扰

图 8-12　突然变更车道

乱交通秩序、危害交通安全。"路怒症"已经成为当下道路上的焦点问题,也是诱发交通事故的重要因素。平均每年有10%~20%的车祸事故是由"路怒症"诱发的。据公安部交管局统计数据显示,近年来,我国因"路怒症"引发的道路交通事故数量呈逐年上升趋势。

第三节　和谐汽车社会与文明

汽车作为当今社会的一个标志性、象征性物品,带来了一些矛盾。汽车与行人的矛盾,汽车与道路的矛盾,汽车与环境、资源和能源的矛盾日益突出。我国在步入汽车社会的进程中被一大堆难题所包围。在人口数量世界第一、环境承受能力脆弱的中国建设一个和谐的汽车社会,需要全社会行动起来,从公民意识、政府决策、城市建设等方面为迎接一个汽车强国做好准备,从而让共同的地球家园更加美丽。

一、绿色汽车

1. 绿色汽车的概念

绿色汽车就是以生态学理论作为指导,对汽车本身及汽车生产过程做全面研究和评价,保留并且发扬其为人类社会生活服务的良好一面,修正和克服其造成人类环境恶化或生活质量下降的一面,使之成为符合人类社会可持续发展需要的方便并有益的工具。简言之,绿色汽车就是符合环境保护要求的汽车,即安全的、节约资源的和无污染的陆地交通工具。

2. 制造更加安全的汽车

尽管汽车历经100多年的改进,已经成为当今世上最精巧的机器之一,但从生态学的高

要求衡量，汽车身上的"毛病"还不少，必须努力使之更为完善。

安全是人类生存的重要环境条件。汽车安全性研究从汽车诞生就开始了，直到今天仍然是研究课题，如图8-13所示。现在汽车泛滥，交通事故频发，交通事故已成为主要死亡原因之一，汽车成为对人类生活环境影响最大的因素之一。因此，绿色汽车首先应该是安全性极好的交通工具。

汽车安全性研究的方向有两个方面。第一方面是汽车安全技术。它又分为两类：一类是主动性安全措施，例如以ABS系统为代表的各种防止汽车事故发生的安全措施；另一类是以安全带、安全气囊为代表的被动

图8-13 汽车安全性备受关注

安全措施，其作用是减少或者防止汽车事故中人员伤亡。现在体察入微、反应极其迅速的电子科学和电子工程技术大规模应用于汽车，对汽车安全性提高起到巨大的促进作用。汽车在20世纪后期已经从机械汽车向电子汽车过渡，21世纪的安全汽车一定是高度电子化和智能化的汽车。第二方面是交通系统绿色化。为了最大限度地减少安全事故，提高交通系统运力和效率，智能交通系统包括智能化汽车是人类追求的目标。

（1）努力提高汽车的安全性能 目前，世界汽车安全法规主要致力于以下方面：①加强被动安全和主动安全之间的融合，减少伤亡；②注重对乘员的保护和对行人的保护等。欧、美、日等汽车工业发达国家在法规和惩罚约束下，巨大的人力、财力、物力投入汽车安全研究领域，并制定了大量相关汽车安全标准，如国际标准（International Organization for Standardization，ISO）、欧共体标准（Europe，Commission of Economic，ECE）、联合国欧洲经济委员会标准（UN，ECE），以及各个国家标准（其中美国联邦机动车安全标准FMVSS及日本的汽车安保基准颇具影响）。此外，欧洲、美国、日本不断开发研制汽车的各种先进智能系统，以减少事故发生，提高乘员安全性。同时，欧洲、日本近些年相继出台了有关行人保护的技术法规，减少发生碰撞时行人的伤亡事故。尤其是儿童乘员保护方面的研究，在欧洲、美国、日本得到了极大的关注，并出台了相应的标准、法规，使儿童乘员在车辆碰撞事故发生时得到有效保护。

我国在提高汽车的安全性能方面，不仅要顺应国际汽车安全技术的发展潮流，还应根据我国社会、经济和产业发展的实际情况，制定适合国情的技术法规，同时重视安全技术的研究和创新，强调主动安全与被动安全并重，参与国际汽车安全技术交流和开展国际合作，加快建立中国的新车评价规范（New Car Assessment Programmer，NCAP）体系，以促进我国汽车安全技术的不断进步。

（2）重视并强化汽车安全品牌建设 安全是汽车诸多属性中的第一属性，也是汽车品牌建设的基础。可以说，没有汽车安全性，就谈不上交通安全。理想的汽车安全品牌，不仅会提高汽车品牌的附加值和企业的安全信用，还有利于提高企业竞争力。因此，无论是汽车

制造商、经销商，还是服务商，都要强化汽车品牌的安全理念。汽车的安全水平，集中体现了整个汽车的安全品牌形象。只有将汽车品牌的安全文化内涵灌输和传递给消费者，使消费者接受和认同，才能提高汽车品牌的美誉度和忠诚度。目前，我国各企业正在积极推动智能网联汽车产业发展，并制定了各自的战略规划，同时信息和通信技术行业也纷纷加入智能网联领域。

3. 制造节约资源的汽车

绿色汽车的另一条件是节约资源。提高汽车燃料经济性从来就是研究方向。20世纪中叶出现石油危机后，节约能源更加成为世界瞩目的焦点。节约能源当然是绿色汽车的主要指标之一，它是正确的，但不全面。从全局和长远的观点看，绿色汽车不仅应该节约燃料消耗，而且应该体现对地球资源的全面节约利用。

首先，节约能源的概念，也要从节约汽车行驶时的能源消耗，扩展到汽车寿命的全部过程的能源节约，即应该在制造汽车、使用汽车、维护修理汽车，直到汽车寿命终结时处理其残骸的每一阶段，都减少为其消耗的能源。显然，制造汽车的每一个零件，装配每一个总成，直到整车开出生产线都需要消耗能源，我们不妨称之为汽车的"出生能耗"。显然，不同国家、不同汽车公司、不同车型的"出生能耗"差别很大。目前生产率最高的日本，其"出生能耗"也最少。

其次，减少汽车使用能耗。通常说的汽车使用油耗（即常说的某车百公里油耗）是使用能耗的主体，但不是全部，把汽车使用全过程的其他能耗加进去才完整。这些其他能耗包括全部维护、修理的总能耗（包括直接能耗和间接能耗）。显然，质量差、修理次数多、更换零件多的汽车，其使用能耗就大。在石油危机冲击下，美国于1975年制定，并于1978年生效的强制性汽车燃油经济性政策，要求各汽车公司出售汽车平均燃油消耗达到国家规定的标准。这项法规的执行，美国新的轿车平均燃油经济性从1975年6.8km/L，提高到1986年的11.8km/L；10年燃油经济性提高了73.5%。和标准实施前相比，仅2000年，美国各种汽车节油1.9亿t，节约资金920亿美元。中国汽车燃油经济性现状以每升燃料行使里程计算，与欧盟第二阶段将达到的目标相差48.4%，节能大有潜力。2021年2月中华人民共和国工业和信息化部发布《乘用车燃料消耗量限值》，与2019年发布的《乘用车燃料消耗量评价方法及指标》一起形成我国第5阶段乘用车燃料消耗量标准，目的是鞭策车企不断提升节油技术，最终力争在2025年普通家用车达到4L/100km的平均油耗水平，包括商用车在内的油耗将全部达到国际先进水平。据测算，到第5阶段标准将节省燃油约1141.8万t，减少CO_2排放约3748.5万t。

最后，减少汽车报废后处理其残骸的能源消耗。目前，这个概念还很模糊，或者还是本书首次提出，暂命名为"汽车报废能耗"。它的含义很明白，如同垃圾处理需要花费人力、物力一样。如果设计之初就考虑汽车残骸处理方便、快捷，增加被用于"再制造"的零部件；最大限度地回收原材料，使余下的垃圾为最少，这就是汽车报废处理能耗少的道路。

把能源节约扩展到全部相关资源的节约，是绿色汽车的真正含义。与石油能源一样，地球上其他资源也是有限的，用来制造汽车的所有金属、非金属资源，都应该节约使用。节约资源的主要途径：一是减少产品所用资源，二是将用过的资源最大限度地循环利用。对汽车制造业而言，这方面的潜力是巨大的，如图8-14所示。

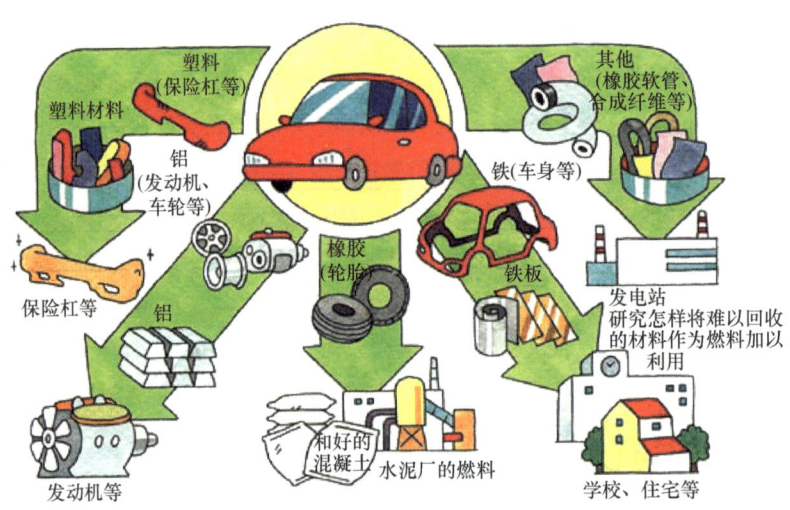

图8-14 汽车的循环利用

"再制造"已在欧美兴起。将可以再用的机器零件、部件从报废产品上拆下，经过严格检测和必要的修整后重新使用，这无疑是极大的节约。把这个思想贯彻到汽车的设计阶段，让某些重要零件、部件事先就为此做好使用2~3次的准备，这应该是可以考虑的。凡是不能作为再用零部件的，至少可以回收其材料。回收材料要花费很多能源，所以提高再制造比例是最佳途径。当然回收材料仍旧是必要的，即使要费点能源。有关资料显示，发达国家报废汽车的材料回收率达到80%以上，汽车报废回收率为3%~5%，然而我国目前汽车报废回收率仅为0.75%，远低于世界水平。

4. 制造无污染的汽车

绿色汽车的又一个方面是不污染环境。这个要求的主要方面是当前人人皆知的有害物排放和噪声，不过，它同样不够全面。全面的概念同样要向两头扩展，即从汽车"出生"到报废的全部过程应该尽可能少，甚至完全不污染环境。

人们认为电动汽车是绿色汽车就有失察之虞。蓄电池电动汽车在运行过程中不排出有害气体，没有大的噪声，这是公认的优点。但是它的"出生"和报废过程就远非"圣洁"了。人们担心它使用很多重金属（例如铅），可能比内燃机有更大污染的危险。

因此，真正的绿色汽车要求从制造、使用和报废3个阶段全面考察，全面减少以至杜绝对环境的污染，即最少的固体、液体和气体废弃物排出；完善的排出物无害化处理；最小的噪声及其他环境干扰因子（例如电磁波）。绿色汽车不可能一下子就出现，但这个方向是正确的，应该坚定地朝它努力。目前各车企大力发展的新能源汽车就是典型的绿色汽车。图8-15、图8-16所示分别为燃料电池汽车和太阳能汽车。

绿色汽车其实是绿色经济的一部分。它已经在全世界逐步展开，有的国家快些，声势强大些；有的国家慢些，声势小些。我国政府已经制定和颁布了以科学发展观为基础的政策、

图 8-15 燃料电池汽车

图 8-16 太阳能汽车

法令，推动全社会的绿色革命进程。"循环经济""清洁生产"等决策和立法就是其中重要环节。在汽车企业实施循环经济，实行清洁生产，实际上就是推动汽车绿色化。具体的措施有很多。例如，在汽车技术和汽车生产过程中，学习和推广精益生产，提高生产效率；组织和推广"再制造"和提高材料回收率；进一步提高汽车排放控制标准，最大限度地减少污染等。

二、绿色汽车交通系统

单纯实施汽车绿色化还远远不够，在更大程度上影响人类环境的是汽车交通系统。以全球或一个国家，一个大的地域生态平衡，以及其整体的和长期的利益为根据，对汽车交通系统做出合理规划和建设，是今后世界范围或一个国家、一个大区域可持续发展蓝图的重要部分。

1. 绿色汽车交通系统的特征

科学、合理的交通系统必然具有这样的特点：最大限度地满足最广大人们的需要，最大限度地利用资源，最大限度地减少环境污染。从理论上说，它是可以规划的，也是可以实现的。绿色汽车交通系统的外在表现也清楚：汽车安全快速地行驶。

具体地说，绿色汽车交通系统应该有以下主要特征。

1）民众性。民众性即整个交通系统应该以满足广大民众的基本需求为主要服务对象。道理很简单，广大民众的社会活动是任何一个国家和社会的基本活动，也是社会进步的最基本动力。"送炭不碍添花"。满足民众交通需求是雪中送炭；个人轿车是锦上添花。通畅的民众交通可以减少道路占用，提高道路通流能力，所以可为锦上添花提供条件。

2）大运力、高效率。随着世界人口可能从目前近 80 亿增加到 100 亿的高峰，以及社会发展导致交通需求不断上升，总的交通流量（不论货运或客运）都将持续增加一个较长的时期（例如 30~50 年）。我国也将处于同一状态。因此未来交通系统必须有足够大的运力，同时要有更高的效率。

3）最大限度地节约资源——土地资源，节约制造汽车的各种物质，使汽车消耗的物质的占用和消费最小化，资源回收利用率最大化。

4）最小的环境污染和对生态平衡的影响。

5）最有利于人们的健康——身体的和心态的健康，减少有害健康的"安乐享受"，提倡有利于身心健康、有利于与大自然亲近的运动方式：自行车、慢跑、步行。

2. 绿色汽车城市交通系统

城市交通系统实行公共交通优先是解决现代城市交通问题、建设生态城市的关键。在人口多而且密集的国家和城市，在以私人轿车交通为主的基础上是难以建立生态城市的，即使经济发达的国家，如美国，其城市也是如此，这是客观事实。发展中国家要看清这一点，不可重蹈西方覆辙。

城市交通系统要用生态学作为目标，让它成为绿色的一环。从技术方面讲，它要求系统运力大、安全性高、效率高、节能、低噪声、杜绝有害排放等；从人文方面讲，还要求服务周到、方便乘客和人性化，使公共交通工具成为人们社会交往的良好场所，而不是拥挤不堪、秩序混乱、空气污浊得令人却步的地方。

即使是出租车，也要用人性化的眼光审视。许多出租车只是被简单使用，而没有考虑出租车与私人轿车不同的性质和要求。除了不带行李的年轻人，还有其他人群需要出租车。一类是老人、幼儿或者残疾人，另一类是携带较多物品的乘客。年轻人上下车灵活，一般没有问题。老人、幼儿，特别是残疾人，座位低矮的轿车就不方便；行李多的人希望行李取放方便。因此，城市出租车应该与私人轿车有不同的设计。考虑周到，连轮椅都能直接推入车内的英国出租车就是一个很好的范例。近年来火热兴起的网约车极大改善了用户的"不确定性体验"：网约车在线上预约，确定了车型、车牌号，还确定了大致到达时间；网约车的投诉途径和备案方式，对驾驶人有更严格的约束；网约车规范了线上计费和路线选择，解决了用户对费用和路线不确定性的担忧问题。

3. 绿色全国交通网络

交通网络有两大类：一类是大范围的（例如国家或大区域的）网络（姑且称之为大网络），它包括飞机、轮船、火车和汽车各种方式；另一类是城市与近郊网络。

在交通网络中，将交通距离与适当工具搭配让各种交通工具在合理的方式中获得充分利用，既可行又经济。水运的大运量，空运的远距离和高速性，铁路的中途、长途，都各有特色和特定市场。唯独汽车交通，如果不给予适当指导，就会导致大的浪费，以小客车跑长途的方式为突出的典型。

在城市和市郊网络中，除了强调公共交通网外，应该承认自行车交通和步行方式的合法存在和合理性。一直以来，到家的"最后一公里"是构建完善的公共交通体系的瓶颈之一，影响着公共交通出行、市民便捷到家的服务能力和效率。在生态住宅区域范围保证减少或没有汽车，是提供绿色静谧环境的要求。自行车的使用对近距离交通既方便又有利于环境保护。老人、小孩的步行地带更值得提倡和保障。当我国许多人视自行车为落后，恨不得早日摘掉"自行车王国"帽子的时候，以荷兰为代表的欧洲国家纷纷"倒退"，掀起全国性的自行车交通运动。荷兰快速、畅通、方便的公共交通加自行车交通方式被人们誉为"未来的交通方式"，应该引起人们的思考。

4. 智能化交通系统

为了最大限度地减少安全事故，提高交通系统的运力和效率，智能化交通系统包括智能化汽车是人类追求的目标。

智能化交通系统将交通管理提高到最佳运行状态,疏导车流或物流,驾驶人自动选择最佳路线,减少堵塞,避免事故。铁路系统的调度和管理其实就是榜样,不过公路系统更复杂而已。

5. 汽车总量适度控制

理想的交通系统必然实施总量适度控制,切实做到车为人用,避免喧宾夺主。汽车总量适度控制必定带来大量资源的节约。实施汽车总量适度控制不会降低交通系统的运力和效率。相反,科学、合理的交通系统只会提高其运力和效率。新加坡政府没有沿着西方国家的旧路,而是坚决实行公共交通优先,严格限制私人轿车的决策。这个正确决策应该是缔造今天新加坡宜人环境的重要基石。2010年12月23日,北京宣布实施小客车数量调控措施,并不再增加公务用车指标。北京从2011年起实施以摇号方式分配车辆指标的措施,平均每月两万个指标,个人占88%。2011年1月26日,备受瞩目的北京首轮机动车购车摇号正式举行,共有18万多个人争夺17600个新增车辆指标。2021年1月起,北京优先向"无车家庭"配置小客车指标。

三、绿色汽车消费文化

汽车消费是一面镜子,它既能反映出一个国家和一个地区的经济发展水平,又映照出一个社会的和谐文明程度。

兴起于美国的汽车消费文化是一种刺激多消费、鼓励超前消费的时髦文化,是一种让消费者自己浪费的文化,从而使美国进入了高消费、超前消费的时代。20世纪20年代,美国通用汽车公司在市场开拓方面采取了与福特公司不同的策略:不断提高产品等级,通过不断翻新和变换花样,有计划地使产品过时,诱使顾客淘汰老产品,去购买更新式、更高价的汽车。在这种消费文化的引导下,驾驶老式、低等、廉价的轿车不仅得不到人们的尊敬,相反,可能被视为贫穷阶级。和美国相似,欧洲一些发达国家的轿车生产与消费模式也是如此。

即便是在西方已形成的汽车文化并不是一成不变的。这种浪费经济的消费观念在西方已经受到批判。在一向钟爱大排量汽车的美国,《消费者报道》公布的一项调查显示,由于油价过高,37%的受访者表示正考虑更换家庭用车,55%的人声称打算购买更小排量的汽车,50%的人说会考虑购买混合动力车,38%的人表示打算购买可变燃料或柴油车。美国的"节约型汽车社会"呼之欲出,大排量的汽车已开始滞销,小排量的汽车则销售看好,这不能不说是一个重要信号。在北欧,人们更喜欢小型车,因为那些车看起来简单、紧凑。

在中国也出现了由国内外汽车厂商通过各种媒体、车展等形式宣扬欧美的汽车中心主义的苗头,一些非理性的消费观念越来越成为破坏车市和谐的重要因素。豪华汽车在中国市场的消费量令世界瞩目。价格高达300万元人民币的法拉利跑车,一年只生产4000多辆,在中国一年就能卖出100多辆。在国外节约空间的两厢车到中国后一定要变成三厢车才更加好卖。相互攀比、不看油耗只看排量。由炫耀身份出发的车本位侵蚀着中国的汽车消费文化。明明是哈飞的赛马、天汽的夏利,有的人偏偏要摘掉它原来的车标而换上三菱或丰田的车标;虽然只是一辆几万元的经济型车,有的人仍然热衷于为其加装真皮座椅等华而不实的高级配置。

随着可持续发展观念的深入人心，浪费经济在世界范围内已开始向节约经济复归。勤俭节约、量入为出的消费观念不但不是落后的观念，反而是适应世界潮流的消费理念。

中华民族几千年形成的勤俭节约、量入为出的消费传统观念，随着汽车大众消费时代的来临，正主导和促动着主流消费观念。中国人曾经不喜欢缺尾巴的小车（尽管它灵活、轻便还很省油），其情况发生了很大变化，国内两厢车品种越来越多，受到青睐。例如，东风日产的两厢小车骐达价格甚至高于它的三厢版；购车者已经从"大即是好，外观优先，性价比突出"的盲从心态中解脱出来，转而更加关注安全与经济的指标。理性消费带来的重要内容：消费者开始有意选择本土品牌轿车，而且当国家鼓励节能清洁轿车和小排量轿车的政策日益明朗后，选择经济实惠轿车的趋势呈现强势，如图8-17所示。同时，越来越多的消费者选择购买新能源汽车。

图8-17　城市交通欢迎小排量汽车

倡导理性、文明的汽车消费，当务之急是普及科学、理性的用车观念，建设健康、文明的汽车消费文化，营造人、车、道路相和谐的环境；要使大众汽车消费与中国的经济水平相适应、与资源环境可持续发展相协调。稳定、明确的法律和政策环境能够抑制过度消费和奢侈性消费，引导消费者走向与资源环境水平相一致的汽车消费。从可持续发展的公众利益出发，以汽车消费政策引导大众汽车消费，以买主的"货币选票"影响厂商的研发、生产和投资。政府以市场化手段将不断扩大的大众汽车消费和厂商研发、生产、投资引导到当期国家能源、环境、配套条件可承受的范围。在合理的政策框架下，形成基础设施不断完善与汽车消费不断扩大的良性循环。

四、绿色汽车交通文明

1. 珍爱生命的交通安全观

"人-车-路"构成道路交通的基本要素。在汽车社会中，交通参与者不仅仅是驾驶人，可以说人人都是交通参与者，人人都平等地享有参与交通的权利。交通参与者的交通行为，既是一种个体行为，又是一种文化现象。交通行为是在人的思想支配下进行的，体现个人对道路交通安全法律法规的认知程度、守法意识和道德水准。任何一个交通行为都关系到人的人身和财产安全，只有牢固树立"生命至上、安全第一、预防为主"等交通安全观，才能在交通参与者之间形成关爱生命、尊重他人、互谅互让、扶弱助残的良好风尚，营造"车让人、人让车、车让车、文明礼让"的和谐交通环境，大力培育道路交通安全文化。

汽车社会的到来，首先呼吁社会各界对交通安全问题给予高度的重视。现代交通安全意识是汽车文化的重要组成部分。"软件"——现代交通意识方面的差距，会对"硬件"——道路交通情况产生巨大的反作用。也就是说，世界上的道路即使一样，但因人们的"走法"不同，得到的结果也会相差甚远。因此，健康成熟的汽车文化是解决交通安全问题的重要手段。

引起交通事故的一个重要原因就是交通违法行为。要确保交通安全，一个重要环节就是加强全民交通安全意识教育，大力开展交通安全宣传活动，使广大交通参与者自觉遵守《中华人民共和国道路交通安全法》，坚决杜绝交通违法行为，增强交通安全意识和自我保护意识，珍视生命、安全出行，如图 8-18 所示。

2. 交通安全法制体系

健全统一的交通安全法制体系是加强交通安全管理的一个重要方面。首先，要加强交通安全的立法，使交通安全管理有法可依。立法要立足于全方

图 8-18　遵守《中华人民共和国道路交通安全法》

位，既包括交通工具的使用者，又包括交通工具的提供者、交通的管理者和所有可能影响交通安全的因素，让交通安全的法律法规涉及社会的各个方面。其次，要强化交通安全法制教育。普及交通安全法律法规，使交通安全知识家喻户晓。从法制意识和交通道德两个方面入手，在强化法制意识的基础上，进行深入的交通道德教育，消除不道德行为带来的事故隐患。加强交通执法的效果和力度，规范交通参与者的行为，引领整个社会实践交通安全的积极性。

3. 文明交通，社会和谐

"谦让出平安，尊重生命"的文明，是中华交通文明的优良传统。在古代周时驾车有"五驭"，相当于今日的文明驾车规范。《礼记·曲礼》也有"入国不驰，入里必式""国中以策彗恤勿驱，尘不出轨"的要求。这与现代的交通文明中要求驾车要避让行人，土路不开快车，车过胡同、街巷、村庄减慢速度等都是一脉相通的。古人尚且讲究行车礼仪，现代人更应当传承这种"人行车行文明可行；大道小道礼让有道"的行车素养。"安全有道，行车有德，做人有品"的汽车文明不仅仅是技术性要求，驾车技术再好，如果没有行车素养，同样会损人损己。

几乎每个人都有一个汽车梦，但现实情况下关注汽车文明的人要比想实现汽车梦的人少。如果多数人不关心汽车文明，汽车梦的实现就将是一场灾难。中国虽然迈入了汽车社会的门槛，但是汽车文明的建立依然遥远，在考虑实现汽车梦的同时，还要考虑如何履行社会责任。一个成熟的汽车社会，不仅要在道路建设、城市规划、油料供应、停车场与服务区建设等诸多方面与之匹配，更要植根于道德规范和法律规则所构成的汽车文明土壤中。不遵守交通法规是对汽车文明的最大威胁。

道路交通是社会生活的重要内容，也是一种社会文化现象。人的交通活动是个人心理、行为习惯、价值取向的综合体。一个社会的道路交通文明程度，反映出这个社会公民道德、文化程度、社会文明的整体水平。交通安全文化是人们在长期的生活实践中积累形成的，是交通安全在意识形态领域和人们思想观念上的综合反映。交通安全水平的提升，有赖于交通参与者的自律和文明素质，自觉地约束交通行为，改变过去行车走路的不当行为方式，按照

交通法规的要求，正确地进行驾驶车辆、步行、乘坐等交通活动。用道德的约束、法规的规范促进文明交通行为习惯的养成，使文明交通理念内化于心、外化于行，努力形成人人自觉参与交通文明活动的良好社会氛围。加大对全社会特别是青少年的交通文明教育，教育和引导汽车驾驶人自觉摒弃酒后驾车、疲劳驾驶、"路怒症"、不系安全带、超速行驶、冲闯红灯、不避让行人、乱鸣笛等不文明的驾驶行为；行人自觉摒弃翻越护栏、横穿马路、随意拦车、车内乱扔杂物等不文明的交通行为；非机动车驾驶人自觉摒弃逆行、违法载人、超速等不文明驾驶行为。

文明交通是一个系统工程，是和谐社会的基础，要不断提高交通管理科学化、规范化、制度化水平；要从根本上改善交通秩序，预防和减少交通事故，提高交通参与者的安全意识、法治意识、文明意识，实现"文明交通"。

汽车文明的全面确立，将成为现代中国社会最基础的道德建设之一，它具有非常强大的扩散能量和生命力，将带动社会道德面貌的整体升级。

健康文明的汽车文化建设将是一个长期艰苦努力的过程。这个过程的重点应放在儿童身上，正确引导儿童对汽车安全、汽车文化、汽车社会的正确认识，树立正确的汽车安全观、消费观、环保理念，使他们成为未来和谐汽车社会的践行者。

从"人·车·自然的完美和谐"到"梦想·和谐·新境界"，意味着建立和谐汽车社会不仅是汽车社会的主旋律，也是汽车社会的终极追求。

思考题

1. 如何理解"汽车社会"？
2. 汽车社会面临哪些问题？
3. 简述你所期待的汽车文明。
4. 简述环境污染对人类生存和社会发展的影响。
5. 简述汽车安全问题对人类的危害。
6. 简述构建和谐汽车社会的努力途径。
7. 结合自身实际，谈谈如何践行汽车文明。

参 考 文 献

[1] 吴克礼. 文化学教程[M]. 上海：上海外语教育出版社，2004.
[2] 王玮. 汽车神话[M]. 北京：北京大学出版社，1998.
[3] 上海汽车文化节组委会. 汽车文化2007[M]. 上海：上海交通大学出版社，2007.
[4] 张国方，秦维娟. 论车文化的特征及其表现形式[J]. 汽车工业研究，2008（6）：20-23.
[5] 程国华，程盛. 铸就名牌[M]. 北京：机械工业出版社，2007.
[6] 付璐. 汽车造型设计美学概论[M]. 北京：机械工业出版社，2014.
[7] 王中. 现代汽车造型创新设计与概念车设计[M]. 北京：中国水利水电出版社，2019.
[8] 徐秉金，欧阳敏. 中国汽车史话[M]. 北京：机械工业出版社，2017.
[9] 肖生发. 汽车工程概论[M]. 3版. 北京：北京理工大学出版社，2019.
[10] 宋景芬. 汽车文化[M]. 3版. 北京：人民交通出版社，2018.
[11] 马骁，帅石金，丁海春. 汽车文化[M]. 3版. 北京：清华大学出版社，2020.
[12] 吴晓斌. 客运服务礼仪[M]. 北京：人民交通出版社，2021.
[13] 詹姆斯. 改变世界的机器：精益生产之道[M]. 北京：机械工业出版社，2021.
[14] 郎全栋，李宏刚. 汽车文化[M]. 3版. 北京：人民交通出版社，2017.
[15] 林平. 汽车传奇故事[M]. 北京：电子工业出版社，2018.
[16] 崔胜民. 智能网联汽车概论[M]. 北京：人民邮电出版社，2019.
[17] 周苏. 新能源汽车解析[M]. 上海：同济大学出版社，2012.
[18] 段万普. 电动汽车技术与商业运行[M]. 北京：中国电力出版社，2013.
[19] 中国公路学会. 中国公路史：第三册[M]. 北京：人民交通出版社，2017.
[20] 伍梦然，赵勇. 认识企业文化内涵，加强企业文化建设[J]. 现代企业文化，2022（13）：1-3.
[21] 窦晓明. 科技赋能 智慧公路让出行更美好[EB/OL].（2022-09-08）[2023-02-01]. http：//www.gsjtkys.com/info/1028/9678.htm？eqid=f12fe3cf0011f6b700000003644f1a09.
[22] 广西卫视. 车路云 智行时代只有无人驾驶？[EB/OL].（2023-05-25）[2023-06-06]. https：//new.qq.com/rain/a/20230525A06LCF00.